中所得国の罠と中国・ASEAN

トラン・ヴァン・トウ、苅込俊二

The Middle Income Trap from a China and ASEAN Perspective
by Tran Van Tho and Shunji Karikomi

勁草書房

はしがき

　東アジアの過去約半世紀にわたる経済発展は目覚ましいものであった。日本に続き，韓国や台湾が成長軌道に乗り新興工業経済（NIEs）と呼ばれるようになると，1980年代後半以後，マレーシアやタイ，さらには中国も経済的勃興を果たし，成長ペースを速めた。1990年代後半にアジア通貨危機による一頓挫があったものの，2000年代に入るとインドネシアやフィリピンが成長力を高めたほか，ベトナムも力強い発展を遂げるようになり，さらにはカンボジア，ラオス，ミャンマーといった後発国も発展の輪に加わった。こうして，現在，各国の発展レベルは異なるが，広く捉えれば中国およびASEAN諸国はすべて，世界銀行が定義する中所得国に分類されている。

　では，低所得から中所得段階に到達したASEANと中国は，今後，高所得段階にステップアップできるだろうか。世界経済の発展史を見ると，ある程度の人口規模，また農業国から出発して高所得段階まで発展できた国は，それほど多くない。高所得段階に到達できず，長期にわたり中所得国にとどまる状況は「中所得国の罠」と呼ばれ，中所得国の発展に関心を持つ研究者や政策担当者の間で広く共有されている。

　しかし，現在に至るまで，①発展論から見た中所得国とは何か，②何をもって「罠」に陥ったか（あるいは嵌まるか）は論者によってさまざまであり，明確な定義がなされないまま議論されているように思われる。また，中所得段階における発展の理論的裏付けを欠いたまま，政策が立案，実施される場合もある。そもそも，中所得は範囲が広く捉えられすぎている。1人当たり2,000ドルの国と1万ドルの国は発展論的特徴が異なるはずである。世界銀行も低位中所得（lower middle income）と高位中所得（upper middle income）に分けているが，中所得国の罠に関するこれまでの研究はその区別をせず，政策論議も一括して展開している。

　こうした状況に対して，われわれは，新しい視点から「中所得国の罠」論を

理論的・政策論的に考えようと，研究を進めてきた。本書はその成果である。本書の特徴や独自性は以下のようである。まず，中所得を低位と高位の2段階に分けて，それぞれの段階を発展論的に特徴づけ，それぞれ高次段階への持続的発展の条件を特定した。詳細は第2章に展開されるが，高位中所得の段階は過剰労働力がなくなり，資本蓄積の役割も低下し，要素投入型成長が限界に直面するので，技術革新の役割が決定的に重要となる。技術革新や制度改革による全要素生産性の向上が高位中所得国の罠を回避するための条件である。他方，低位中所得の段階では過剰労働がまだ存在し，資本蓄積の役割も重要であるので，要素投入型成長が継続する。低位中所得国が持続的に発展していくために労働・資本の要素市場の健全な発展が必要である。要素市場の大きな歪みは資源配分の非効率，成長の停滞をもたらす可能性が高い。このように，低位中所得の段階も「罠」に嵌る可能性があることを指摘した。

また，上記の発展段階論的問題のほか，東アジア諸国の発展過程の特徴と現段階の課題を鑑みて，関連トピックとして直接投資主導型成長や「未熟な脱工業化」（pre-matured deindustrialization）についても持続的発展や中所得国の罠と関連づけて検討した。

われわれは以上のような分析枠組みに基づいて日本と韓国の経験を考察し，高位中所得国になった中国，マレーシアとタイ，低中所得国になったインドネシア，フィリピンとベトナムがそれぞれ高次段階へステップアップするための課題を詳細に検討した。

筆者の一人（トラン）は「中所得国の罠」に早い時期から着目し，2010年に出版した『ベトナム経済発展論』では副題に「中所得国の罠と新たなドイモイ」と付して，発展段階と制度の質に着目し，中所得段階ではより良質な制度を構築することが求められ，それができない場合，発展が停滞してしまう可能性を力説した。また，2011年にはアジア開発銀行研究所（ADBI）が開催したクアラルンプール会議で，スピーカーとしてASEAN諸国から見た中所得国の罠を包括的に論じ，ここで中所得を高位と低位の2段階に分ける必要に気づいて，各々の特徴を理論的に指摘した。この分析はのちにABDIのworking paperとしてまとめられた（Tran [2013b]）。さらに，2015年の日本国際経済学会全国大会の共通論題『新興国と世界経済の行方―貿易・金融・開発の視

点』の報告者として「アジア新興国における中所得国の罠」を論じ，理論的枠組みを具体化した（トラン［2016c］）。

　他方，もう一人の著者（苅込）は早稲田大学社会科学研究科において，大学院トランゼミで「中所得国の罠」をテーマとする研究に取り組んだ。本書の第3章や第7章はその成果の一部であり，それら成果は数度にわたるアジア政経学会などでの報告を経て，博士論文「中所得国における持続的成長のための基盤・要件に関する研究」として纏められた（苅込［2017］）。

　このように，中所得国の発展持続性を論じる「中所得国の罠」に早くから注目してきた筆者らは，2017年夏，互いの研究成果を発展させて書籍化するプロジェクトを開始した。その後，筆者らは，早稲田大学のトラン研究室で定期的に勉強会を開催するようになったが，出版を構想してから本書を上梓するまでに2年もの歳月を要してしまった。これは，中所得国の罠に関する先行研究を丁寧にサーベイしながら，筆者らの独自性がどこにあるか，互いの問題意識をすり合わせるのに多くの議論，時間を費やしたからである。こうして，現在のコンセプト，構成に固まったのがほぼ1年前である。全体構成を構築後，トランが第2章，4章，5章，6章，8章，11章を，苅込が第1章，3章，7章，9章，10章を担当した。各自の担当章を執筆し，一次草稿を完成させた後，2019年1月，全体の整合性を図るための調整・検討会議を厳寒の伊豆で合宿しながら行った。こうした根を詰めた議論はトランの腰痛を悪化させ，ヘルニア除去手術という代償を払うことになったが，病室でも議論を重ねるなど出版に向けて前進を続けたのである。

　本書は，筆者らと関わった多くの研究者との議論，あるいはコメントに基づき，ブラッシュアップされ，完成したものである。本書のフレームワークである第2章は，ADBIによるクアラルンプール会議と日本国際経済学会全国大会共通論題での報告論文をベースにしたものであるが，前者の会議でDr. Giovanni Capannelli（ADBI）やCielito F. Habito教授（Ateneo de Manila University），後者の学会報告会で討論者であった郭洋春教授（立教大学）などから有意義なコメントをいただいた。また，苅込が執筆した本書の一部は博士論文に基づくものである。博士論文の執筆にあたり，戸田学教授（早稲田大学），鍋嶋郁准教授（早稲田大学）からご指導いただいたが，そこでのコメントやアイ

デアを本書でも多数活用させていただいた．さらに，第3章は苅込がアジア政経学会全国大会で報告した論文に基づくが，そこでの討論者，藤田麻衣アジア経済研究所主任研究員から重要な指摘をいただいた．また，著者たちが専門外の国に対して関係の章の一次原稿を専門家に読んでもらった．中国経済を分析した第8章は，中兼和津次東大名誉教授に貴重なコメントをいただいた．そして，第9章は穴沢眞小樽商科大学教授，第10章は石田正美アジア経済研究所上席主任研究員に一次原稿を丁寧に読んでいただき，的確かつ意義深いコメントを頂戴し，原稿をブラッシュアップすることができた．なお，早稲田大学ベトナム総合研究所や大学院トランゼミOBをはじめとする多くの研究仲間との日常的な議論を通じて，いろいろなアイデアをいただいたことは記しておかねばならない．紙幅の都合からすべての方々の名前を挙げることができないが，この場を借りて，感謝申し上げたい．

　最後となるが，本書の出版にあたって，最もお世話になった勁草書房編集部長の宮本詳三氏に感謝せねばならない．宮本氏は本書の意義を認め，出版を引き受けていただいただけでなく，筆者らの2年近くの執筆作業を辛抱強く見守ってくださった．また，校正段階で本書全体の統一感を図るための工夫や文章を適切な表現に改善していただいた．本書全体が読みやすいものになったならば宮本氏のおかげにほかならない．心より御礼申し上げたい．

　2019年初夏　早稲田の杜にて

トラン・ヴァン・トウ
苅込俊二

目　次

はしがき

第1部　中所得国の罠の課題と理論

第1章　「中所得国の罠」論の登場 …………………………………………3
1-1　中所得段階の成長過程　3
1-2　開発経済学における「中所得国の罠」論の位置づけ　6
1-3　「中所得国の罠」に関する3つの捉え方　8
　1-3-1　経験的事実に基づく捉え方　8
　1-3-2　「成長率の大幅な低下」として捉える見方　9
　1-3-3　「中程度の発展段階での構造的特徴」に着目する捉え方　11
1-4　先行研究から見えてくる論点・課題　12
　1-4-1　「中所得国の罠」の検証　12
　1-4-2　中所得段階の経済的特徴の考察・検討　13

第2章　中所得国の罠についての理論的枠組み …………………………15
2-1　経済発展段階論　16
　2-1-1　資本蓄積・技術進歩と経済発展：ソロー成長モデルの吟味　16
　2-1-2　発展段階と中所得国の罠　18
2-2　要素賦存状況の変化と中所得国の罠　21
2-3　キャッチアップ型工業化：雁行型発展の示唆と脱工業化の問題　24
2-4　経済発展と制度要因：制度の罠と発展の罠　28
2-5　結語と残された課題　31

第3章　中所得段階での成長鈍化と早期脱工業化　33
- 3-1　世界銀行による所得分類　33
- 3-2　世界銀行基準に準拠した長期的所得区分の作成　35
- 3-3　中所得国の成長性に関する考察　36
  - 3-3-1　所得分類別に見た地域別特徴　36
  - 3-3-2　現在の中所得国の特徴　40
- 3-4　先進諸国における脱工業化過程　48
  - 3-4-1　先進諸国における脱工業化過程　49
  - 【コラム】脱工業化とボーモルのコスト病　52
  - 3-4-2　日本と韓国における脱工業化過程　53
  - 3-4-3　中所得国における工業化の現状　54
- 3-5　おわりに　55

第4章　FDI主導型成長と持続的発展の条件　57
- 4-1　外国の資本・技術・経営ノウハウの導入チャネル　58
  - 4-1-1　各チャネルの特徴　58
  - 4-1-2　東アジアの世代別工業化と技術導入チャネル　61
- 4-2　技術吸収能力・社会能力　65
- 【コラム】後発性の利益と社会能力：日本と韓国の話　67
- 4-3　外国直接投資の効果　68
- 4-4　FDI依存度と中所得国の罠　73
- 4-5　おわりに　75

第5章　アジア工業化と経済発展　76
- 5-1　東アジアの重層的発展：日本発の発展過程と現段階　76
- 5-2　東アジアでの工業化波及メカニズムとその要因：雁行形態論とフラグメンテーション理論　83
- 【コラム】アジアダイナミズムへのASEAN諸国の合流過程　88
- 5-3　アジアダイナミズムとメコン河流域諸国の発展　90
  - 5-3-1　メコン河流域諸国の新時代：キャッチアップの条件整備　91

5-3-2 アジア・サプライチェーンとメコン河流域　96
5-4 おわりに　101

第2部　北東アジアの経験が示唆するもの

第6章　日本経済の発展経験　105
6-1 日本経済の発展過程：時期区分　106
 6-1-1 市場経済の条件整備（1868-1886年）　106
 6-1-2 近代経済成長の本格化（1886-1914年）　107
 6-1-3 戦時・戦間期経済（1914-1945年）　108
 6-1-4 戦後復興期（1945-1955年）　109
 6-1-5 高度成長期（1955-1973年）　111
【コラム】高度成長期の立役者：経世済民の経済学者と名宰相　112
6-2 欧米へのキャッチアップと発展諸段階の要因　114
 6-2-1 日本の英米へのキャッチアップ　114
 6-2-2 低位から高位中所得国への発展と要素市場　116
 6-2-3 高位中所得国から高所得国時代へ：高度経済成長の役割　118
6-3 結びに代えて：日本の発展からの示唆　124

第7章　韓国の経済発展：科学技術力強化過程を中心に　125
7-1 イノベーションにおける科学技術の位置づけ　126
7-2 韓国の科学技術強化政策の変遷　127
 7-2-1 1960-1980年代：模倣の時代　127
 7-2-2 1980-1990年代：内生的技術開発への転換　129
 7-2-3 2000年代：革新的技術の追及期　130
【コラム】韓国の外国資本導入と経済発展　131
7-3 韓国の科学技術力の評価　133
 7-3-1 インプット指標　133
 7-3-2 アウトプット指標　135
 7-3-3 アウトカム指標　138

【コラム】国際市場における技術的パフォーマンス　139
7-4　韓国の科学技術力強化戦略からの示唆　140
　7-4-1　韓国における技術開発と経済発展の関係　140
　7-4-2　技術開発はどの段階で強化されたか　141
　7-4-3　技術力強化を図る上で何が必要か　142
　7-4-4　技術力強化の担い手は誰か　144
　7-4-5　高所得段階に進むうえで技術力をどこまで高めるか　145
7-5　まとめ　147

第3部　中所得国の罠が回避できるか：中国とASEANの発展と展望

第8章　中国経済の発展過程と現段階：中所得国の罠に関して　151

8-1　中国経済の発展過程・構造変化と現段階　151
　8-1-1　市場経済への移行の初期条件：1978年末の中国経済　151
　8-1-2　経済改革：農業・農村の制度改革と発展　152
　8-1-3　対外開放政策　155
8-2　中国経済の発展成果と成長要因　156
　8-2-1　発展の成果　156
　8-2-2　成長の要因　158
　8-2-3　中国の発展モデル　161
8-3　中国の持続的発展課題：要素市場と技術革新　163
　8-3-1　中国の経済発展と要素賦存変化・要素市場　163
　8-3-2　要素市場，高位中所得国と発展の質　166
　8-3-3　中国のイノベーション能力について　168
　8-3-4　工業化と国際競争力の推移：国際競争力指数による分析　169
　8-3-5　展望：高所得への持続的発展が可能か　171
8-4　おわりに　174
【コラム】中国が進める一帯一路政策　175

第9章 高位中所得国としてのタイとマレーシア：
外資主導型発展の功罪 ……………………………… 178
- 9-1 タイとマレーシアにおける経済成長と直接投資流入の動向　179
  - 9-1-1 マレーシアとタイの経済成長率の推移　180
  - 9-1-2 マレーシアとタイへの直接投資流入　181
- 9-2 マレーシア，タイにおける工業化政策の変遷と外資導入の位置づけ　182
  - 9-2-1 マレーシアの工業化政策と外資導入　183
  - 9-2-2 タイの工業化政策と外資導入　187
- 9-3 通貨危機後の経済動向と今後の発展戦略　189
  - 9-3-1 マレーシアの経済動向と今後の発展戦略　189
  - 9-3-2 タイの経済動向と今後の発展戦略　195
- 【コラム】人口動態が経済発展に与える影響：人口ボーナスから人口オーナスへ　197
- 9-4 おわりに　201

第10章 低位中所得国のインドネシアとフィリピン：
非工業化型の発展は持続可能か？ ……………………………… 204
- 10-1 インドネシアとフィリピンにおける経済発展状況：通貨危機まで　206
  - 10-1-1 インドネシア　206
  - 10-1-2 フィリピン　209
- 10-2 2000年代の経済動向　212
  - 10-2-1 インドネシアにおける資源依存型経済への回帰　212
  - 10-2-2 2000年代におけるフィリピンのサービス業主導型成長：IT-BPO産業の興隆　217
- 10-3 非工業化型成長の持続性：インドネシアとフィリピンの発展戦略の方向性　220
  - 10-3-1 インドネシア：資源加工型工業の振興により未熟な脱工業化を回避　221

  10-3-2　フィリピン：IT-BPO を成長の核とするも雇用創出の観点からは
     工業化も重要に　223
 【コラム】国内消費を支える海外労働者送金　227

第11章　ベトナム経済：要素市場と持続的発展の課題　229
 11-1　ドイモイのフェーズ I とその成果：1986-2006 年　230
 11-2　2007 年以降のドイモイフェーズ II とその課題：
   要素市場の低発達　233
  11-2-1　マクロ経済不安定と成長鈍化　234
  11-2-2　マクロ経済不安定と成長鈍化の要因　234
  11-2-3　要素市場と資源配分の歪み　239
 11-3　ベトナム経済の現段階と長期展望　242
  11-3-1　現段階の経済　242
  11-3-2　中所得国の罠を回避するための成長戦略　244
 11-4　おわりに　251
 【コラム】北朝鮮がベトナムの経済改革に学ぶ話について　251

参考文献　253
人名索引　267
事項索引　269

第1部　中所得国の罠の課題と理論

ベトナムの電気部品の自動化措置工場（2019年3月，筆者撮影）

第 1 章 「中所得国の罠」論の登場

1-1 中所得段階の成長過程

　開発経済学は，ある国・地域が経済発展を遂げる過程と要因を分析し，そこから普遍性や政策的含意を探求する学問である．そして，その探求を通じて，貧困にあえぐ低開発国・地域を経済的離陸に導き，世界全体で貧困を解消していくことが現在に至るまで最重要課題となっている．第2次世界大戦後，先進国からの援助や国際連合（United Nations: UN），世界銀行（World Bank）など国際機関を中心とする貧困削減の取り組みを通じて，「貧困の悪循環」を脱した国は少なくない．

　しかしながら，その後，国際機関や開発経済学者が直面したのは，経済的離陸を果たした国において中所得段階に達してから成長が鈍化し，発展が停滞してしまうことであった．その典型は中南米諸国である．1960年代にその多くが中所得段階となった中南米諸国は，1980年代以後，累積債務問題の影響などもあり，長期にわたり成長が停滞した．例えば，ブラジルは1970年代にかけて高成長し，1人当たり名目GDPが1965年の1,700ドルから1978年には5,500ドルと3倍以上増加した．しかし，1980年代に入ると経済活況をもたらした資源ブームが終焉し，累積債務問題を抱えたブラジルはその後長期停滞し，1人当たり名目GDPが1978年の水準を超えたのは2006年であった．その一方で中南米諸国よりも発展段階で遅れていた韓国や台湾は1970年代以後急速な発展を遂げ，すでに高所得段階に達している．**図1-1**は，アジア，中南米主要国において，所得が3,000ドルを超えた年を初年度とし，その後の所得水準の推移を見たものである．ブラジル，メキシコ，ペルーは一定程度成長した後，成長率の低下が観察される．他方，韓国，台湾は成長の速度が中南米諸国より

図 1-1 アジア・中南米諸国の成長過程

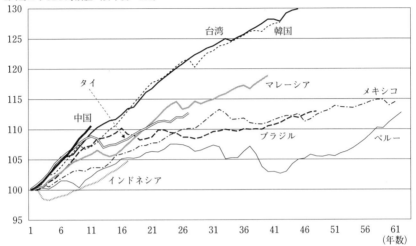

(注) 1人当たりGDP（2005年基準PPP）が3,000ドルを超えた時点を初年度として，その後の発展過程を見たもの。対数をとり基準化しているため，折れ線の角度は成長率を反映している。
(出所) IMF [2013, p. 48].

も速く，かつ停滞せず成長を遂げた姿が確認できる。

中所得段階で長期停滞に陥る状況は「中所得国の罠（middle income trap）」と呼ばれるが，中所得から高所得段階に到達する国がある一方，発展が停滞する「罠」に嵌まってしまう国があるのか。現在，マレーシアやタイ，中国などアジアでは多くの国が中所得段階に到達したが，図 1-1 で確認できるように，中国は韓国や台湾を上回るペースで成長を遂げる一方，マレーシアやタイはアジア通貨危機を契機として成長トレンドがやや鈍化している。中所得段階に到達したアジア諸国も今後，いわゆる「罠」に嵌まり低成長を余儀なくされるのか，あるいは罠に嵌まらないためにはどうすれば良いのかという議論が盛んになされている。

「中所得国の罠」をめぐる議論は，アジア通貨危機発生後10年目にあたる2007年に，世界銀行が，報告書『東アジアのルネッサンス（*An East Asian Renaissance-Ideas for Economic Growth*）』を刊行したことを契機とする[1]。報告書

において，「アジア通貨危機を克服，成長軌道を取り戻した東アジア諸国[2]の多くは，低所得段階を終え，すでに中所得段階に達している。しかし，東アジア諸国が今後，中所得段階から高所得国にステップアップするためには，発展パターンの転換が必要である」と指摘した（Gill and Kharas [2007, pp. 4-7]）。そして，成長パターンの転換がなされず，これまで同様のパターンが継続されただけでは，かつての中南米諸国や中東地域がそうであったように，「中所得国の罠」に陥り，いずれ停滞を余儀なくされる可能性あると叙述している。

　アジア諸国は低賃金労働力という人的資源が豊富で，これを源泉とする工業化による製品輸出で稼ぎ，低所得から中所得段階に発展を遂げたが，東南アジア諸国連合（Association of Southeast Asian Nations: ASEAN）や中国などは賃金上昇に伴い，低労働コストが競争力の源泉とならなくなっていた。このため，報告書が発表される以前から新しい成長エンジンや成長パターン転換の必要性が議論されていた。そして，この報告書が発表されて以降，新興諸国の指導者や政策担当者，開発専門家は「中所得国の罠」というワードを盛んに用いるようになった。例えば，マレーシアのナジブ首相は，「高所得段階を目指す同国が「罠」をいかに回避し，先進国への仲間入りを果たすか」と述べ，国民経済諮問委員会を立ち上げた。また，中国は，第12次5カ年計画（2011～16年）の中で「中所得国の罠（中等収入陥穽）」を回避すべく，環境保全や所得格差是正にも配慮した成長の質重視，内需主導型の成長方式への転換の着実な実行の重要性を唱えた。

　2011年には，アジア開発銀行（Asian Development Bank: ADB）が報告書『アジア2050（Asia 2050)』の中で，日本や韓国は高所得国に仲間入りする一方，中所得段階にあるアジア諸国の多くが「罠」に陥るリスクを有していることを警告した。また，世界銀行と中国国務院発展研究センター（Development Research Center of the State Council: DRC）は2012年に，2030年の中国経済を展望した研究報告書 *China 2030: Building a Modern, Harmonious, and Creative*

---

1)　正確には，世界銀行の2名のエコノミスト，Indermit GillとHomi Kharasによる著作である。
2)　東アジア諸国は，ASEAN加盟10カ国（マレーシア，タイ，インドネシア，シンガポール，フィリピン，ブルネイ，ベトナム，ラオス，カンボジア，ミャンマー），中国，香港，日本，韓国，モンゴル，台湾。本書においても，これらを東アジア諸国として捉えることとする。

High-Income Society を刊行した。本報告書は，中国が今後，高所得段階に移行するうえで，労働コスト上昇などに伴い国際競争力，成長力が失われる「中所得国の罠」に陥らないよう構造改革を進める必要性が指摘されている。より具体的には，「企業，土地，労働，金融セクターの改革を通じて市場経済への移行を完了する必要があり，そのため民間セクターの強化，市場開放によるさらなる競争とイノベーション，機会の平等による経済成長のための新たな構造改革を実行する必要がある」とした。その後，国際通貨基金（International Monetary Fund: IMF），経済協力開発機構（Organisation for Economic Cooperation and Development: OECD）なども相次いで報告書を発表しており，アジアを中心とする新興国の発展可能性を考察するうえで「中所得国の罠」は重要なキーワードとなっている[3]。

1-2 開発経済学における「中所得国の罠」論の位置づけ

第2次世界大戦後の発展過程を見ると，1960年まで経済発展を遂げたのは西欧諸国を除けば日本くらいであった。このため，1960年代まで，開発経済学では「構造主義」という考え方が主流であった。これは，低所得国の経済は先進国・高所得国のそれとは構造的に異なっており，貧困をもたらす原因を探り当て，それを開放する手段を見つけ出さない限り，「北」に位置する先進諸国と低所得国の多い「南」の諸国との経済格差はますます増大するとの見方である。例えば，Nurkse［1953］は，「貧しい国は貧しいが故に貧しい」という「貧困の悪循環（vicious circle of poverty）」論を主張した。これは，「低所得国は人々の購買力が小さく，国内で投資するインセンティブが働きにくい。その結果，資本形成がなされない状態で生産力があがらず，所得は低いままにとどまるため「貧困」から抜け出すことができない」というものである。こうして，容易に発展軌道に乗ることができない低所得国をいかに発展に導くかが開発経

---

3) 各国の指導者や国際機関が「中所得国の罠」というワードを頻繁に用いたことで，メディアも盛んに取り上げるようになった。2011年に，middle income trap で検索をかけると見出しは40だったが，上述した世界銀行の報告書『China 2030』が刊行されると内外の関心がさらに高まり，2013年5月には100を超えた。2018年2月時点で，Google Scholar で検索をかけると，111,000の記事がヒットした。

済学の大きな主題となった。

　ところが，1970年代になると，中南米や東アジア諸国が工業化によって高い成長を遂げる国々が出現した。OECDはこれら諸国を新興工業国群（Newly Industrializing Countries: NICs）と呼んだ。もっとも，1980年代に入ると中南米NICsは先に述べたように累積債務危機に陥り，発展が大きく停滞する一方，アジアNICsはその後も順調に発展を遂げて，高所得国に仲間入りすることになる。1970年代に発展軌道に乗った中南米と東アジアの国々がその後，対照的な発展過程を辿ったため，その違いがどこにあるのか当時，盛んに議論された。そして，中南米諸国では多くが資源国であり，資源輸出に基づく外貨収入を基に工業化を図ったことから，資源国の工業化がいかに困難を伴いやすいかを論じる「オランダ病」あるいは「資源の呪い」によって中南米諸国の経済停滞が説明された。

　1980年代後半から1990年代にかけて，アジアNICsに続いてASEAN諸国が発展を遂げるようになると，アジア地域の経済発展要因がますます議論されるようになった。世界銀行は1993年に『東アジアの奇跡』を刊行し，東アジアが「奇跡」と称される高成長を遂げた要因分析を行い，市場と親和的な政策をとっている東アジア諸国は今後も発展を続けるとの見方がなされた。しかし，1997年にタイを端緒に勃発，アジア地域に波及した通貨危機後，ASEAN諸国はマレーシアやタイなどを中心に以前ほど高い成長を遂げることができなくなった。こうして，経済発展のパフォーマンスの違いは，中南米とアジアといった地域性や，資源を有するかどうかといった要因だけでは説明できないとの認識が持たれるようになったのである。

　こうした中で登場したのが「中所得国の罠」論といえる。中南米諸国が経済停滞に陥った時期も，現在のASEAN諸国も同様に中所得段階である。また，歴史的に見ても中所得から高所得段階にステップアップした国は意外に少ない。こうした認識のもとで，中所得という発展段階に関心が集まり，中所得段階での成長戦略や政策立案の重要性が問われるようになった。

　「中所得国の罠」というワードを初めて用いたGillとKhrasは，2016年に刊行された書籍の中の論文で「中所得国から高所得段階に移行する段階でどのような政策課題に取り組むか，その指針となる理論的枠組みがない，そのことが

中所得国の罠を提起する契機になった」と述べている (Gill and Khras [2016])。このように,「中所得国の罠」というキーワードを契機に,中所得段階に注目が集まり,そこでの経済的特徴は何か,高所得段階にステップアップするためには何が必要かといった論点が,開発経済学,経済成長論の分野で議論されるようになっている。

1-3 「中所得国の罠」に関する3つの捉え方

「中所得国の罠」という用語は,中所得国の発展に関心を持つ開発専門家や政策担当者の間で広く共有されている。しかし,①中所得国とは何か,②何をもって「罠」に陥ったか(あるいは嵌まるか)は論者によってさまざまである。本書において重要なキーワードである「中所得国の罠」の概念について,先行研究のサーベイ等を踏まえて,整理しておきたい。

中所得国が陥る「罠」とは何か。世界銀行は先に述べた報告書の中で「罠」を次のように用いている。

「要素蓄積をベースとする発展戦略のもとでは,資本の限界生産性の低下に伴い生じる当然の結果として,その成果は徐々に薄れていく。中南米と中東は,数十年間,この罠から逃れることができなかった中所得地域の例である」[4]

このように,比喩的に用いられており,明確に定義づけされていない[5]。

1-3-1 経験的事実に基づく捉え方

第1の捉え方は,「中程度の所得水準で多くの国が停滞し続けている」という経験的事実に基づくものである。例えば,Spence [2011] は自著の中で,1975年以後,多くの国で1人当たりGDP (2005年基準の購買力平価) が5,000ド

---

4) Gill and Kharas [2007, p. 18]. 原文は英文で筆者による訳出。
5) 広辞苑によれば,「罠 (trap)」とは「落とし穴や網などを含む,鳥獣を生け捕りにする仕掛けの総称」のことである。「罠に陥る」あるいは「罠に嵌まる」とは,意識する,しないにかかわらず,いったんある状況に陥ってしまうとそこから容易には抜け出すことが困難な状況を指すといえよう。

ルから 10,000 ドルの範囲の中にとどまり続けて，10,000 ドルを超えた国は数少ないことをエピソードとして示した。

　Felipe et al.［2014］は，世界銀行の所得分類を援用して中所得の範囲を明確にしたうえで，Spence の経験的事実を実証した。具体的には，高所得に到達した国が上位段階にステップアップするために要した期間を検証し，低位中所得から高位中所得まで 28 年（中央値），高位中所得から高所得まで 14 年間（同）かかったことを明らかにした。この結果を基に，低位中所得段階に 28 年以上，高位中所得段階に 14 年以上とどまった場合，罠に嵌まっているとみなした。そして，52 の観察対象国のうち，35 カ国が罠に陥ったと結論づけている。

　また，途上国の発展をキャッチアップ過程と捉えて，先進国，特に米国をベンチマークに所得水準がどの程度まで高まったかを見るものもある。

　例えば，**図 1-2** は世界各国・地域の米国に対する相対所得の長期的変化を見たものである。横軸に 1960 年代（基準年は 1960 年）における各国の 1 人当たり GDP の対米国比率（対数値）をとり，縦軸には 2000 年代（基準年は 2009 年）の同指標をとってインプットしている。**図 1-2** 上で，原点に近い国ほど米国との相対的な所得格差が小さいことを意味する。また，45 度線よりも上の領域に位置する国・地域はこの 50 年間に米国との所得格差を縮小させたことを意味し，45 度線よりも下の領域に位置する国は所得格差が拡大した国・地域である。東アジア諸国はフィリピンを除き 45 度線より上の領域に位置しており，この 50 年間に米国との所得格差を縮小させたことがわかる。実際，香港，シンガポールの 1 人当たり GDP は日本と大差がないように先進国並みの水準に位置している。その一方で，中南米諸国は 1960 年代，多くの国で 1 人当たり GDP がアジア諸国よりも大きかったが，現在は 45 度線よりも下に位置する国が多いことが示す通り，この 50 年間で米国との所得格差がむしろ拡大した。

1-3-2　「成長率の大幅な低下」として捉える見方

　第 2 の見方は，中所得段階での成長率の大幅な低下，そしてその後の停滞を罠と捉えるものである。

　Eichengreen et al.［2011］は，計量的なアプローチによって，高成長していた国がある所得帯で成長率が大きく低下することを実証した。それは，2005

図 1-2　1 人当たり所得：米国との相対水準

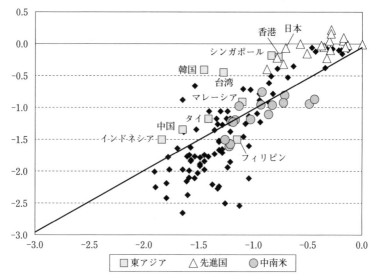

(注)　横軸は 1960 年代（基準年 1960 年）における各国の 1 人当たり GDP の米国の 1 人当たり GDP に対する比率（対数値），縦軸は 2000 年代（基準年は 2009 年）の同指標をとり，インプットしたもの。
(資料)　World Bank, *World Development Indicators* により作成。

年購買力平価を基準とする 1 人当たり GDP が 1 万ドル以上の国・経済を対象として，それらの国がどのような成長を遂げたか，その推移を分析した。その結果，年平均成長率（過去 7 年間）が 3.5％ を上回っていた国で，成長率が 2％ ポイント以上低下した時点の所得水準を見ると，16,000 ドル前後にあることを明らかにした。具体的には，日本と欧州諸国は 1970 年代，シンガポールは 1980 年代，韓国と台湾は 1990 年代において，成長率が大きく低下したが，その際の水準は 16,000 ドル前後であった。そして，Eichengreen et al. [2013] では分析をさらに進めて，所得水準が 10,000 ドルを超えた時点でも成長率が大きく低下しやすい傾向があることを明らかにした。

また，Aiyar et al. [2013] は 1960 年以後，成長率が低下した 123 のケースを分析し，低所得や高所得段階に比べて，中所得段階で成長率低下が頻繁に起きていることを明らかにした。Aiyar らは成長率低下の要因として，脆弱なイン

フラなどが影響していると論じた。

1-3-3 「中程度の発展段階での構造的特徴」に着目する捉え方

　第3の捉え方は，必ずしも所得水準から判断しない。先進国（高所得国）と低開発国のいずれでもない中程度の発展段階にある国で，成長が停滞する構造的な問題に着目する。その典型はサンドイッチ論である。

　サンドイッチ論は，低所得国と高所得国に挟まれる，いわゆる「サンドイッチ状態」で中所得段階の停滞を説明する[6]。例えば，World Bank and DRC [2013] は，中所得国の罠を「新興国が低賃金の労働力等を原動力に経済成長し，中所得国の仲間入りを果たした後，自国における人件費の上昇や後発新興国の追い上げを受ける一方，先進国の技術力には及ばないために競争力を失い，経済成長が停滞する現象」と説明する。実際，アジア諸国の多くは，安価な労働コストを武器に工業製品を輸出して発展を遂げて中所得段階に達したが，先進国と競争できるだけの技術力はまだ有していない。こうした状況下，自国では賃金が上昇する一方，低賃金の後進国の台頭により価格競争力を失い，やがて成長力を低下させていくとの見方である。

　また，大野［2014］は，「計画や戦争に没頭していた政府が，民間部門の抑圧をやめて経済を自由化すれば，たいていの国では初期条件に対応する水準まで所得は自然に上昇していく。そして，初期アドバンテージが乏しい国は低所得段階にとどまり，初期アドバンテージが豊富にある場合は，高所得段階に達することも可能である。もっとも，大半の国は初期アドバンテージに基づく成長は中所得段階で限界となり，それから高次の段階へステップアップするためには，真の開発が必要である。それは人的資本——知識，技術，技能——の蓄積に立脚するものでなければならない」[7] と中所得段階での成長鈍化を説明する。大野のアドバンテージ論に従えば，中所得国の罠とは「与えられたアドバンテージに対応する所得には達するが，国民が経済価値を創造できないために，

---

[6] ただし，サンドイッチ論のように「罠」を捉えてしまうと，中所得国は定義上，低所得国と高所得国（先進国）のいずれに対しても競争力を低下させるから，結局すべての国が罠に陥ることになる。これはトートロジー（tautology）だと Felipe et al.［2014］は批判する。

[7] ここでいう，アドバンテージとは人口，地理，天然資源，援助，外資，巨大プロジェクトなどの国民の努力と創意工夫以外のものすべてを指す。

より高い所得に達しない状況」と定義される。そして，一定段階以上の発展を遂げるためには，国民が自分たちの能力を高め，新しい価値を創造し続けなければならない。つまり，中所得段階では，これまでの成長パターンからの転換が必要になる。

1-4 先行研究から見えてくる論点・課題

以上の通り，中所得国の罠に関する先行研究を整理したが，ここでは既存研究での捉え方を批判的に検討し，本研究で取り組む論点・課題を抽出したい。

1-4-1 「中所得国の罠」の検証

中所得段階で長期的にとどまる状況はSpence［2011］など多くの論者が指摘しており，事実としてありそうである。しかし，先述したように，これらは中所得段階とは何か，また罠をどのように捉えるかを明確にしないまま，議論されている。例えば，ADB［2011］は，「中所得国の罠」の存在を前提として「アジア中所得国・経済が罠に陥らなかった場合，アジアは地域全体で2050年に174兆ドルの名目GDPを生み出し世界全体の52％のシェアを持つまでに拡大する。しかし，罠を回避できなかった場合，名目GDPは65兆ドルでシェアは31％にとどまる」と予測する。しかし，ここでは，中所得国に該当する国はどこであり，何をもって罠とするかが明示されていない。

また，中所得段階で大幅な成長率の低下が生じやすいとする第2の見方は，中所得段階の経済的特徴として重要である。しかし，成長率の大幅な低下自体は「罠に嵌まる」ことを説明しない。成長率の水準が低下しても，時間をかけて成長を続ければ高所得段階に到達できるからだ。むしろ，成長率の低下のみで中所得国の罠を捉えることは政策的にも問題が生じやすいと批判されている（Felipe et al.［2014］，Gill and Kharas［2016］など）。第2章で詳述するが，新古典派成長理論であるソロー成長モデルからの導意は，中所得段階では低所得段階よりも高い成長を遂げることが困難になるということである。政策担当者が足元での成長率低下を間違って解釈し，以前の高成長への回帰を指向するあまり，間違った処方箋を実行しかねない。重要なことは高成長を持続させること

ではなく，現在の成長率から急速な減速を回避し，持続的に成長を遂げていくための政策，戦略を検討することである。

以上を踏まえれば，成長率の高低，所得水準のいずれか一方だけでは，罠の状況を十分に説明できない。こうした意味において，Felipe et al. [2014] が行ったように，中所得のレンジを明確にしたうえで同レンジ内に一定期間以上とどまった場合を「罠に嵌まった」とみなす手法は妥当性を持つ。本書では，第3章において Felipe らの手法を準拠し，世界諸国の長期的な所得データを整理したうえで，中所得国の罠の存在を検証する。

1-4-2 中所得段階の経済的特徴の考察・検討

大野は，「中所得国の罠」について「中所得段階で成長が失速する事態」と捉えて，Felipe らが定義するような「事後的にしか確認できない定義は表面的であり，原因や対策を示唆しうる，より分析的な定義や捉え方が望ましい」と述べる（大野 [2014]）。換言すれば，相当程度の時間が経過した段階で，「自分たちが採用した戦略が間違っていた」と認識する状況こそが「罠に嵌まる」ことだというのである。中所得国の罠をめぐる議論では，大野が指摘するような状況を避けるために，中所得段階における経済的特徴を考察することが重要となる。

こうした観点に立てば，中所得段階での経済的特徴を考察・検討することが重要である。中所得段階で成長が鈍化するのは理論的にどのように説明できるか。また，中所得段階から高所得段階に到達した国と中所得段階に長期的にとどまる国とでは，中所得段階でどのような差異が見られるか。さらに，中所得段階に長期的に停滞してしまうメカニズムとはどのようなものかを検討する必要がある。

ここで中所得段階の幅が広いので，低位と高位に分けて分析すべきであるが，従来の研究はもっぱら高位中所得国の問題に集中している。しかし，実際に低位中所得国の罠に陥った国が少なくないし，低位から高位への発展の条件を理論的に究明しなければ高位に達した国の特徴も十分にわからない。日本などの経験から見て，また理論的に考えても高位中所得を達成した国は労働過剰な経済から労働不足経済への転換を迎え，資本蓄積の効果も小さくなったので，労

働の質の向上，イノベーションを促進するための質の高い制度を整備しなければ高所得国への持続的発展ができない。また，低位中所得の場合，労働過剰がまだ存在し，資本蓄積の効果がまだ大きく，資本・労働を中心とする投入型成長で高位中所得への発展ができる。ただ，この段階の持続的発展の条件は労働市場・資本市場の健全な発展により効率的資源配分を図る必要がある。本書では，中所得国を高位と低位の2つに区分して，それぞれの特徴を踏まえて分析を行う。

第 2 章　中所得国の罠についての理論的枠組み

　「中所得国の罠（middle income trap）」を 2007 年に造語した Gill and Kharas は 2016 年の論文（Gill and Kharas [2016]）で次のように述べている。すなわち，既存の成長理論は高所得国経済（現在の全人口が約 10 億人）または低所得国（同じく約 10 億人）の問題しか説明していない。しかもそれらの理論は 50 億人もの人々が暮らす中所得国の問題を理解するためには妥当なものではない。
　確かに，中所得国の問題についての経済理論がまだ確立されていない。本章は，既存の開発理論を参照しながら中所得国が持続的に高所得に発展できない（つまり中所得国の罠に陥る）要因は何かを理論的に解明してみたい。
　なお，中所得国の範囲は広いので，世界銀行の所得分類でも低位中所得国（lower middle income）と高位中所得国（upper middle income）に分けられている。しかし，中所得国の罠に関する研究は盛んになったが，これまでのほとんどの研究は，中所得国を一括して扱っている。それに対し，本書は，低位と高位中所得国を明確に区別し，それぞれに発展段階論的特徴をつけ，中所得国の罠を2つのケースに分けて，それぞれの理論的問題の解明を試みた。同じ中所得国でも1人当たり GDP（または GNI）2,000 ドルの国と1万ドルの国が直面する問題が同じではないと考えるからである。
　本章は，まず経済成長を説明するうえで基本的なソロー成長モデルから出発し，発展過程における資本と技術進歩の役割を吟味する。その中で低位中所得国と高位中所得国それぞれの特徴と，罠を回避する課題は何か，その課題に関して各発展段階に対応する制度要因は何かを示す。また，この発展プロセスを国際分業的視点から見ると，後発国に追い上げられる中所得国が制度要因の改善が遅れて比較優位産業を創出できない場合，中所得国の罠に陥る可能性があることも指摘する。最後に，本章の分析結果をまとめ，残された課題を述べる。

2-1　経済発展段階論

2-1-1　資本蓄積・技術進歩と経済発展：ソロー成長モデルの吟味

　経済発展段階論を本格的に考える前に，発展過程における資本と技術進歩の役割を示しておきたい。

　簡単な経済成長モデルから出発して，発展の各段階にどのような要素が重要であるかを吟味してみる。図2-1はソロー成長モデルで考える成長メカニズムである[1]。ソロー成長モデルでは，生産関数は次のような簡単な形で表される。

$$y=f(k) \qquad (1)$$

　y は労働（L）1人当たり生産（Y），k は労働1人当たり資本ストック（K）である。(1)式では労働1人当たり生産は資本・労働比率（資本蓄積）k に依存することを示す。図2-1はその関係を表し，k が増加するにつれて y も増加するが，収穫逓減法則で増加率が減少していく。ここで強調しておきたいことは，当然のことであるが，資本蓄積の最初の段階（例えば k_1）と比べて，後の段階（例えば k_2）において資本の生産への貢献が小さくなることである。

　ところで資本ストック（K）は投資（$I=iY$）で増加するが，減価償却（$D=dK$）で減少する（i と d はそれぞれ投資率 I/Y と減価償却率 D/K である）。簡単化するために，外資を考えない閉鎖経済（または純外資がゼロ）の場合，投資は貯蓄（$S=sY$）で賄うことになる（s は貯蓄率 S/Y）。すなわち，

$$iY=sY$$

である。結局，資本の増加（ΔK）は次のような2つの要因で決まる。

$$\Delta K=sY-dK \quad \text{または} \quad \Delta K=iY-dK \qquad (2)$$

(1)式のように(2)式も労働1人当たり資本ストックの形にすると，次の(3)

---

1) ソロー成長モデルに関する基本論文はSolow［1956］とSolow［1957］。開発経済学や経済成長論に関する多くの教科書や論文がモデルをわかりやすく紹介・解説している。中でもR. Jones（ジョーンズ［1999］）や高野［2015］が参考的である。

図2-1 ソロー成長モデル：資本蓄積と技術進歩の役割

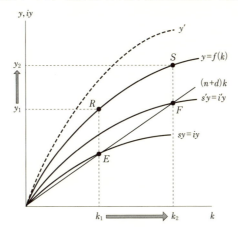

(出所) 筆者作成。

式が得られる。なお、労働1人当たり資本ストックが労働（人口）の増加で減少する。このことが（3）式に反映する。

$$\Delta k = iy - (n+d)k \tag{3}$$

ただし、n は労働増加率である。（3）式は労働1人当たり資本ストックが投資で増加するが、労働の増加と減価償却で減少することを示している。iy が $(n+d)k$ を上回る限り、労働1人当たり資本 (k) が増加し、資本深化が進んで、労働1人当たり生産 (y) も増加していく。このプロセスは、iy が $(n+d)k$ と等しくなる水準まで続く。この水準は定常状態を示し、投資が続いても資本蓄積は定常状態に戻ってしまうのである。図2-1の E 点がそうである。E 点に対応する生産は R 点で1人当たり生産が y_1 である。

ところで、投資曲線が iy から $i'y$ に上昇すれば新しい定常状態（F）ができて、1人当たり生産も y_1 から y_2 に上昇する。技術進歩に伴わない投資率の上昇は従来の生産関数のままで生産が（R から S へ）変化することに注意しておきたい。これに対して、技術進歩も伴われる場合、y 曲線が y' へ上方にシフトし、生産が大きく増加する。

2-1-2　発展段階と中所得国の罠

　1国の経済発展は，その過程をいくつかの段階に分けられるが，分析視点によってさまざまな段階区分がありうる。ここでは世界銀行の所得分類に従って，発展水準の総合的指標である1人当たりGNI（国民総所得）またはGDP（国内総生産）を基準にして1国の発展過程を4つの段階（低所得，低位中所得，高位中所得と高所得）に分けて，それぞれの段階を経済学的に特徴づけてみる。**図2-2**の上部はそれを表しているが，世界銀行は名目1人当たりGNIを基準にして，毎年その基準を変更している（第3章の**表3-1**）のに対して，**図2-2**では実質1人当たりGDP（またはGNI）を考えている。以下では，このような単純な考察から出発するが，各段階の特徴を吟味して，高位中所得国だけでなく，低位中所得国の罠の可能性も検討する。

　図2-2では，ABは伝統社会が支配的で，未開発が特徴づけられる段階である。この段階では，経済的には低所得が低貯蓄・低投資・低生産性をもたらし，低生産性はまた低所得につながるという貧困の悪循環あるいは貧困の罠が特徴である。貯蓄・投資が低水準で人口の増加程度しか増加しないから労働1人当たり資本蓄積が進まないのである。この段階の経済は自給自足の性格が強く，市場が未発達で，資源配分が習慣や信念といった伝統的ルールによって行われる。

　BCは経済発展が起動し，低位中所得の段階に達成できる段階である。経済がさらに発展すると，D点（高位中所得）へ進む。発展の起動とは，例えば指導力の強い政治家が現れ，強力な政策で貧困の罠から脱出することができるケースである。起動のきっかけは，外国の脅威にさらされ，国力を強めなければならない意識がエリート層に芽生えることや，貧困で社会・政治の不安が高まって国民の不満の勃発を心配する支配者または支配集団が積極的に対応しなければならなくなるケースなどがある。

　ところで，AB段階は市場が未発達であると特徴づけることができるが，B点から出発する発展過程は市場経済の発達過程として捉えられる。差し当たりC点を考えないことにしてまずD点に注目したい。D点以降の経済は2つのケースに分かれる。それは高所得に発展するDEと停滞・低成長に転落するDD'である。後者はいわゆる中所得国の罠に陥ることになる。

第2章　中所得国の罠についての理論的枠組み

図 2-2　経済発展諸段階

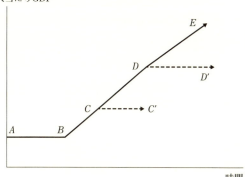

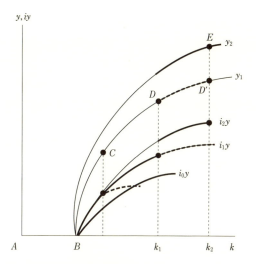

（注）　AB: 伝統社会，貧困の悪循環
　　　　BC: 経済発展の初期段階，貧困からの脱出
　　　　CD: 低位から高位中所得国へ　　DE: 高所得国への持続的発展
　　　　CC′: 低位の中所得国の罠　　　　DD′: 高位の中所得国の罠
（資料）　筆者作成。

さて，D 点はどのような性格を持っているだろうか。第 5 章が示しているように，現在，高位中所得国として分類されているマレーシア，タイや中国などの特徴，また日本など先進国が中所得国の段階に見られた特徴を念頭におくと，発展の初期段階は労働が農業から工業部門へ移動する過程でもあるので，D 点はルイスの発展モデルで有名な労働過剰経済から労働不足経済への転換点であると考えられる[2]。また，上述のソロー成長モデルが示したように，さらに追加分析で後述するように，発展の初期段階は資本蓄積の成長への貢献が大きいので，要素投入型成長が特徴的である。その後の段階に資本の限界生産性が本格的に低下するので，全要素生産性の役割が重要になってくる。したがって，D 点は要素（資本と労働）投入型発展から全要素生産性中心の発展への分岐点として考えられるのである。

　ところで，D 点以降の発展はどのように展開するだろうか。

　既述のように，D 点以降は 2 つのケースに分けられ，高所得国，先進国に進む場合（DE の方向）と，停滞のまま続く場合（DD' の方向）がある。DD' は簡単化するため極端なケース（1 人当たり GDP がゼロ成長）を描いているが，低成長のケースも含む。D 点以降には，なぜ 2 つの経路が生じるだろうか。

　上述のソロー成長モデルのエッセンスを**図 2-2** の下部に組み入れ，経済発展段階と資本蓄積との関係を吟味してみよう。図の上部では縦軸は人口 1 人当たり生産または所得（Y/N）をとり，横軸は時間を示すが，下部は**図 2-1** と同様，縦軸と横軸はそれぞれ労働生産性と資本蓄積であり，資本蓄積と時間が密接に関連するので**図 2-2** の上下は対応している。

　図 2-2 の AB は伝統社会で，貧困の悪循環に喘いでいる。この段階に資本の蓄積が本格的に行われない（労働 1 人当たり資本ストックがゼロである）。しかし，上述のように何らかの要因を契機に B 点から発展軌道に乗った開発途上国は，初期の技術水準のもとで投資（投資曲線 i_1y）を行い，資本蓄積を続ける。これに伴い，1 人当たり生産も生産曲線 y_1 に沿って増加し，BC 軌道のように低所得から低位中所得 C，さらに高位所得段階 D に向かう。

---

[2] 日本は 1960 年代初頭に転換点を迎えた（南 [1970]）が，そのときの所得水準から見て高位中所得国であった。現在の中国は高位中所得国になったが，同時に転換点に近づいている（南ほか [2013]）。

しかし，行政上の煩雑さや脆弱なガバナンス（政策の透明性の欠如や腐敗など）などの制度的欠陥から，生産拡大に寄与しない投資が行われ続けると，資本蓄積のスピードが遅滞．そして，場合によっては，投資環境の悪化による投資率の低下で投資曲線がi_0yに下方シフトしてしまう状況になる。これに伴い，本来であればD点に向かって拡大するはずだった所得は，C点に止まる状態になる。筆者たちはこの現象を低位中所得国の罠と呼ぶ。

他方，上述のような制度的欠陥が少なく，低位中所得国の罠を回避し，高位中所得段階に達した国は，初期の技術水準での定常状態に近づくため，そのままでは所得増加ペースは遅滞を始める。ここで，技術進歩に伴わない投資率を高めても（i_1yからi_2yへのシフト），y_1曲線上でD点からD'点へ，低成長しか実現できない。このままでは高位中所得国の罠に陥る可能性がある。

一方，高位中所得段階から技術水準を高めた国は投資曲線i_1yからi_2yへのシフトとともに生産曲線yもy_1からy_2へシフトし，所得が高次のE点に達成して，高位中所得国の罠を回避して高所得国に発展できるのである。

2-2　要素賦存状況の変化と中所得国の罠

ここでまず，図2-1と図2-2の分析を要約し，補足説明を行いたい。人口密度が極端に小さい国を除くと，経済発展が開始する時点では，労働が過剰（限界生産性がほぼゼロ）な経済を特徴とする国が多い。資本蓄積（労働1人当たり資本量の増加）に伴う工業化が進行し，過剰労働力を吸収していく。その過程がやがて労働過剰が解消する時点まで進むと，経済が新しい局面を迎える。労働過剰から労働不足への転換点である。この時点から実質賃金が上昇し，それに見合う労働生産性が上昇するかどうかという問題が重要になる。その時点は，図2-2のD点に対応する。一方，経済発展の過程において資本蓄積の役割も変化し，経済発展の初期段階においては資本の貢献が大きく，その後の段階では技術進歩が重要になる。言い換えれば，成長会計の手法で経済成長に対する各要素の貢献を分解すれば，初期段階に資本を中心とする要素投入型成長，後の段階に技術進歩による全要素生産性を中心とする成長である。

このように労働が豊富に存在し，資本蓄積の役割がまだ大きい高位中所得段

階までの発展過程において要素投入型成長パターンが特徴であるが，その後に高所得段階への持続的発展のために，全要素生産性型成長へのシフトが必要になってくる。著者たちの一人（トラン）がこの考え方に至ったのは，クルーグマン（Krugman [1994]）の見解をめぐる論争を読んだときであった。周知のように，世界銀行（World Bank [1993]）が発表した有名な報告書『東アジアの奇跡』に対するクルーグマンの問題提起がきっかけになり，この地域の発展は要素投入型成長か，全要素生産性が欠如であったかどうかをめぐる論争が展開された。これに関して故速水佑次郎教授（速水 [2000]）は，米国などの経験を踏まえ，経済が発展の最初の段階では，通常投入型発展が特徴づけられ，その段階を経過した後，全要素生産性中心の発展段階へ転換すると主張している。筆者の一人はこの主張に賛成し（トラン [2001a]），それ以来，発展段階論・中所得の罠論との関連でその点を理論づけようとしてきた（トラン [2010]，特にTran [2013b]）。本章では図 2-2 のようにもう少し詳細な理論的展開を試みた。

このように考えてくると，図 2-2 での D 点は労働過剰から労働不足への転換点，要素投入型成長から全要素生産性の成長への転換点に合致すると考えられる。2番目の転換点の実証は難しいが，労働供給の転換点は日本，台湾，韓国の発展経験から見て，中所得のレベルの近辺に生じているのである。

以上の考察からは，経済が中所得レベルの D 点まで発展してから，労働供給の変化，資本蓄積の役割の変化に対応できれば高所得国（E 点）へ進めるが，それができなければ中所得国の罠に陥ると考えられる。したがって，労働の質の向上，科学技術の振興，イノベーションの促進の努力を通じた労働生産性の上昇，産業構造の高度化といった具体的な対応をとらなければならない。

ところで，中所得国は低位と高位に分けられるが，以上の分析は高位の場合についてである。要素市場から見て高位の場合（図 2-2 の D 点）は，上述のように労働が過剰から不足への転換点にあり，資本投入型成長が限界に達したことなどを特徴づけられる。

一方，低位の場合（図 2-2 の C 点），貧困の悪循環・貧困の罠から脱出できたが，労働がまだ過剰で，資本蓄積の役割がまだ大きいので投入型成長を続ける余地がある経済として特徴づけられる。このため，この段階では労働市場と資本市場の質が問題になる。市場が未発達であったり，歪曲に直面したりすれ

ば資源配分が非効率になる。例えば、労働市場の低発達により、労働過剰と労働不足が併存する現象が見られ、また、資本市場の低発達により資本の非効率な使用など、資源配分の歪みが生じるのである。特に汚職や官民癒着が深刻な経済において、資本（外貨を含む）へのアクセスは不平等をもたらし、特権階級の既得権益が形成され、レントシーキングの弊害が温存される。このような場合、低位中所得の水準のまま罠に陥る可能性がある（図 2-2 上部の CC' の低位中所得国の罠）。

　ところで、要素投入型成長と全要素生産性（TFP）の実証が容易ではない。成長会計の方程式で TFP が残余として推計されるが、資本と技術を分離できない場合が少なくない。資本に体化された（embodied）技術と体化されない技術がある。（1990 年までの）東アジアの発展が投入型成長であったという Krugman [1994] の見解に対して、例えば Chen [1997] はそれまでの東アジアの技術進歩が主として資本蓄積に体化されたと主張し、クルーグマンを批判している。なお、Perkins [2013b] は資本蓄積と TFP を区別せず、資本蓄積は TFP をもたらすものと、もたらさないものがあると指摘している。また、TFP の源泉は 2 つあり、制度改革、資源配分の改善によるもの（途上国によく見られる現象）と、研究開発・技術進歩によるもの（先進国の場合）があると考えている。この指摘は示唆的である。われわれの枠組みも発展の初期段階（高位中所得までの段階）において要素投入型成長が重要であると考えるが、TFP の役割を否定するのではない。ただ、高位中所得段階以降、TFP がより重要になるし、その源泉は研究開発・技術進歩であると考えるのである。

　技術が資本に体化されたものもあるし、制度改革などによって TFP の成長への貢献もあるので、実証面において発展段階別の TFP の違いが見られない可能性がある。いくつかの先進国の発展経験を見てみよう。米国の場合、日本経済研究センター [1990] の推計結果によると、1889-1929 年に TFP の成長への貢献は 33% しかなかったが、1929-1957 年に 78% もあった（1947-1967 年は 51%）。また、Jones [2015] によると 1948-2013 年に時間当たり労働生産性が平均して 2.5% 上昇したが、うち TFP の貢献は 80% であった。日本の場合、同じ日本経済研究センター [1990] の推計によると 1889-1929 年に成長への TFP の貢献は 14% しかなかったが、1955-1975 年に 65% と大きかった。これらの推

計が正しければ米国も日本も TFP の成長への貢献は初期の発展段階に小さく，その後の段階に高くなったことがわかる。他方，中国やベトナムのような市場経済への移行過程の初期段階に制度的転換が急速であったので，TFP の貢献が大きかった（Perkins [2013b, pp. 62-63]，Vu M. Khuong [2013, pp. 147-149]）。これは技術進歩ではなく，制度改革がもたらした TFP の上昇であった。

2-3　キャッチアップ型工業化：雁行型発展の示唆と脱工業化の問題

　さて，次に経済発展の過程における国際分業の変化を考察し，中所得国の罠の可能性を考えてみよう。**図 2-2** は発展の過程に要素賦存状況が変化したことも示している。それに対応して比較優位構造も変化することはいうまでもない。D 点はルイス転換点にほぼ一致すると考えられるので，高位中所得段階までこの国は労働集約的産業に比較優位を持っているのである。他方，D 点から労働集約的産業において後発国に追い上げられるので，比較優位構造が資本集約的産業や技術集約的産業にシフトできなければ中所得国の罠に陥るのである。
　このようなダイナミックな展開は雁行形態論の体系で分析できる。
　雁行形態論は基本的に後発国のキャッチアップ過程を説明する分析フレームワークである。その基本型は，一産業の発展過程を分析し，新産業の典型的発展形態として，まず製品の外国からの輸入に始まり，次にその製品を国産化（輸入代替）し，そして外国へ輸出するといった各段階を辿っていくパターンである。それを可能にするのは，産業の国際競争力の強化過程である。その次の段階では，この産業は他の国に追い上げられ，比較劣位に転じるとともに，生産要素が従来の産業から新しい産業に移動して新しい比較優位産業が形成される。この現象が繰り返され，経済が発展していくのである。このような産業構造の高度化プロセスは，雁行形態的発展の多様化型とも言われる。そして，発展段階が異なる複数の国の多様化型が重なって，重層的キャッチアップを表すことができる。東アジアで見られたその現象は国際版雁行型発展であり，1980 年代後半から注目されてきた[3]。

3）　雁行形態論の詳細な内容と関連文献はここでは省略する。例えばトラン [2010, pp. 233-234]（雁行形態論の系譜）を参照。

さて，後発国はどのような要因で先発国にキャッチアップできるだろうか。トラン［1992］は，そのキャッチアップ過程を産業の国際競争力の強化過程として捉え，国内要因（産業政策，資本蓄積など）と外国資本や技術の役割を織り込む分析枠組みを提示し，合繊工業を事例にして東アジア各国の重層的キャッチアップ過程を分析した。この場合，重層的キャッチアップは1つの産業の比較優位が先進国（日本）から先発国（韓国など）へ，そして後発国（タイなど）に移動するという発展段階が異なる多くの国で展開した過程である。しかし，重層的キャッチアップは1つの産業だけでなく，むしろ要素集約度・労働熟練度が異なる多くの産業における各国間産業移植と各国内産業構造の高度化が活発に展開する現象である[4]。

さて，1国の雁行型工業化過程を4つの経済発展段階に関連づけて，中所得国の罠の可能性とはどのような状態であるかを考えてみよう。各発展段階の要素賦存状況から見て，BC と CD（それぞれ低位と高位中所得段階への発展段階）においては労働集約的産業が比較優位であるが，熟練度（skill）が異なり，前者では低熟練（low skill），後者では中熟練（medium skill）集約的産業が主流であると考える。そして高熟練（high skill）集約的産業は高所得国（DE）の比較優位である。これは労働の熟練度から見た要素集約度であるが，例えば高熟練の場合は資本集約的，研究開発（R＆D）集約的，情報集約的産業などを含む。また，中熟練集約的産業は業種によって労働集約的であるものもあり，資本集約的なものもある。

このように考えると，持続的発展の条件は，比較優位産業が低熟練から中熟練へ，さらに高熟練へと高度化しなければならない。後発国に追い上げられるため，高度化できなければ罠に陥る可能性が高くなる。

ある産業の雁行型発展はその国際競争力の強化過程でもあるので，その産業の国際競争力指数（ICI）の変化を考察して，持続的発展のケースと罠に陥るケースを指摘しよう。ICIは次の式で計算できる。

$$ICI = (X - M) / (X + M)$$

---

[4] この重層的キャッチアップの現象を図示して東アジアの雁行型発展を論じる研究が多い。例えば Kosai and Tran［1994］，大野・櫻井［1997，第1章］，末廣［2000，第2章］。

図2-3 比較優位構造の変化：要素集約度別産業の国際競争力指数

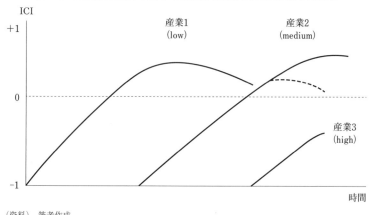

（資料）筆者作成。

ただし，XとMはそれぞれ特定産業（商品）の輸出と輸入である。工業化の後発国の多くの場合，近代産業は輸入で国内市場が形成され，その後の過程は，輸入代替そして輸出の各段階を経過することである。これは，産業の雁行形態的発展にほかならない。このプロセスにおいて産業の国際競争力の変化を反映してICIは-1（輸出が0で，輸入による産業導入期）から0（輸出と輸入がほぼ同様な水準で，輸入代替が完了する時期）を経て+1（輸入が非常に少なくなり，輸出が拡大する段階）に向かって変化すると考えられる。**図2-3**は国際競争力指数（ICI）の変化，すなわち産業発展のプロセスを描いたものである（縦軸は国際競争力指数ICI，横軸は時間を表す）。

低位中所得国は国際競争力のある低熟練の産業1が比較優位産業であるが，より遅れた後発国に追い上げられる（ICIカーブが下降）ので，中熟練の産業2が新しい比較優位産業として出現しない場合，低位中所得国の罠に陥る。また，D点まで発展した国は，産業2の成長が鈍化し，競争力が低下に転じた（そのICIが点線のように早くも下降した）が，産業3はまだ輸入代替の過程にある場合，高位中所得国の罠に直面する可能性がある[5]。

---

5) **図2-3**は産業の雁行型発展の典型で，国際競争力の強化により輸入代替から輸出化へと進むパターンを示しているが，現実的にはさまざまなバリエーションがありうる。例えば輸入代替段階を経

なぜか。後発国に追い上げられながら輸出構造の高度化ができない国では，工業生産の停滞で経済成長が長期的に鈍化するのである。経済全体が停滞するケースもあるが，工業部門の縮小，生産性・付加価値の低いサービス産業へのシフトを通じて経済成長が大幅に低下するケースもある。後者の現象は，未熟な脱工業化（premature deindustrialization）といわれる（Palma [2005], Palma [2008]）。普通，欧米先進国や日本のように，所得水準の上昇に伴う消費構造の変化，人材などの供給条件の充実化に伴う高度なサービス産業へのシフトは成熟な脱工業化現象であり，望ましい発展パターンである。しかし，所得水準がまだ低い段階に工業部門の国際競争力が弱くなった背景で，まだ成長のエンジンの役割を担える工業部門が縮小せざるをえなく，早期に第3次産業へのシフトを進めなければならない未熟な脱工業化は，成長鈍化をもたらすのである。ちなみに，日本の場合，1人当たりGDPが購買力平価ベース（2005年PPP）で3万ドルという高水準に達した頃に，GDPに占める製造業割合が低下に転じ，脱工業化を始めた。OECD諸国は大体このパターンを示している。しかし，コロンビアなどの中南米諸国は所得が同1万ドルの水準にしか達していないにもかかわらず，脱工業化を始めたのである[6]。

経済が成熟し，所得水準が高く，第3次産業の本格的発展に伴って製造業のシェアが低下するのは，自然な脱工業化である。しかし，その前の段階，つまり所得水準がまだ低い段階に国際競争力の低下，資源の呪い・オランダ病に直面し，早期脱工業化が経済停滞をもたらす可能性が高い[7]。製造業は次の特徴を持っているので，早期脱工業化は経済成長を牽引するエンジンが失われることを意味している。すなわち，規模経済性の発揮，強い後方・前方連関効果，技術進歩・技術革新による生産性上昇の高い可能性などが指摘できる（Tregen-

---

過ぎず，最初から輸出できるケースもある。特に経済特区・輸出加工区での産業発展はそうである。また，自動車，家電など機械工業のように部品間，工程間分業が一般的になっているので，産業内の高度化が重要であると考えられる。すなわち，組み立てから部品生産へ，そして設計やマーケティングへと付加価値連鎖（value-chain）の上段に段階的に上る必要がある。

6) ここで後発国に追い上げられながら輸出構造が高度化できない背景で生じる未熟な脱工業化を論じているが，いわゆるオランダ病も未熟な脱工業化の原因になる。Palma [2005], Palma [2008] を参照。

7) Rowthorn and Wells [1987] は自然な脱工業化を positive deindustrialization と言い，後のケースを negative deindustrialization という。

na［2011］)。このようなダイナミックなセクターが十分に発展できず，付加価値の高い高度なサービス産業の発展条件が満たされない国は，成長が鈍化・停滞を避けられないのであろう。

このように，未熟な脱工業化と中所得国の罠との密接な関係があると考えられる。

2-4　経済発展と制度要因：制度の罠と発展の罠

1990年代以降，経済発展の研究が制度（institution）や制度的変化・形成の役割を重視するようになった。制度の変化と経済発展について影響力のあったノーベル賞経済学者のノース（North［1990］）によれば，制度とは社会におけるゲームのルールであり，人間が作る諸制約であるが，このルールや制約が人々の取引，人間の相互行動を規定するものである。ゲームのルールは，具体的には財産権などの法的体系がわかりやすいが，制度はそれだけでなく，かなり範囲が広い。世界銀行（World Bank［2002］）の分類によれば制度には4つのケースがある。公的制度（法律など），私的制度（業界団体の内規など），正規な制度（法律などの成文化，法的拘束力のあるもの），非正規な制度（習慣，社会的規範）である。この分類はもっぱら経済制度に関するものである。経済制度は社会システムの下部構造である経済サブシステムであり，その上部構造に政治制度がある。政治制度は民主主義か独裁体制かに大別される。

経済発展にとって制度がなぜ重要であるか。第1に，経済発展は経済主体（企業，労働者など）の積極的行動によって実現されるが，制度の内容によって経済主体を刺激したり，その行動を制限したりするのである。第2に，明確な制度が確立すれば経済主体間あるいは企業と政府との取引費用（transaction cost）を節約することができる。第3に，投資をはじめとする経済活動は不確実性が高いものであるので，財産権，インセンティブ（誘因）などの政策体系が確立することは，経済主体のリスク意識を低減させ，積極的投資を行わせるのである。

なお，制度はさまざまなレベルがあり，簡単な体系から複雑で精緻な（sophisticated）体系まで発展するのである。簡単な制度体系は，財産権や所有権を保

護する法律，民間企業の生産経営活動の自由化を保証する制度などである。これに対してロドリック（Rodrik [2007]）は，精緻な制度体系を高品質の制度（high quality institutions）といい，経済が高度に発展するため，また，グローバル化に効果的に対応するため，高品質の制度を整備しなければならないことを力説している。具体的には，新産業の技術開発を促進する制度，リスクの高い新分野への投資の促進・インセンティブの供与につながる制度，政策決定への国民各層（利害関係者，独立な言論人，有識者など）の参加促進制度などである。世界経済のショック的変化や不安定に効果的に対応するために，金融システムの健全化，金融制度の整備，監視，監査能力の向上が必要である。ガバナンスの確立，専門性の高い官僚養成も高品質の制度の要因である[8]。

さて，経済発展諸段階と制度との関係を考えよう。**図2-1**の B 点から経済発展が起動できる国は，伝統社会に根ざした諸制度（文化・習慣，封建制など）の中で発展の阻害要因になったものを打破し，市場経済にとって必要な近代的制度（財産法，企業法，外資導入法など上記の簡単な制度体系）を整備している。制度的変革があったから発展が開始できたと考えられる。このような新しい制度が完成していく過程で，経済が中所得段階（D 点）に発展できる（低位中所得の C 点は後述）。

D 点以降の発展は，既述のように，高所得国の比較優位である高熟練労働・R&D 集約的産業への高度化が必要であるので，技術進歩，イノベーションを促進する高品質の制度が重要になってくるのである。

ところで，近年，経済発展と制度に関して Acemoglu and Robinson [2012] が話題を集めた。彼らは収奪的な政治制度（extractive institutions）が収奪的な経済制度をもたらし，そのような制度のもとでは経済が発展できないと主張している。収奪的制度が社会のある集団の利益のために残りの人々から収奪するような制度が設計されるからである。逆に議会制民主主義に代表される包括的な政治制度（inclusive institutions）は，自由で公正な市場経済に代表される包括的な経済制度につながり，経済発展が促進されるという。しかし，この議論は発展段階別の制度を考慮に入れない。発展の初期段階に必ずしも包括的な政

---

8) 経済発展と高品質の制度との関係について Rodrik [2007, Ch. 6]，トラン [2010, 第1章] を参照。

治制度でなくても低水準の包括的な経済制度を整備できるし，低水準の制度でも投資を促進し，経済が発展する。例えば開発独裁は政治的独裁体制であるが，開発主義というイデオロギーのもとで発展の目標に向けて資源が動員され，経済が発展する国が少なくない。ただ，その発展は中所得段階までで，それ以降，高所得段階に発展するためには高度な包括的な政治・経済制度が必要になるのである。これは既述の高品質の制度にほかならない[9]。ちなみに，Dollar [2016] は法による規制（rule of law）と経済・言論などの自由（civil liberties）との関係について，興味深い分析を示している。すなわち，所得水準が低い国々においてその関係は弱いが，1人当たり GNI の 8,000 ドル（購買力平価ベース）を超えた所得水準の高い国々においてその関係が強いのである。

さて，以上の議論は主として高位中所得国のケースを考えたものである。低位中所得国の場合，労働がまだ過剰な経済であるし，資本投入型成長の余地がまだあるので，技術革新に必要な高品質の制度がまだ重要でない。しかし，労働・資本市場の健全な発展が必要である。そうでなければ資源配分の歪みが生じ，労働需給のミスマッチ，資本使用の非効率をもたらすのである。特に汚職などで特定の企業や利益団体に資本・外貨へのアクセスを優先的に与えることは，無駄な投資をもたらす。このような資源配分の歪みが長期的に続けば，低位中所得国の罠を避けられない。許認可行政が複雑で，行政コストが高いことなど，投資環境の長期的悪化も投資率の低迷をもたらし，低位中所得国の罠に陥る可能性がある。

要するに，高位中所得国の場合，技術進歩，イノベーションが罠を回避する条件であるが，低位の場合，罠に陥らないために資源配分の歪みを生み出さないことに注意しなければならないのである。

---

9) Acemoglu and Robinson [2012] を批判した Sachs [2012] は，技術の（外国から）導入・普及と自己の技術革新を区別すべきで，前者の場合は独裁的政治制度のもとでも促進され，経済発展に成功すると主張している。この見解は示唆的である。確かに，1970 年代までの韓国・台湾や 1980 年代以降の中国などのケースはそうである。技術革新が必要な段階に高品質の制度が重要になってくるのである。

2-5　結語と残された課題

　「中所得国の罠」の現象が注目されたのは，10数年ほど前からで，比較的新しい問題であるが，中所得国の人口が世界の約7割も占めている重要な問題であるので，研究が盛んになってきている。しかし，これまでの研究はすべての中所得国を一括して分析の対象にしている。実際に中所得の範囲が広く，低位中所得と高位中所得に分けて考察しなければならない。これが本書の主張である。本章は，ソロー成長モデルから出発して，要素賦存状況の変化から見た低位と高位中所得国の経済学的特徴を吟味して，それぞれの罠の可能性と克服要因を分析した。発展段階に応じて要素市場の健全な発展，技術進歩・イノベーションの役割，制度の質の高度化，産業構造・輸出構造の変化，未熟な脱工業化の問題を指摘した。

　さて，中所得国の罠という視点から本章が検討できなかったいくつかの重要な論点が残っている。第1に，現段階の中所得国，特にアジア諸国は外資への依存度が高い。いわゆるFDI主導型成長で新興国として台頭した国が多い。この成長パターンが持続的だろうか。Ohno［2009a, b］，大野［2013］などは疑問を提示しているが，説得的分析はまだ十分ではない。例えば，導入されるFDIの質を高度化し，経済全体の構造・比較優位構造を高度化していけば国際競争力を維持し，成長が持続し，罠を回避できると考えられないことはない。この点は理論・実証の分析に値するものである。

　第2に，第1の点にも関連する問題であるが，アジア新興国など多くの中所得国はキャッチアップ型工業化により発展してきたが，そのキャッチアップはどの発展段階に完了するだろうか。本章の文脈で言い直すと，高位中所得国から高所得国への発展のために技術進歩・イノベーションの役割が重要になったと論じたが，外国技術への依存をやめて（あるいは導入すべき外国技術がなくなり），独自の技術を開発しなければならないことを意味するだろうか。高位中所得から高所得段階への発展に成功した1960年代の日本や1990年代の韓国は，その時点から外国技術の導入をやめたわけではない。FDIと同様，外国技術に依存しながら技術進歩・イノベーションを促進し，要素投入型成長から全

要素生産性への転換を図り，高所得国への発展ができるだろうか。

　第3に，中所得国の罠の可能性に影響を与えそうな所得分配も分析しなければならない。クズネッツ逆U字型仮説の示唆で高位中所得まで所得分配が不平等であるが，その後は平等化する。平等化への転換は中所得国の罠を回避する条件であろうか。所得分配の改善なしで高所得国への発展ができるだろうか。それとも社会・政治不安で投資環境が長期的に悪化し，経済が停滞し，罠に嵌められるだろうか。上記の3点は本章が残した課題であるが，その中の第1の問題は本書の第4章で詳論される。

第3章　中所得段階での成長鈍化と早期脱工業化

　アジア通貨危機から10年を経た2007年に，世界銀行が発表した東アジア経済の復興に関するレポート（Gill and Kharas［2007］）の中で，「中所得国の罠（middle income trap）」と称するリスクが指摘されて以来，中所得国の成長持続性に関する議論が盛んに行われている。しかし，こうした議論ではそもそも，どのような国を中所得国と呼ぶのか，また，それらの国がどのような状況となることをもって「罠に嵌まった」というのかが，明確にされないまま議論されてきた。中所得国の罠について，議論するには「中所得国」とはどのような所得水準の国を指すのかを明確にしたうえで，それらの国がどのような成長を遂げたのかを明らかにしておく必要があるだろう。

　本章の目的は，中所得国の所得水準を明確にしたうえで，中所得国の成長性を長期的な観点から検討することである。そのために，まず，一国の所得水準を示す1人当たりGDPの推移を長期的に整理し，中所得段階での成長性を考察する。そのうえで，経済的離陸を果たし，成長軌道に乗った経済が主として中所得段階で停滞してしまう理由について，先進諸国・経済における産業構造の変化，特に脱工業化過程の考察を踏まえて検討することである。

3-1　世界銀行による所得分類

　中所得国とは文字通り，世界経済において中位の所得水準にある国と考えてよいだろう[1]。また，所得水準を測る場合，1人当たりGDPあるいは1人当たりGNIで見ることが一般的である。世界銀行は，**表3-1**のように，1人当たりGNI（名目ドル）による所得分類を行っている。2017年の基準で見ると，低所得国（995ドル以下），中所得国（995ドル超12,055ドル以下），高所得国

表 3-1　世界銀行による所得国分類基準（2014 年以後）

	2014 年	2015 年	2016 年	2017 年
低所得国	≦ 1,045	≦ 1,025	≦ 1,005	≦ 995
低位中所得国	1,045-4,125	1,025-4,035	1,005-3,955	995-3,895
高位中所得国	4,125-12,735	4,035-12,475	3,955-12,235	3,895-12,055
高所得国	> 12,735	> 12,475	> 12,235	> 12,055

（注）　世界銀行は1人当たりGNI（名目ドル）を基準として，人口3万人以上の国について所得国分類を行っている。1987年以後，所得国分類を公表しているが本表では2014年以後を掲載。
（資料）　World Bank［2018］により作成。

表 3-2　世界銀行による所得国分類

	1990 年	2017 年	アジア諸国の位置づけ（2017 年）
低所得国	51	34	ネパール，北朝鮮，アフガニスタン
低位中所得国	56	47	インドネシア，フィリピン，ベトナム，インド
高位中所得国	28	55	マレーシア，タイ，中国
高所得国	39	81	日本，シンガポール，香港，韓国，台湾
合計	174	218	

（注）　1991年以後，東欧・中央アジア諸国の独立などにより，2014年の国数が多い。
（資料）　World Bank［2018］により作成。

（12,055ドル超）といった具合である。また，中所得国は，所得幅が広いため，世界銀行は高位（3,895ドル超12,055ドル以下）と低位（995ドル超3,895ドル未満）に分けている。

　2017年時点において，世界218カ国中，約半数の102カ国（低位中所得国47カ国，高位中所得国55カ国）が中所得国に位置づけられる（**表3-2**）。アジア諸国を見ると，日本，シンガポール，香港，韓国，台湾が高所得国に位置づけられる。また，マレーシアは1992年，タイと中国が2010年に高位中所得国となった。さらに，インドネシア，フィリピン，ベトナムなどは低位中所得国である。

1）　一国の経済発展段階を示す場合「中進国」という表現も使われる。これは，技術力の高さや高度な制度を有する先進国に次ぐ段階の国と解釈できる。中進国と呼ばれる国の多くは中所得段階の国として位置づけられていることから，本書では所得水準で定義をしやすい「中所得国」という用語を用いることとする。

3-2 世界銀行基準に準拠した長期的所得区分の作成

　中所得国をどのような範囲の所得水準で見るかについては，その時々に応じた便宜的な方法がとられ，曖昧なまま議論されがちである。こうした中，世界銀行の所得区分は有用だが，世界銀行の所得分類においても，所得を区分するための基準が名目ドルでなされ，かつほぼ毎年変更されているため，時系列の比較になじまない。また，所得区分をどのような基準，ルールで変更しているかは明示されていない。そこで，苅込［2017］は，世界銀行が区分変更に際し，時系列で見て整合的な実質ベースで所得区分を設定していると仮定し，世界銀行の所得分類に準拠した所得区分を作成した[2]。具体的には，1人当たりGDP（2005年PPP）による以下のような所得分類である。

　　低所得国：2,500ドル以下
　　低位中所得国：2,500ドル超8,250ドル以下
　　高位中所得国：8,250ドル超16,500ドル以下
　　高所得国：16,500ドル超

　表3-3は，このように測定された区分を用いて，1960年以後の世界133カ国（2014年）を所得階層別に整理したものである。1960年時点で，108カ国（データのない国は除く）のうち，半数以上の60カ国が低所得国であった。そして，46カ国が中所得国（低位中所得国31カ国，高位中所得国15カ国）となり，高所得国は2カ国（スイス，UAE）であった。

　また，2014年時点では，133カ国中，低所得国は39カ国，中所得国は57カ国（低位中所得国31カ国，高位中所得国26カ国）であり，高所得国は37カ国となった。1990年以後，東欧諸国がデータに加わったため，時系列の比較はなじまないが，低所得国の割合は1960年から2014年にかけて，全体数が60カ国から39カ国に減り，その割合は55.6％から29.3％に低下した。また，中

---

[2] 所得区分の推定方法は苅込［2017］を参照のこと。

表 3-3 世界銀行基準に準拠した長期的所得分類

	1960	1970	1980	1990	2000	2010	2014
低所得国	60	57	52	53	52	44	39
低位中所得国	31	29	30	31	35	30	31
高位中所得国	15	17	13	13	14	23	26
高所得国	2	10	20	26	32	36	37
合計	108	113	115	123	133	133	133

(注) 人口300万人以上の国を対象に分類。
(資料) 苅込 [2017]。

所得国は42.6%から42.8%とほぼ変わらない一方, 高所得国は1.9%から27.8%と割合を高めた。ただし, 高所得国数を見ると1990年までに24カ国増加したが, 1990年以後の増加数は11カ国にとどまっている。これは, 後述するようにすでに高位中所得段階にあった西欧諸国が1970年代から1980年代初頭に高所得国になったことと関係しており, それを除くと高所得に到達した国が案外少ない。このため, 中所得国の割合を1990年と2014年で比較すると, 35.8%から42.8%に高まっている。

なお, 1960年以後2014年まで, 低所得のままだった国は32カ国あったが, このうち, 24カ国がサブサハラ地域であった。

3-3 中所得国の成長性に関する考察

3-3-1 所得分類別に見た地域別特徴

では, これまでにどのような国が中所得段階に位置づけられ, それらの国がどのような発展を遂げたのか, 見ておこう。表3-4は, 1960年時点で低位中所得国に位置づけられた30カ国のリストである。内訳を見ると, アジア3カ国, 欧州・中央アジア6カ国, 中東・北アフリカ6か国, サブサハラ1カ国, 中南米14カ国である。

これら中所得国のその後の発展を見ると, アジアの3カ国(日本, シンガポール, 香港), 欧州・中央アジア6カ国(ハンガリー, ポーランド, ポルトガル, ギリシャ, スペイン, アイルランド)はいずれも高所得国にステップアップした。一方, 中東地域のサウジアラビア, イスラエルは高所得国となったが,

表3-4　1960年時点で低位中所得国だった国

国	地域	低位中所得国になった年	高位中所得国になった年	低位中所得国の期間	高位中所得国の期間	現在の所得水準(2014年)
日本	アジア	1950*	1965	15*	12	32,579
シンガポール	アジア	1950*	1972	22*	11	61,187
香港	アジア	1953	1973	20	17	42,262
ハンガリー	欧州・中央アジア	1950*	1971	21*	39	17,717
ポーランド	欧州・中央アジア	1950*	1977	27*	33	18,755
ポルトガル	欧州・中央アジア	1950*	1971	21*	25	18,819
ギリシャ	欧州・中央アジア	1950*	1965	15*	13	21,173
スペイン	欧州・中央アジア	1950*	1963	13*	27	26,733
アイルランド	欧州・中央アジア	1950*	1963	13*	27	37,109
サウジアラビア	中東・北アフリカ	1950*	1965	15*	9	23,065
イスラエル	中東・北アフリカ	1950*	1963	13*	27	27,512
トルコ	中東・北アフリカ	1950*	2003	53*	12	11,824
イラン	中東・北アフリカ	1956	1970	14	45	8,648
アルジェリア	中東・北アフリカ	1950*		65*		6,785
ヨルダン	中東・北アフリカ	1959		56		4,564
南アフリカ	サブサハラ	1950*		65*		7,732
ニカラグア	中南米	1950*		65*		2,289
ボリビア	中南米	1950*		65*		4,363
エルサルバドル	中南米	1950*		65*		6,458
グアテマラ	中南米	1950*		65*		6,385
ベネズエラ	中南米	1950*	1968	18*	47	9,142
メキシコ	中南米	1950*	1975	25*	40	12,740
ウルグアイ	中南米	1950*	1994	44*	21	13,821
アルゼンチン	中南米	1950*	1994	44*	21	13,087
チリ	中南米	1950*	1996	46*	19	14,329
ペルー	中南米	1950*	2013	63*	2	8,606
コロンビア	中南米	1950*	2013	63*	2	8,808
コスタリカ	中南米	1953	1990	37	15	12,808
パナマ	中南米	1953	2005	52	10	14,320
ブラジル	中南米	1954	2005	51	10	10,264
エクアドル	中南米	1960		55		7,204

(注)　1. 網掛けは現在も中所得国にとどまっている国。特に濃い網掛けは低位中所得段階のままステップアップできない国。
　　　2. 現在の所得水準は2014年時点の1人当たりGDP（2005年PPP）。2014年のデータが公表されていない国は、直近のデータを用いた。
　　　3. *は1950年以前に低位中所得国であったことを示す。したがって、滞在年数も表示年数以上となる。
(資料)　World Bank, *World Development Indicators*, Universiyt of Pennsylvania, *Pen World Table (7.1)* などを基に作成。

トルコ，イラン，アルジェリア，ヨルダンは長期的に中所得段階にとどまる。例えば，イランは1970年に高位中所得段階となった後，急ピッチで成長を遂げ1万3千ドルまで所得水準を高めたが，1979年の革命後，イラン・イラク戦争など政情不安が絶えず，経済は長期停滞し，現在の所得水準は1万ドルに満たない。また，サブサハラの南アフリカ，および中南米諸国は高所得段階にステップアップした国はない。このうち，南アフリカ，中南米の4カ国（ニカラグア，ボリビア，エルサルバドル，グアテマラ）は1950年以前に低位中所得段階にあったが，現在も同じ段階にとどまる。

表3-5 は，1960年時点で高位中所得国だった国のリストだが，これらはすべて高所得段階にステップアップした。なお，「先進国クラブ」と称されるOECD（経済協力開発機構）は1961年に設立されたが，表中にあるすべての国が設立メンバーに名を連ねている[3]。また，**表3-6** は，1960年以後高位中所得国になり，その後高所得段階に到達した国のリストである。このうち，欧州・中央アジア諸国は1960-1970年代にかけての世界的な高成長期に高位中所得段階となり，その後すべての国が高所得国になった。1950年以後，低所得段階から高所得国に達したのはアジア3カ国（香港，台湾，韓国）と産油国のオマーンであった。ここで，これまでに低位中所得国が高位中所得段階になるまでにかかった期間を計測すると，平均31.7年であった。同様に，高位中所得から高所得段階になるまでにかかった期間は平均17.3年であった。この点でも，香港，韓国，台湾は低位中所得国から高位中所得段階になるまでにそれぞれ，20年，18年，18年，そして高所得段階になるまでにそれぞれ，13年，11年，9年と，平均よりも速いペースでステップアップした。

一方，中南米諸国で高所得段階に達した国はまだない。多くの中南米諸国は1960-1970年代にかけて資源ブームの恩恵もあり高成長したが，1980年代初めの累積債務問題をきっかけに，マイナス成長，100パーセントを超える激しいインフレなど深刻な経済危機に陥った。このため1980-1990年代はいわゆる「失

---

[3] 設立当初，18カ国でスタートしたOECDは，日本等が加わった後，1980年代は24カ国で変わらなかったが，1990年代に入り，メキシコ（1994年），チェコ（1995年），ハンガリー（1996年），ポーランド（1996年），韓国（1996年）の5カ国が加盟した。2000年代はスロヴァキア（2000年），2010年にはチリ，スロベニア，イスラエル，エストニアが，2016年にはラトビアが加盟し，現在は35カ国である。

表3-5 1960年時点で高位中所得国だった国

国	地域	高位中所得国になった年	高所得国になった年	高位中所得国の期間	現在の所得水準（2014年）
スウェーデン	欧州・中央アジア	1950*	1964	14*	37,085
ノルウェー	欧州・中央アジア	1950*	1967	17*	51,353
オランダ	欧州・中央アジア	1950*	1967	17*	37,721
デンマーク	欧州・中央アジア	1950*	1969	19*	33,544
ドイツ	欧州・中央アジア	1950*	1971	21*	36,444
英国	欧州・中央アジア	1950*	1978	28*	35,566
ベルギー	欧州・中央アジア	1952	1972	20	35,664
フランス	欧州・中央アジア	1955	1971	16	31,702
オーストリア	欧州・中央アジア	1956	1970	14	39,526
フィンランド	欧州・中央アジア	1959	1974	15	32,276
イタリア	欧州・中央アジア	1960	1976	16	26,257
米国	北米	1950*	1963	13*	43,676
カナダ	北米	1950*	1968	18*	38,970
オーストラリア	オセアニア	1950*	1964	14*	42,986
ニュージーランド	オセアニア	1950*	1966	16*	29,130

（注）　*は1950年以前に低位中所得国であったことを示す。したがって，滞在年数も表示年数以上となる。
（資料）　World Bank, *World Development Indicators*, Universiyt of Pennsylvania, *Pen World Table (7.1)* などを基に作成。

表3-6 1960年以後高位中所得国になり高所得国になった国

国	地域	低位中所得国になった年	高位中所得国になった年	高所得国になった年	低位中所得国としての年数	高位中所得国としての年数
日本	アジア	1950*	1965	1977	15*	12
シンガポール	アジア	1950*	1972	1983	22*	11
香港	アジア	1953	1973	1986	20	13
台湾	アジア	1965	1983	1994	18	11
韓国	アジア	1969	1987	1996	18	9
スペイン	欧州・中央アジア	1950*	1963	1986	13*	23
アイルランド	欧州・中央アジア	1950*	1963	1989	13*	26
ギリシャ	欧州・中央アジア	1950*	1965	1988	15*	23
ポルトガル	欧州・中央アジア	1950*	1971	1996	11*	25
ハンガリー	欧州・中央アジア	1950*	1971	2010	21*	39
ポーランド	欧州・中央アジア	1950*	1977	2010	27*	33
イスラエル	中東・北アフリカ	1950*	1963	1987	13*	24
サウジアラビア	中東・北アフリカ	1950*	1965	1991	15*	26
オマーン	中東・北アフリカ	1968	1970	1997	2	27

（注）　*は1950年以前に低位中所得国であったことを示す。したがって，滞在年数も表示年数以上となる。
（資料）　World Bank, *World Development Indicators*, Universiyt of Pennsylvania, *Pen World Table (7.1)* などを基に作成。

われた20年」となり，多くの国で発展が停滞した．

3-3-2 現在の中所得国の特徴

次に，現在，どのような国が中所得国に位置づけられているかを見よう．ここでは，中所得国を低位と高位の2つに分けて，特徴を検討する．

表3-7は，2014年時点の低位中所得国のリストである．これらの国は大きく分けて2つのグループに分けることができる．第1のグループは，1970年代から1980年代にかけて中所得段階に達したが，そのまま中所得段階にとどまっている中南米，中東・北アフリカ，サブサハラ諸国である．

第2のグループは，1960年代は低所得国だったアジア諸国と1990年代に市場経済体制へ移行した旧共産圏諸国である．これらの国々は，1990年代から2000年代にかけて中所得段階となった．アジア地域では，1980年代後半以後，韓国や台湾に続いて，マレーシアやタイ，そして中国が成長ペースを高めて発展を遂げた．1990年代後半にアジア通貨危機による一頓挫があったものの，2000年代に入るとインドネシアやフィリピンが成長力を高めたほか，インドやベトナムが高い成長をキープ，さらにはラオスやスリランカといった後発国も発展の輪に加わり，アジア全体が発展を遂げた．また，旧共産圏諸国はもともと，すでに中所得段階にあったと見られるが，1989年のソ連邦崩壊後，市場経済体制への移行過程で多くの国が政治・経済的な混乱に陥り，大きく経済水準を低下させた．もっともその後，経済再建が徐々に進み，中所得段階にステップアップした．

それでは，今後はどうか展望してみよう．アジア諸国のうち，2000年代に順調な成長を遂げたベトナム，インド，スリランカなどは2000年代（2000-2014年）の平均成長率が維持，あるいはそこからの減速幅が緩やかであると仮定すれば，日本や韓国など高所得到達国が低位から高位段階に達するのに要した平均年数（31.7年）以内に，上位中所得段階に進むことが可能である．

このように仮に，各国において2000年代の平均成長率が今後も持続するとした場合，高所得到達国が中所得の低位段階から高位段階に達するのに要した平均年数以内に上位段階に到達できると予測される国は，アジア諸国ではスリランカ（26年），インド（21年），ベトナム（23年），ラオス（20年），発展が

第3章　中所得段階での成長鈍化と早期脱工業化　　41

表3-7　2014年時点での低位中所得国

国	地域	低位中所得国になった年	低位中所得の期間	現在の所得水準（2014年）	平均成長率（2000-2014年）	必要年数
インドネシア	アジア	1993	22	4,713	3.9	15
スリランカ	アジア	1998	17	5,393	5.0	9
フィリピン	アジア	2002	13	3,753	3.1	27
インド	アジア	2006	9	4,256	5.8	12
パプアニューギニア	アジア	2006	9	3,293	2.9	33
ベトナム	アジア	2009	6	3,326	5.7	17
ラオス	アジア	2010	5	3,308	6.5	15
パキスタン	アジア	2014	1	2,515	2.5	49
ウクライナ	欧州・中央アジア	1991*	14*	7,428	5.0	3
ジョージア	欧州・中央アジア	1996	19	6,216	5.6	6
ウズベキスタン	欧州・中央アジア	2009	6	3,405	5.7	16
アルジェリア	中東・北アフリカ	1950*	65*	6,785	2.2	9
ヨルダン	中東・北アフリカ	1959	56	4,564	2.2	28
イラク	中東・北アフリカ	1966	49	5,153	1.6	30
チュニジア	中東・北アフリカ	1971	44	6,315	1.2	21
シリア	中東・北アフリカ	1975	40	3,791	1.1	69
エジプト	中東・北アフリカ	1990	15	4,934	2.2	25
モロッコ	中東・北アフリカ	1998	17	3,943	3.5	22
南アフリカ	サブサハラ	1950*	65*	7,732	2.0	4
アンゴラ	サブサハラ	2004	11	5,470	6.3	7
スーダン	サブサハラ	2012	3	2,748	4.6	25
ガーナ	サブサハラ	2013	2	2,677	4.3	27
ボリビア	中南米	1950*	65*	4,363	2.4	27
グアテマラ	中南米	1950*	65*	6,385	1.2	21
エルサルバドル	中南米	1950*	65*	6,458	1.4	18
エクアドル	中南米	1960	55	7,204	3.2	5
ホンジュラス	中南米	1971	44	3,531	1.2	72
パラグアイ	中南米	1976	39	4,667	2.5	23
ニカラグア	中南米	2013	2	2,640	1.8	65

(注) 1. 現在の所得水準は2014年時点の1人当たりGDP（2005年PPP）。2014年のデータが公表されていない国は，直近のデータを用いた。
　　2. *は1950年以前に低位中所得国であったことを示す。したがって，滞在年数も表示年数以上となる。
　　3. 表中で，必要年数は上位所得段階に達するために要する年数。2015年以後，平均成長率（2000-2014年）が継続されたと仮定して算出。網掛けの国は低位中所得に48年以上とどまる，または予測される国。
(資料) World Bank, *World Development Indicators*, Universiyt of Pennsylvania, *Pen World Table (7.1)* などを基に作成。

遅れて始まった中央アジアの体制移行国のジョージア（25年），ウズベキスタン（22年），さらにサブサハラのスーダン（28年），ガーナ（29年）である[4]。

なお，本章において基準とした低位中所得段階の2,500ドルとなった後，年平均5％で成長すれば25年で高位中所得段階（8,250ドル）に到達できる。これが年平均4％とすれば31年かかる計算となる。平均年数（31.7年）をメルクマールと考えれば，長期停滞を避けるためには平均成長率は4％程度となる必要がある。

他方で，中南米や中東・北アフリカ諸国は2000年代の成長率が総じて低く，成長率を底上げする政策が果断に実施されない限り，中所得段階に長期的にとどまる可能性が高い。ここで，高所得到達国の到達年数（31.7年）の1.5倍の年数，すなわち48年を経ても同じ所得段階にとどまる国を「罠」に嵌まった国とみなせば，パキスタン，アルジェリア，ヨルダン，イラク，チュニジア，シリア，南アフリカ，ボリビア，グアテマラ，エルサルバドル，エクアドル，ホンジュラス，パラグアイ，ニカラグアが，低位中所得の罠に陥っている，あるいは陥ると予測される国となる。

表3-8は，2014年時点の高位中所得国のリストである。2000年代に世界経済が総じて高い成長を遂げたことを背景として，低位中所得段階からステップアップした国が少なくない。特に，中国は2000年代の平均成長率が9.1％と非常に高く，所得水準はハイペースで向上している。足元では成長率が低下しているため，高所得段階に到達するペースは落ちると予想されるが，経済危機などに直面しない限り2020年代に高所得国に仲間入りするものと思われる。また，1990年代に高位中所得国となったマレーシアは，「2020年までに先進国入り」を標榜している。高所得段階となることは必ずしも先進国を意味しないが，2000年代の成長率を維持できれば2020年までに高所得段階に達することが可能である。

---

4) 2000年代の成長率が持続するとの仮定は非常に楽観的であることに留意する必要がある。ソロー成長モデルに従えば，発展の初期段階では定常状態から遠い水準にあるため成長率が加速するが，発展に伴い定常状態に近づくにつれて成長率は低下しやすい。中所得段階なったばかりで，比較的成長率が高いラオス，スーダン，ガーナといった国々は，この水準が持続すると仮定して年数を計算するため，上位段階に到達が有望となるが，この水準の成長率を長期にわたり維持することは実際には難しい。

表 3-8 2014 年時点での高位中所得国

国	地域	高位中所得国になった年	高位中所得国の期間	現在の所得水準（2014年）	平均成長率（2000-2014年）	必要年数
マレーシア	アジア	1995	20	13,826	3.0	5
中国	アジア	2012	3	9,534	9.1	7
タイ	アジア	2012	3	8,798	3.2	20
ロシア	欧州・中央アジア	2000	15	16,195	4.7	1
ベラルーシ	欧州・中央アジア	2005	10	14,920	6.5	2
カザフスタン	欧州・中央アジア	2005	10	14,496	8.0	2
ルーマニア	欧州・中央アジア	2006	9	10,310	4.2	12
セルビア	欧州・中央アジア	2008	7	8,886	3.5	19
アゼルバイジャン	欧州・中央アジア	2009	6	9,931	10.3	6
ブルガリア	欧州・中央アジア	2010	5	11,416	4.0	10
レバノン	中東・北アフリカ	1995	20	13,116	3.3	7
トルコ	中東・北アフリカ	2003	12	11,824	2.7	13
イラン	中東・北アフリカ	2004	11	8,648	1.2	56
ベネズエラ	中南米	1968	47	9,142	0.4	20
メキシコ	中南米	1975	40	12,740	0.8	33
ウルグアイ	中南米	1994	18	13,821	3.1	9
アルゼンチン	中南米	1994	21	13,087	2.8	9
チリ	中南米	1996	15	14,329	3.1	5
パナマ	中南米	2004	8	14,320	4.8	7
コスタリカ	中南米	2004	11	12,808	4.2	7
ブラジル	中南米	2005	10	10,264	2.2	22
ドミニカ共和国	中南米	2006	9	11,862	3.5	10
コロンビア	中南米	2013	2	8,808	3.0	21
ペルー	中南米	2013	2	8,606	4.2	17

(注) 1. 現在の所得水準は 2014 年時点の 1 人当たり GDP（2005 年 PPP ドル）。2014 年のデータが公表されていない国は，直近のデータを用いた。
2. 表中で，必要年数は上位所得段階に達するために要する年数。2015 年以後，平均成長率（2000-2014 年）が継続されたと仮定して算出。網掛けの国は高位中所得に 27 年以上とどまる，または予測される国。なお，パナマ，トルコ，チリ，コロンビア，ペルーは現段階では上記に該当しないが下位段階で該当するため，長期中所得国としている。

(資料) World Bank, *World Development Indicators*, Universiyt of Pennsylvania, *Pen World Table (7.1)* などを基に作成。

　高位中所得段階の下限である 8,250 ドルとなった後，年平均 4％で成長すると，18 年で高所得段階に到達する。年平均 3％の場合は 24 年かかる。高位中所得段階から高所得段階に到達した国の平均到達年数は 17.3 年であることを鑑みれば，高位中所得段階では年平均 3〜4％の成長率を遂げることが必要とい

えるだろう。ここで、2000年代の成長率を維持したと仮定して上位段階に18年以内にステップアップが可能な国をリストアップすると、中国（10年）、ロシア（16年）、ベラルーシ（12年）、カザフスタン（12年）、アゼルバイジャン（12年）、ブルガリア（15年）、コスタリカ（18年）である。

　この基準に基づけば、タイは高位中所得段階に到達して間もないにもかかわらず、平均成長率は3.2％であり、やや低い成長にとどまっているといえるだろう。同様に、中南米諸国のうち、コロンビア、ペルー、ブラジルなどは50年以上の年数をかけて、高位中所得段階にステップアップした。これら諸国の2000年代の平均成長率は、資源ブームの恩恵もあり比較的高い成長を遂げたが、2009年の世界金融危機を契機として、資源ブームは終焉したと見られている。このため、2000年代の成長率を維持しながら成長することは容易ではなく、表中の必要年以上を要する可能性が高い。また、ベネズエラやメキシコは1％に満たない成長率にとどまる。この成長率を基にすると、ベネズエラの場合、次段階にステップアップするためには147年を要することになる[5]。

　中南米諸国が代表例といえるが、資源ブームなどで一時的に成長率が高まっても、それが持続しないために長期的に中所得段階にとどまる国が少なくない。ここで、高所得到達国の平均到達年数（17.3年）の1.5倍の年数、すなわち27年以上経ても同じ所得段階にとどまる国を「罠」に嵌まった国とみなせば、2000年代の成長率を用いて年数を計算すると、レバノン、イラン、ベネズエラ、メキシコ、ウルグアイ、アルゼンチン、ブラジルが中所得国の罠に陥っている、あるいは陥ると予測される国である。

　表3-9は長期的に中所得にとどまる、あるいはとどまると予測される国（以下、長期中所得国）の長期的な成長率の推移を見たものである。

　長期中所得国における平均成長率（1960-2014年）は、低位中所得国は1.4％、高位中所得国は1.7％にとどまる。低成長となっている要因は10年間の平均成長率がマイナスとなる経済低迷期間を多くの国が経験しているためである。こ

5）ベネズエラの2000年代における低成長率（0.4％）は、チャベス政権下の2002, 2003年と2年連続で大幅なマイナス成長を記録した影響が大きい。2004年以後、資源ブームの恩恵を受けて比較的高い成長を遂げたが、2009年の世界金融危機後は成長率が低下している。特に、2013年のチャベス大統領の死後、体制変更に伴う政情混乱などもあり、インフレの高騰など経済が不安定化している。

表 3-9 長期中所得国の経済成長率

長期中所得国	1960-1970年成長率	1970-1980	1980-1990	1990-2000	2000-2014	平均成長率	分散
ボリビア	0.3	1.7	-1.5	1.3	2.4	0.9	11.7
グアテマラ	3.1	3.5	-1.9	1.4	1.2	1.4	5.2
エルサルバドル	2.0	0.6	-1.0	3.1	1.4	1.2	13.9
エクアドル	1.2	5.7	-1.5	0.4	3.2	1.9	8.7
ホンジュラス	0.5	3.2	-0.5	-0.3	1.2	0.9	8.1
パラグアイ	1.2	5.7	0.3	-1.0	2.5	1.8	15.0
ニカラグア	3.5	-1.5	-3.7	-0.2	1.8	0.1	34.8
アルジェリア	-0.1	1.8	0.3	-0.0	2.2	0.9	53.0
ヨルダン	0.0	3.3	-2.4	1.2	2.2	1.0	37.9
イラク	3.6	6.7	-4.2	1.5	1.6	1.8	318.8
チュニジア	3.7	4.8	0.7	2.8	1.1	2.5	11.2
シリア	1.3	5.1	-1.7	3.1	1.1	1.7	60.6
南アフリカ	2.8	1.4	-1.1	0.8	2.0	1.2	6.1
パキスタン	4.4	1.9	2.8	1.4	2.5	2.6	5.0
低位中所得国	2.0	3.1	-1.1	1.1	1.9	1.4	42.1
レバノン	1.6	-4.8	-1.9	4.1	3.3	0.7	152.3
トルコ	3.1	2.0	2.3	2.0	2.7	2.4	14.3
イラン	7.3	-1.8	-2.0	2.4	1.2	1.4	68.5
ベネズエラ	2.9	0.7	-2.0	0.6	0.4	0.5	26.0
メキシコ	3.3	4.0	-0.8	1.9	0.8	1.8	10.3
ウルグアイ	-1.1	1.7	0.1	3.8	3.1	1.5	17.9
アルゼンチン	2.3	1.1	-2.0	2.5	2.8	1.4	32.0
パナマ	3.8	2.9	3.9	0.8	3.9	3.2	18.2
ブラジル	4.4	5.9	-1.2	1.0	2.2	2.3	14.2
コロンビア	2.2	3.2	0.7	0.7	3.0	2.0	4.2
ペルー	3.6	0.7	-3.3	2.2	4.2	1.7	22.2
高位中所得国	3.0	1.4	-0.6	2.0	2.5	1.7	34.6

(資料) World Bank, *World Development Indicators* により作成。

こで，マイナス成長となった要因を調べると，内戦・紛争が生じ経済が混乱するケースや，中南米の累積債務危機のように経済ショックを契機に経済不振に陥り，経済立て直しができず，低成長が続く場合がほとんどである（表3-10）。そして，経済危機に陥った国では経済失政に対する批判から政情不安となりやすく，政治的不安定が長期化し，複合的に経済発展がままならない場合が少なくない。

他方，上位段階に到達が有望な国（以下，上位段階到達有望国）の平均成長率

表 3-10　長期中所得国における経済停滞の原因

低位中所得国	経済停滞の原因	高位中所得国	経済停滞の原因
ボリビア	累積債務危機（1982年）	レバノン	内戦・紛争（1975-1992年）
グアテマラ	内戦・紛争（1960-1996年）	イラン	内戦・紛争（1980-1988年）
エルサルバドル	内戦・紛争（1982-1992年）	ベネズエラ	累積債務危機（1982年）
エクアドル	累積債務危機（1982年）	メキシコ	累積債務危機（1982年）
ホンジュラス	累積債務危機（1982年）	ウルグアイ	累積債務危機（1982年）
ニカラグア	内戦・紛争（1979-1990年）	アルゼンチン	累積債務危機（1982年）
アルジェリア	内戦・紛争（1991-2002年）	ブラジル	累積債務危機（1982年）
ヨルダン	内戦・紛争（1967-1990年）	ペルー	累積債務危機（1982年）
イラク	内戦・紛争（1980-2003年）		
シリア	内戦・紛争（1981-2015年）		
南アフリカ	内戦・紛争（1980-1994年）		

(資料)　各種資料を基に作成。

を見ると，2.9％である（表3-11）。この中にはソ連邦崩壊によって1990年代に経済が大きく混乱した体制移行国が含まれる。体制移行諸国を除くと平均成長率は5.7％と高まり，これら諸国は経済的離陸を遂げた後，高い成長率を持続させながら所得を向上させている。また，1990年代に経済が大きく落ち込んだ体制移行諸国も2000年代に経済を立て直し，高成長を遂げた結果，混乱前を上回る水準に所得を高めている。

　ところで，長期中所得国について成長率の分散（1960年から2014年）をとると，上位段階到達有望国に比べて大きいことがわかる。これは，高い成長を遂げる年がある一方で，マイナス成長に陥る年があるなど，成長率の増減が激しいことを示すものである。図3-1はアルゼンチンと中国の長期的な成長率推移を見たものである。資源国であるアルゼンチンの成長率は，2桁近い成長を記録する年がある一方，マイナス成長も頻繁に記録するなど，成長率の増減が激しい。実際，アルゼンチンは1990年代のカルロス・メネム政権下で市場原理を重視する新自由主義政策を実施し，長年の懸案だったインフレの抑制に成功，年9％を超える成長を遂げる年もあったが，経済の好調は長続きせず，2001年に通算7回目の債務不履行を生じさせた[6]。また，その後，中国など新興国の

---

6)　アルゼンチンは，中南米地域においてブラジルに次ぐ国土面積を有し，4,000万人を超す人口を抱える大国である。1880年代に政治が安定すると英国を中心に欧州からの投資と移民が急増し，経済が急速に発展した。そして，20世紀初頭には欧州向けの農畜産物輸出で多大な外貨収入を稼ぎ出

表 3-11 上位段階到達有望国の経済成長率

上位段階到達有望国	1960-1970年成長率	1970-1980	1980-1990	1990-2000	2000-2014	平均成長率	分散
ロシア	n.a.	n.a.	n.a.	-3.7	4.7	1.1	46.5
ベラルーシ	n.a.	n.a.	n.a.	0.8	6.5	4.2	49.2
カザフスタン	n.a.	n.a.	n.a.	-4.1	8.0	3.0	45.8
ジョージア	n.a.	n.a.	n.a.	-5.6	5.4	1.1	114.6
ウズベキスタン	n.a.	n.a.	n.a.	-2.1	5.6	1.1	23.8
コスタリカ	3.3	3.0	3.2	-1.4	4.2	2.6	9.8
中国	n.a.	4.4	7.2	8.9	9.1	6.2	7.2
スリランカ	3.6	4.1	3.4	3.9	4.9	4.0	4.7
インド	2.1	1.4	3.3	3.0	5.7	3.3	10.0
ベトナム	n.a.	1.4	3.5	5.3	5.5	3.2	3.0
ラオス	1.0	2.1	3.5	3.3	6.3	3.5	8.6
スーダン	-0.8	0.7	0.1	1.9	4.6	1.5	27.8
ガーナ	1.7	-1.7	-0.2	1.5	4.3	1.4	18.5
合計	1.9	2.2	3.3	0.8	6.0	2.9	28.4
除く体制移行国	2.5	4.1	6.0	5.7	8.9	5.7	10.9
その他の中所得国	1960-1970年成長率	1970-1980	1980-1990	1990-2000	2000-2014	平均成長率	分散
セルビア	n.a.	n.a.	n.a.	-6.5	3.5	-0.5	30.4
ルーマニア	7.6	8.8	-0.9	-0.9	4.2	3.7	21.8
エジプト	2.4	2.1	5.6	3.6	2.2	3.1	7.8
モロッコ	7.2	3.3	1.3	0.5	3.5	3.2	13.2
マレーシア	3.5	7.2	3.1	4.9	3.0	4.2	10.2
タイ	4.9	4.3	6.0	2.6	3.2	4.1	11.0
インドネシア	2.0	6.1	3.7	2.4	3.8	3.6	12.6
フィリピン	1.8	3.3	-0.5	0.5	3.0	1.7	8.8
パプアニューギニア	4.1	-1.0	-0.9	2.1	2.8	1.5	21.7
ドミニカ共和国	2.2	4.1	0.8	4.3	3.5	3.0	24.4
合計	2.9	2.8	1.9	1.6	3.5	2.6	16.8

(資料) World Bank, *World Development Indicators* により作成。

台頭に伴う資源ブームの恩恵を受けて再び成長軌道を取り戻すも，2009年以後資源ブームの終焉とともに成長率が低下し，2014年に再び債務不履行を起こしている。このように，天然・鉱物資源を豊富に有し，潜在力が大きいとい

し，世界有数の富裕国となった。しかし，1929年の世界恐慌後，経済危機に直面すると，1930年に軍事クーデターが起こり，以後，自由選挙により大統領が選出されるも長続きせず，結局1980年代半ばまで軍事政権が事実上続いた。この間，国内ではゲリラと軍部との抗争などが続く中，工業化政策も軌道に乗らせることができず，結局，経済は衰退していった。

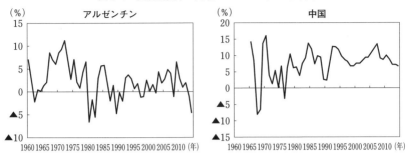

図3-1 経済成長率の比較：アルゼンチンと中国

(資料) World Bank, *World Development Indicators* により作成。

われ続ける同国だが，高成長とマイナス成長を繰り返す，いわゆる「バブル＆バースト」によって1960-2014年の平均成長率は1.4％にとどまる。その一方で，中国の成長率を見ると，1970年代は成長率が大きく増減し経済は停滞したが，改革開放後の1980年以後は成長軌道に乗り，非常に高い水準で成長を遂げている。

以上を踏まえると，経済発展のための前提として，まずもって政治・社会的安定が求められるが，それに加えてマクロ政策運営の重要性を指摘できる。産業・経済基盤がまだ脆弱な中所得国は国際資本フローや貿易等を通じて外部環境の影響を受けやすい。このため，世界金融危機などの外的ショックが経済にマイナスのインパクトをもたらしやすい。しかも，いったん経済危機に陥ってしまうと，危機克服に向けて費用と時間がかかるため，長期的な経済停滞要因になりやすい。安定したマクロ経済運営とともに，外的なショックに対する耐性を持つことは，持続的な成長を遂げるうえでの前提となる。

3-4 先進諸国における脱工業化過程

第2章で見たように，低廉な労働コストを武器に後発国に追い上げられる中所得国において，産業の高度化ができない場合，経済成長の鈍化を余儀なくされやすい。そして，発展段階が十分でない段階で，工業部門が縮小に向かうと，経済全体で見ると雇用は生産性の低いサービス部門に吸収されるようになり，

経済成長はより一層成長がしづらくなる。こうした状況は「未熟な脱工業化」と呼ばれ，中所得国の罠をもたらす要因になりやすいとの考えをわれわれは提示した。

歴史的経験を踏まえれば，所得水準の上昇に伴い，需要が食料品などの必需品から耐久消費財に，さらにサービス消費へとシフトしていくことを反映して，産業構造は第1次産業から第2次産業へ，さらに第3次産業へとウェイトが移っていく（ペティ・クラークの法則）[7]。実際，高所得到達国・経済の多くはこのパターンで産業構造を転換させている。東アジア諸国の多くは工業化によって中所得段階まで発展を遂げたが，日本や韓国がそうであったように，やがて第3次産業への移行，いわゆるサービス化段階に入っていくものと思われる。では，工業化段階からサービス化への移行，すなわち脱工業化はいかなる状況下で行われてきたのであろうか。以下では「脱工業化」を製造業の産出量や雇用が相対的に減少する現象として捉えて，一国における脱工業化の過程を，①GDP全体に占める製造業のシェア（付加価値ベース），②就業者全体に占める製造業のシェア（就業者ベース）を見ることで観察していこう。

3-4-1　先進諸国における脱工業化過程

図3-2は一定規模の人口を有する先進諸国における所得水準と製造業割合の関係を付加価値と就業者で見たものである。ここで，IMFが分類する先進国（Advanced Economies）のうち，人口が500万人以上の22カ国のデータに基づき回帰曲線を導出した。所得データは，2005年PPP調整済みの1人当たり実質GDPをPenn World Table (ver.7.1) から入手した。また，製造業の付加価値割合は国際連合 (Unaited Nations) のNational Accounts Main Aggregates Database，就業者比率は国際労働機関 (ILO) のILOSTAT Databaseからデータを入手し，算出した。入手データは1969年以後であるため，すでに工業

---

[7]　産業構造の発展をマクロ的視点から最初に論じたのはColin Clarkである。彼は，農林水産業，鉱業を第1次産業，製造業，建設，エネルギーを第2次産業，小売業などサービス産業を第3次産業と分類し，経済発展が進むにつれて，第1次産業からから第2次産業，さらに第3次産業へと各産業群の相対的な比率がシフトすることを明らかにした（Clark [1940]）。Clarkは，産業ごとに賃金が異なることを発見したWilliam Pettyの『政治算術』からヒントを得たため，これは「ペティ・クラークの法則」と呼ばれている。

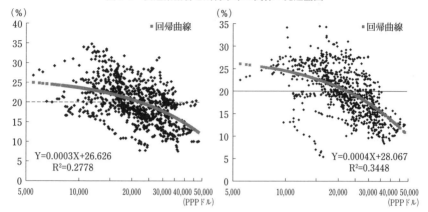

図 3-2 製造業割合と所得水準の関係：先進諸国

(注) 1. IMFが分類する先進経済（Advanced Economies）のうち人口が500万人以上の22カ国・経済（1969年以後直近時点まで）。
  2. 所得データは、2005年購買力平価ドル。横軸は対数表示している。
(資料) United Nations [2016]、University of Pennsylvania [2016]、ILO [2016] により作成。

化を達成していた先進諸国の製造業比率の上昇局面は描写できないが、脱工業化過程については傾向を見ることができるだろう。

図 3-2 を見ると、所得の向上とともに製造業の割合は緩やかに低下しているが、回帰曲線に従えば、製造業比率が2割を下回るのは付加価値、就業者のいずれも2万ドル超であった。このことは、2万ドルを超える高所得段階でも製造業は一定割合を有して、所得向上に貢献していたことを示している。なお、回帰曲線に従えば、所得水準の上昇に伴う付加価値の低下よりも就業者比率の低下のペースの方がやや早い傾向が読み取れる。

脱工業化はどのような要因から生じるのだろうか。これについては、以下の3つの観点から説明できる。

(1) 製造業の高度化

第1は、製造業において、労働集約度の高い産業から資本・技術集約度の高い産業へシフトする場合である。

いま、製造業部門への需要が増加し、産出量が増大したとする。製造業部門

がこの増加分にいかに対応するか,その方法は2つ考えられる。1つは,生産性を上昇させ従来と同じ人員でより多くの生産を行うことで,産出増を賄うことである。もう1つは,生産性はそのままだが,人員を増やすことで生産を増加し,需要に対応するというものである。

ここで,製造業で技術革新が進み,生産現場の合理化・省人化が可能になる,すなわち最初の方法での対応がとられると,余剰労働力は製造業よりも生産性の低いサービス業に吸収されやすくなる。この場合,製造業の産出割合が維持されたとしても,就業者割合の低下という形で脱工業化が進むことになる。

(2) 製造業の弱体化

第2は,製造業の国際的な競争力が低下し,産出量,就業者が共に減少する場合である。このケースでは,製造業の産出(あるいは付加価値)が絶対的に低下することで,余剰となった労働力はサービス業などに吸収される。また,スムーズに労働移動がなされない場合は,失業者の増加となる。

(3) 需要構成の変化に基づく要因=サービス化

第3は,需要構造の変化に伴って生じる。一般的に,所得の向上に伴い,家計消費は生活必需品(食料品など)を中心とするものから,自動車,家電製品,住宅のような耐久消費財への需要が高まり,それはやがてレジャーや旅行などサービス消費の割合を高めていく[8]。こうした人々の欲求,ニーズの多様化に伴って,サービスに対する需要増加,いわゆるサービス化は製造業の相対的な付加価値,就業者割合を共に低下させる。

以上のような,脱工業化をもたらす要因と付加価値・就業者割合の関係を示せば表3-12のようにまとめることができよう。先進諸国のケースを踏まえれば,製造業の就業者割合の低下ペースは付加価値のそれよりも早い傾向を示している。このことは,当初は,製造業の高度化過程で労働節約的となるため,就業者割合が低下するが,生産量自体の低下は緩やかなものにとどまる。その後,所得の向上に伴い,需要面でサービス化が促進されるため,付加価値,就業者

---

[8] 所得の向上とともに,食費の割合が低下していく経験則はエンゲルの法則として知られる。

表 3-12 脱工業化をもたらす要因と付加価値・就業者割合の関係

	製造業		サービス業	
	付加価値割合	就業者割合	付加価値割合	就業者割合
製造業の高度化	変化せず	低下	増加	増加
製造業の弱体化	低下	低下	変化せず or 増加	増加
サービス化	低下	低下	増加	増加

(出所) 筆者作成。

ベースの両面で脱工業化が進展していくことが示唆される。

> 【コラム】脱工業化とボーモルのコスト病
>
> 　第2次産業から第3次産業への移行は，「脱工業化（De-industrialization）」と称される。「脱工業化」というワードは，ダニエル・ベルが1960年代に最初に用いた。これは，農業中心の伝統社会を脱した工業化社会に続く産業・社会構造として，情報，知識，サービスを扱う産業が中心的役割を果たす社会をイメージしたものである（Bell [1973]）。ベルは，知識の重要性を強調し，それらを有効に活用した企業や国家が競争優位を得るとした。すなわち，ベルが唱える脱工業化は情報，知識による価値創造やサービス化が中心となっていく過程であり，産業構造の高度化として肯定的に捉えられる。
>
> 　他方で，脱工業化を否定的に捉える見方もある。それは，生産拠点の海外移転，あるいは工業製品の競争力低下に伴って，国内製造業の産出量，雇用が縮小する衰退過程として捉える見方である。中長期的な「製造業部門のシェア低下」は経済の持続的発展というマクロレベルの観点からは，製造業部門のシェア低下がサービス産業などの発展によって補完されるならば，経済成長力に悪影響は及ばない。しかし，国内製造業が持続的に弱体化する脱工業化は，経済の成長力が中長期的に低下することも生じうる。例えば，1990年以後の日本では，円高の進行とともに製造業の海外移転が進み生じた「産業空洞化」はその代表といえよう。
>
> 　ところで，工業化が一定程度進んだ段階からサービス業主体の経済に移行する際，議論されるものに「ボーモルのコスト病」（Baumol's cost disease）仮説がある。
>
> 　ボーモルのコスト病はボーモルとボーエンが生産性の上昇しない職種の賃金が生産性の上昇した他業種の賃金に引っ張られて上昇する傾向があることから出された仮説である（Baumol and Bowen [1965]）。それは以下のようなものである。
>
> 　製造業とサービス部門から構成される経済を考える。

いま，産出量を Y，労働投入量を L とすると，労働生産性は労働投入1単位当たりの産出量なので Y/L と表せる。これら変数の変化率は，近似的に個々の変数の変化率の和となるので，次のような関係が導ける。

$$\Delta Y/\Delta L \approx \Delta Y - \Delta L$$

左辺は労働生産性上昇率を表す。また，右辺の第1項は生産量増加率，第2項は就業者の増加率を表している。この式を変形すると，

$$\Delta Y = \Delta L + \Delta Y/\Delta L$$

ここで，一般的に製造業では生産性の持続的かつ相対的に速い上昇が生じる一方で，サービス部門は成長が緩やかである。この場合，両部門の産出比率が一定であれば，サービス部門の相対価格は持続的に上昇する。その結果として，経済全体の成長率は低下していく。

確かに，小売りや飲食など伝統的サービス部門の生産性は低く，これらがサービス業で大きな比率を占める場合，「ボーモルのコスト病」仮説が妥当しやすい。ただし，近年はIT化の進展などにより，サービス産業全体で生産性上昇率が高まる傾向があり，ボーモル病は必然の現象ではないとの見方もされる。実際，製造業の高度化に伴い，物流，会計・法務，金融などビジネス関連サービスのニーズが高まっており，これらサービスの生産性上昇率は概して高い。言い換えれば，脱工業化の進展過程では，生産性の高いビジネス関連のサービス部門が発展する環境が必要といえる。そのためには，製造業が一定段階まで発展している必要性が示唆される。

3-4-2　日本と韓国における脱工業化過程

図 3-3 は，図 3-2 と同様に，日本，韓国の製造業割合と所得水準の関係を付加価値と就業者について見たものである。日本は1940年代に付加価値割合が30％台を超えた後，所得水準が3万ドル近くまで30％台を維持した。韓国は所得水準が1万ドル水準まで製造業の割合を増加させた後，25％程度の割合を維持しながら所得水準を高めていった。このように，日本と韓国は，3万ドル程度の高所得段階になるまで工業化が進展した（あるいは進展している）。また，就業者数割合もほぼ同様の傾向を示している。両国ともにピークを打った後は所得水準の向上とともに低下していく傾向が見せるが，韓国の方が低下ペ

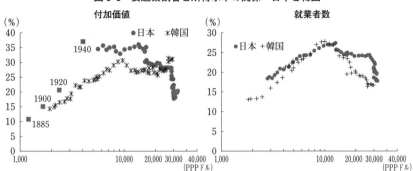

図 3-3　製造業割合と所得水準の関係：日本と韓国

(注)　所得は対数表示。日本の 1885 年，1900 年，1920 年，1940 年は梅村ほか [1988] による。1969 年以後のデータは UN [2015]。韓国は 1969 年以後。
(資料)　梅村ほか [1988]，United Nations [2016]，University of Pennsylvania [2016]，ILO [2016] により作成。

ースは速い。

　日本，韓国は工業立国として共に製造業の高度化が進展した。図 3-3 で確認できる通り，両国とも製造業の付加価値は絶対額で増加基調を維持しており，弱体化という状況は当たらない。こうした製造業の発展を受けて，両国共に事業所向けサービスの発展が促され，かつまた事業所サービスの発展が製造業の競争力を維持させる相乗的な効果をもたらした可能性がある。また，日本では，1970 年代からサービス化が進行し，それも脱工業化を促進させる要因となった。一方，韓国の場合，脱工業化の進展ペースは緩やかである。それは，製造業の高度化に伴う脱工業化にとどまり，サービス化が十分には進展していないためである。もっとも，所得水準がすでに 3 万ドル（2005 年 PPP ドル）近傍にあり，先進諸国のケースを踏まえれば，需要変化に伴うサービス化が進展しやすいといえよう。

3-4-3　中所得国における工業化の現状

　では，現在，中所得段階にある国・経済の脱工業化はどのような状況にあるだろうか。図 3-4 は中南米諸国，アジア諸国について製造業付加価値比率と所得水準の関係を見たものである。まず，中南米について見ると，工業化段階で

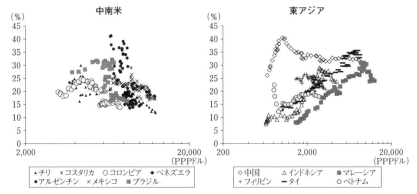

図3-4 中所得国における製造業割合と所得水準の関係：付加価値割合

(注) 実質付加価値に占める各部門の割合。
(資料) World Bank, *World Development Indicators*, Asia KLEMS, *Asia KLEMS Database（2016）*などにより作成。

所得を継続的に向上させることに成功していない。例えば，アルゼンチンは製造業割合が40％を超える水準の時期もあったが，所得は足踏みし大幅な向上に成功していない。また，コロンビア，コスタリカでは，所得水準が高まらない段階で製造業の割合が低下していることが観察される。他方，東アジア諸国を見ると，マレーシア，タイ，中国は工業化に伴う所得向上がうかがえる。そして，中南米諸国と比べてもその割合は25％程度と高い水準にある。ただし，インドネシア，ベトナムでは比率の上昇がやや頭打ちの傾向にある。

3-5 おわりに

先進諸国のケースを踏まえれば，高所得段階に達するまで工業化が進展した後，脱工業化それもサービス化を主とする段階に入っている。このことは，所得が一定程度まで高まらない段階で脱工業化過程に入ると，その後の成長が停滞する可能性を示唆する。というのは，製造業部門が十分な発展を遂げず，雇用の受け皿としての役割を早期に終えてしまうと，労働力は小売・飲食など生産性の低いサービス部門に吸収される。そして，所得水準が低いままでは，国内市場規模も拡大余地を制約されよう。工業化によって生産力を高めた国は，

製品の受け皿となる需要は，国内市場だけでなく輸出という形で海外にも求めることができる。しかし，サービス業の場合，需要の受け皿はほぼ国内市場に限られる。この場合は，ボーモルのコスト病仮説が妥当性を持つことになり，経済全体の成長を制約するようになる（コラム参照）。さらに，製造業の発展に従いニーズが高まる物流，会計・法務，金融などビジネス関連サービスの発展も期待できない。

　こうしてみると，アジア中所得国・経済が中所得段階から高所得段階にステップアップするためには，現時点では工業化を通じて達成していくことが現実的だろう。幸いなことに，「世界の工場」である東アジア地域では，高度なサプライチェーン網が形成されており，アジア中所得経済は各自の比較優位に基づき，その一角を担うことができる。アジア中所得国は製造業の高度化への努力を怠ってはならないだろう。それを通じて，これまで以上に効率性の向上，技術進歩といった形の生産性向上に基づく発展が求められている。

第4章　FDI 主導型成長と持続的発展の条件

　後発国として工業化を開始する国はさまざまな有利性を受けることができる。先進国・先発国が長年にわたって開発・蓄積した技術・資本・経営ノウハウ・制度を導入して工業化の過程を短縮できるからである。この現象が「後発性の利益」(advantage of backwardness) として Gerschenkron [1962] によって指摘されてから，多くの研究を誘発してきた[1]。しかし，後発国はすべて後発性の利益を利用して工業化を成功させるわけではなく，むしろそのような成功例が少ない。後発性の利益はただ機会に過ぎず，後発国の成功のための十分な条件は後発国自身の能力も備えなければならないのである。その能力とは外国の資本・技術・経営ノウハウ・制度を効果的に吸収するもので，吸収能力 (absorptive capacity) または社会能力 (social capability) ともいわれている[2]。

　ここでいう（後発国の工業化の）成功とは，先進国にキャッチアップできたか，キャッチアップできつつあることであるが，前者はすでに先進国の水準に達成した高所得国であり，後者は貧困の悪循環から脱出し，中所得段階まで発展できたケースである。本書は中所得国を低位と高位に区別しているが，ここではキャッチアップの過程に注目しているのでそのような区別をしない。ところで，後者は今後も持続的に発展し，工業化の高次レベル・高所得段階に達するかどうかが，現在，学術的・実践的に世界的関心を集めている。事実，本書第1章と第5章が示しているように，そのような持続的発展に失敗し，「中所得国の罠」に嵌ってしまう国が少なくない。この視点から後発性の利益と社会能力との関係という視点を分析する必要がある。

---

1)　例えば渡辺 [1986, 1989]。
2)　これらの概念について Abramovitz [1989] を参照。社会能力の具体的内容についてトラン [2001b] を参照。

本章は後発性利益の1つの重要な形態である外国直接投資（FDI）に焦点を合わせ，FDIへの依存度が高く（つまり，後発性の利益を多く利用しようとするケース），中所得のレベルまで発展したケース（いわゆるFDI主導型成長のケース）を分析し，FDI主導型成長が高所得国への持続的発展ができるか，その条件は何かについて吟味してみる。ここでの作業仮説の出発点は，高所得国への持続的発展の条件は，後進性の利益の利用方法，社会能力のあり方に関係があり，具体的にはFDIの導入方法と社会能力の蓄積が発展成功を規定する要因ではないかと考えられる。

以下，4-1節は，後発国として外国の技術・資本・経営ノウハウを利用する方法，導入するチャネルを検討し，それぞれの方法・チャネルの意義・特徴を明らかにした上，アジアの工業化史からみた後発国の系譜を簡単に辿り，各世代の工業化がいかに後発性の利益を利用したかを検討する。4-2節は，技術吸収能力と社会能力の概念を説明し，その能力と技術導入チャネルとの関係を予備的に考察する。4-3節は，FDIの効果を詳細に検討し，途上国の発展にとってどのような導入方法が望ましいか，また，その効果を発揮するために受入途上国側の条件は何かを吟味する。受入国の条件は社会能力に関するものであるので，ここでも後発性の利益と社会能力の枠組みで考える。4-4節はFDI主導型成長と中所得国の罠との関係に焦点を合わせ，持続的発展の視点から見てFDI主導型成長をどう評価すべきかを分析する。最後に分析結果と結論をまとめる。

4-1　外国の資本・技術・経営ノウハウの導入チャネル

4-1-1　各チャネルの特徴

Gerschenkron［1962］をはじめとするキャッチアップ型工業化や後発性の利益の先駆的研究者は先発国から受ける主な利益は技術である，と主張する。後述のように，20世紀前半までの後発国が先発国から導入された主な経営資源は技術であった。しかし，20世紀後半以降，技術だけでなく，経営ノウハウ（工場管理，労務，財務，マーケティングなどのノウハウ），資本なども個別に移動するか，技術との一括で移動する場合が多くなってきた。以下，それらの

第4章　FDI主導型成長と持続的発展の条件

経営資源の移動形態を順次検討したい。

まず，技術についてである。技術とは財貨・サービスの生産や流通を実現したり改善したりするための科学的知識や方法である。狭義ではいわゆる生産技術（あるいはハード技術）だけであるが，広義では，管理技術や経営ノウハウといったソフト技術も含まれる。しかし，ここでは技術と経営ノウハウを区別して，技術とは狭義のものにする。なお，技術は，機械・設備，技術者・専門家のような人的資本，そして文献などの形で体化（embodied）されている。このような媒体を通じて上述の科学的知識・方法をある国から他の国へ伝えることは（国際的）技術移転である。

ところで後発国はどのような形態（チャネル）で技術を導入するか。最も重要な形態はライセンシング契約（licensing agreement: LA）とFDIである。LAは，基本的に生産技術だけが導入され，また1回限りの導入である。他方，FDIは生産技術，管理技術，経営ノウハウを含めた経営資源が一括として導入される形態であり，多くの場合，資本も一緒に受け入れる形態でもある。また，FDIは多国籍企業から受入国である後発国の合弁会社または完全所有の子会社への経営資源の移転であるので企業内技術移転である[3]。

実際には2つの形態ともよく見られるが，特定の技術についてどちらの形態で技術が移転されるかは，多国籍企業の戦略，受入国の政策などさまざまな要因によって決定される。ここでは詳細な検討の余裕がないので重要なポイントだけを述べると次の通りである。まず，多国籍企業の行動についてよく指摘されてきたことは，技術情報の非対称性（asymmetric）である（つまり売り手と買い手が同程度で技術の価値を知れないこと）ので市場が成立しにくい。このため，LAで移転することは取引費用（transaction cost）が高い。したがって多国籍企業は技術市場の不完全性を克服し，取引費用を節約するために，企業内技術移転，つまりFDIの形態を選択する傾向がある。しかし，先端技術の場合はそのような傾向が強いが，標準化された技術は取引費用が低いのでLAの形態も選択されると考えられる。また，受入国はリスク（政治的・社会的不安など）が高い場合，多国籍企業にとってFDIよりもLAが望ましいであろう。

---

[3] 技術の国際的移動の現象は，受入国からみれば「導入」であるが，先進国や多国籍企業から見ると「移転」であるので，ここでは導入と移転の両方の用語を使う。

一方，技術導入の後発国にとってFDIが経営資源の一括的移転であるので生産性向上，海外市場へのアクセスなどがLAと比べて効果的である。このため，産業の国際競争力が短期間で強化される可能性が高く，工業化のキャッチアップ過程を短縮できる（トラン［1992］）。しかし，FDIは，多国籍企業の経済支配をもたらす可能性があるので発展途上国として敬遠したり，外国企業の出資比率を制限したりしている。特に1970年代までそのような傾向が強かった。この背景でOman［1984］などは発展途上国にとってFDIでない新しい形態（LAや後述の他の非FDI形態）を勧めているのである。つまり，一括としての経営資源の移転であるFDIではなく，自国が足りないものだけを導入するほか，多くの経営資源を導入する場合でも，さまざまな供給源から別々に導入する，といった分割された（unpackaged）移転が望ましいという考え方である。しかし，このような場合は，多国籍企業に支配される恐れがなくなるであろうが，必ずしも急速な工業化が実現できない。トラン［1992］は，「経営資源でのキャッチアップ」という概念を導入し，FDIを積極的に利用しながら経済支配を避けられるという戦略を提唱している。つまり，産業の発展段階に応じて発展途上国の多国籍企業に対する依存度はさまざまなレベルにあった方が効率的である。産業がまだ幼稚な段階では，多国籍企業の資源・機能を最大限に活用し，産業の国際競争力の強化過程を促進すべきであるが，その後自己の経営資源の蓄積を通じて多国籍企業の経営資源を代替し，多国籍企業への依存度を低下させていくのである。この点について4-4節でまた触れることにする。

　さて，以上はLAとFDIの2つの形態を検討してきたが，技術移転・導入は他の形態もある。例えば外国企業が設計・建設し，完成した工場を受入国に手渡すターンキープラント（turn key plant）方式，外国企業が生産技術を移転し，現地企業に生産してもらってでき上がった製品を買い取って自己のブランドで販売するOEM（original equipment manufacture）方式，外国企業が現地法人を設立せずに現地政府または企業と協力して事業を遂行していく事業協力（contractual business cooperation）方式，高速道路や橋などのようなインフラ事業を外国企業が建設し，操業活動を行って，投資額の回収や投資収益の確保ができた一定期間経過後，現地側に完全に移転するBOT（build-operation-transfer）方式などが技術移転の形態である。また，途上国の企業に対して先進国の企業や

小売業・商社による製品の委託生産，委託加工（contractual processing）を通じて品質改善などのノウハウが移転されるのである。

4-1-2　東アジアの世代別工業化と技術導入チャネル

　世界史的に見て，英国は産業革命で近代技術を使用し，最初の近代工業国として発展した。そして英国を追い上げた最初の後発国群はフランス，ドイツ，米国など西欧大陸と北米である。第3世代工業国はロシアや日本である。そのような脈絡で韓国や台湾など，一時いわれたアジア新興工業国・地域は第4世代工業国である。この第4世代工業国はグループとして世界史的視点から多くの研究によって取り上げられた。例えば金［1988］は第4世代工業国という用語を使用し，東アジアの新興工業国の発展の世界史的意義と特徴を論じている。1980年代半ばからマレーシアやタイ，1990年代にインドネシア，中国，そしてベトナムも東アジア工業化の波に合流してきている。ASEAN先発国と中国・ベトナムは第5世代工業国として特徴づけてもよいであろう。

　第3世代工業化の代表格で，アジアで最初に成功した工業国である日本の場合，積極的に外国の技術を導入していた。戦前では鉄道，電力，鉄鋼，製糸機械，織機など多くの近代産業の発展は外国技術に依存した（南［1992, pp. 93-97］）。戦後において技術導入がさらに盛んになり，しかもデータもかなり整備された[4]。日本自身の技術開発も進み，1970年代以降技術も本格的に輸出するようになったが，1990年代初頭まで技術貿易収支が入超であった[5]。ここで注目すべきは1970年頃まで日本の技術導入チャネルが主としてライセンシング契約であったことである。FDIは例外しか認められなかった。また，認められたFDIでも外資所有比率を49％以下に抑えて，多国籍企業が主導権を握らないようにした。OECD加盟に関する国内論争が有名な話で，加盟すれば他のメンバーと同様，外国資本の対内FDIを認めなければならないが，1960年

---

[4]　戦後日本の技術導入について1960年代半ばまでの研究は中村［1968］，1970年代初頭まではPeck and Tamura［1976］が参考になる。また，Goto［1993］は1980年代までの政策の特徴・産業別技術導入の動向をやや詳細に分析している。なお，沢井・谷本［2016, p. 387］は1949年から1975年までの日本の技術導入について詳細なデータを示している。

[5]　1993年以降，最新データのある2012年まで日本の技術貿易収支が20年連続黒字を記録した。総務省統計局のサイトwww.stat.go.jp/kagaku/kekka/topics/topics77.htm より。

前後当時，日本は欧米多国籍企業の経済支配を恐れたのであった。結局，日本はOECDに加盟することを決定した（1964年加盟）と同時に，外資導入を段階的に認めていく周到な計画を打ち出した。資本自由化といわれたその計画によると，1967年から1975年まで5つのステップに分けて規制緩和政策が講じられたのである[6]。高度成長期・奇跡的発展（1955-1973年）で欧米先進国に追い上げた日本は1970年代半ばまで技術導入チャネルとしてFDIを積極的に認めなかったのである。

第4世代工業化の代表格である韓国のケースはどうであろうか。韓国の工業化は1962年に始めた第1次5カ年計画から本格的に始動した。同国は最初に輸入代替戦略を採用したが，1970年前後から輸出指向政策へ転換し，新興工業国として注目され，1996年にOECDに加盟した（詳しくは第7章）。このように韓国は後発工業国の典型的成功例になったのである。

工業化を推進するために，韓国は後発性の利益を積極的に活用した。特に外国の資本と技術への依存が強かった。しかし，資本と技術を別々のルートで導入し，自国の経営ノウハウで工業化したのは韓国の特徴である。言い換えれば資本・技術と経営ノウハウを一括したチャネルであるFDIで外国資本・技術の導入が少なかった。1962年から1983年まで導入された外国資本累計額に占めるFDIの割合は3％と6％の間に推移した。1983年末の対外負債残高に占めるFDI導入額の割合として韓国は4.4％でマレーシア（28.1％），ブラジル（21.8％），メキシコ（13.2％）などと比べてかなり小さい。韓国の資本導入は主として借款の形態で，うち約4割は公的借款（世界銀行や先進国の開発援助），残りの約6割は商業借款であった。一方，1962年から1978年まで技術導入累計総件数は1180件に達したが，その中にFDIを通じる技術導入は26％しか占めなかったのである[7]。

上述のように，1970年代まで日本でも欧米多国籍企業の経済支配を心配し，FDIを敬遠した。世界的に見ても1970年代まで民族主義の高揚や新植民地への警戒が強まった。それに加えて，韓国の場合，近隣に自国を支配した歴史の

---

6) 例えばNakakita [1993] を参照。
7) このパラグラフで紹介されたデータは，各種の資料・データ・現地調査の結果をもとに分析したトラン [1986] より引用。

ある強力な工業国が存在しているので，FDI 導入が自由になったら多くの日本企業が韓国に進出する可能性が高かった。この背景で，韓国は FDI 導入をかなり選別的，制限的にした政策を講じたのである。方針としてライセンシング契約では技術を導入できない場合，外国企業が要求する FDI チャネルを使用せざるを得ないが，その際，韓国側が過半所有を占める合弁会社を設立する形態しか認めなかったのである[8]。

合成繊維の事例を研究した Tran [1988] は韓国の FDI を通じる技術導入の特徴を明らかにした。韓国の旧財閥と新興財閥とも日本の合繊技術を導入しようとしたが，前者は経営資源をある程度蓄積したので，ライセンシング契約で技術を導入した。後者は日本の最有力企業の技術の導入にこだわったが，日本側は FDI の形態でなければ技術を提供してくれなかったので，自社に経営資源がまだ蓄積されなかったこともあって，FDI チャネルで導入した。しかし，出資比率は過半を確保するだけでなく，短期間で日本の技術・経営ノウハウを吸収するとともに，出資比率をさらに引き上げていて，ついに日本側が撤退してしまった。

ちなみに，日本と同様に，現在，世界的に活躍している韓国の代表的企業は全部民族資本として成長したものばかりで，外資系企業ではないのである。

第 5 世代工業化グループには上述のように，タイやマレーシアの ASEAN 先発国，中国とベトナムが含まれている。計画経済であった中国とベトナムはそれぞれ 1978 年末と 1986 年末に市場経済への移行を進めるため，経済改革・対外開放政策を決定し，それぞれ 1979 年と 1987 年に外資導入法を制定した。タイやマレーシアは 1960 年代から工業化を開始したが，1970 年代末まで輸出の中心が一次産品であった。これらの国が工業品の輸出を本格化したのは 1980 年代以降である。このため，第 5 世代工業化は概ね 1980 年代に始まったと考えられる。これらの後発国はどのように後発性の利益を利用したか。

既述のように，1970 年代半ばまで途上国において多国籍企業に対する見方が厳しかった。タイやマレーシアなどの ASEAN 先発国の場合も，この時期に民

---

[8] 2000 年代までの韓国の FDI 導入政策と成果を分析した Bark and Moon [2006] も 1990 年代初頭までの FDI 制限政策を採用したことを詳細に述べた。また，同国が 1993 年 6 月に FDI 規制緩和政策を決定した背景なども示している。

族意識の高揚，多国籍企業への警戒が強まった。しかし，一方，韓国，台湾のように民族資本・経営資源が十分蓄積されなかったので，技術導入の形態としてFDIに依存しなければならなかった。ESCAP [1984] に収録された各種の調査結果（1980年代初頭に実施）を見ると，マレーシアとタイの場合，技術導入件数ベースで少なくとも70-80%が多国籍企業から子会社への移転（企業内取引）であることがわかった。技術料のデータを若干収集できたKirchbach [1983, p. 155] も，1977年にタイが海外に支払われた技術料の3分の2は，多国籍企業との合弁会社によって行われたことを示している。つまり，ライセンシング契約も少なくなかったが，技術導入の主流はFDIであった。ただ，経済支配の心配から多国籍企業の活動に関してさまざまな規制を講じたのである。諸規制の中でも出資比率の制限が特徴的であった。特に1970年代初頭において民族主義が高揚され，華僑とともに外国企業が批判されたりその活動が制限されたりしていた。マレーシアとインドネシアはそれぞれブミプトラ優先政策とインドネシア化（プリブミ）政策を打ち出した。タイは外国企業規制法および外国人職業規制法を1972年に制定し，外国企業の出資比率・外国人就業者を制限した。

　しかし，1980年代に入ってから状況が一変した。各国とも競争的にFDIを導入するようになったのである。多国籍企業への警戒が弱まったし，経済発展に対するFDIの役割を再認識したのである[9]。ちょうど，ほぼ同じ時期に，1985年秋のプラザ合意による円高が急激に進行した結果，日本の製造業の対アジアFDI（特にタイやマレーシアのASEAN諸国へのFDI）が急増した。以降，アジア通貨危機（1997年秋）までASEANの高度成長が実現され，その特徴をFDI主導型成長といわれるようになった[10]。

　1990年代以降の中国と2000年代以降のベトナムの場合もFDI主導型成長といえる。中国は1980年に広東省と福建省に4つの経済特区を開設し，外資を積極的に導入した。総固定資本形成に対するFDI導入額のシェアは1990年代に10%前後に達している。2000年代に入ってから低下してきたが，その前

---

9) Baldwin [2016, pp. 102-105] によると1980年代後半から多くの途上国は主権国家よりもFDIの利益を意識して，先進国との間に締結された二国間投資協定が急増した。
10) 例えば篠原・西ヶ谷 [1996]，浦田 [1999, 2001]。

半に8％前後，後半に5％前後であった[11]。経済規模が大きい国として外資への依存が極めて高いといえる。特に沿海地域の工業化における外資の役割が大きい。例えば，2000年の工業生産に占める外資系企業のシェアは広東省58％，福建省61％，上海55％と極めて高い（竹内［2003］）。

ベトナムもFDIへの依存が大きい。その大きさと重要さを具体的に見ると次のようである。第1に，国内の総投資に占めるFDIのシェアは大きい。その比率は2000年代前半を除けば20％を上回った。Dinh va Pham［2015］によると，1996-2000年の期間に21.6％，2001-2005年に15.7％，2006-2010年に25.3％，2011-2013年に22.6％であった。1980年代以降のアジア各国でも資本形成に対するFDIのシェアが大きかったが，ベトナムのFDI依存度がより大きかった。第2に，工業生産におけるFDIの存在が非常に大きく，2013年以降実に半分を占めている。第3に，ベトナムの輸出でのFDIの役割がさらに重要で，2013年から2018年現在まで70％前後も占めたのである。なお，ASEANのFDI主導型成長について第9章が詳細に分析している。

4-2　技術吸収能力・社会能力

　後発国が先進国から技術を導入し，工業化を成功させるために，技術吸収能力（absorptive capacity）があるかどうかが重要であることはすでに指摘した。

　技術吸収能力は導入された特定の技術を効率的に使いこなして現地に定着させる能力である。しかし，先進国から技術を導入し，工業化のキャッチアップを図ることに成功するためには，導入技術の国民経済への波及，標準的な技術から順次に高度な技術への転換といった能力が必要である。このため，単なる技術吸収能力を超えてより幅広い視野で捉えられる社会能力（social capability）が適切な概念である。

　社会能力とは何か。この概念はもともと日本経済の成功を説明したクズネッツ（Kuznets［1968］）が言及したものである。渡辺［1979，第1章］は社会的能力を熟練労働，企業経営能力，強い政府と政策転換能力に分類して「アジア中

---

[11]　Yu［2006］や中国統計局などのデータによる。

進国の挑戦」の能力を分析している．アブラモヴィッツ（Abramovits [1989]）は社会能力の具体的構成要素として教育水準，統治の安定性，制度・機構の充実，経済行動にかかわるルールを有効に設定・運用する行政能力などを挙げている．南 [1992, pp. 99-100] は日本の社会能力として人的資源，経営組織の近代化，情報網の発達などを指摘している．猪熊・三谷 [1986] は社会能力を2つの側面から捉えている．第1は個人的な能力で，長期間にわたって学校や企業において教育・訓練されることによって形成される．第2は組織的な能力で，具体的には組織の効率，集団志向的行動能力等を意味するものである．トラン（Tran [1997]）は，社会を5つの構成員・グループ（政治指導者，官僚，経営者，労働者，知識人）に分けてそれぞれの素質とそれらの相互関係のあり方が社会能力を規定すると分析している．経営者の素質は企業家精神，労働者のそれは教育水準であるが，それぞれが能力を発揮できるかどうかは，政治指導者と官僚の資質に依存する．政治家の必要な素質として国家の目標（キャッチアップ戦略）を明確にし，開発主義の立場から人材を重用し，社会のエネルギーを発展のために動員するリーダーシップを発揮できることである．官僚は行政能力と清廉さが重要であることはいうまでもない．政治家と官僚がそのような資質を持てば整備された法律や諸制度のもとで企業が積極的に技術を導入し，ベンチャー事業を起こす環境も，労働者の働くモチベーションも生まれるのであろう．日本の高度成長時代に技術が活発に導入され，「投資が投資を呼ぶ」現象が見られた（第6章）のも，今述べた意味での社会能力が高かったからであろう[12]．

　このように社会能力の概念や意義についての諸見解はほぼ一致している．しかし，社会能力の構成要素がよく理解できるが，ほとんど数量化できない概念である．数量化ができるのは，教育関連指標（識字率，労働者の学歴など）である．しかし，この問題はここでは詳細に立ち入らない．

　4-1節が示したように，第3世代工業国の日本から第4世代の韓国・台湾，第5世代のASEAN・中国まで技術導入チャネルが多様で，第3世代はライセ

---

[12] Helleiner [1989, p. 1469] は技術をマスターするために，ただ「消極的」に導入すればよいのではなく，現地のインプットや努力で導入技術を改良したり普及したりして，最大限使用することが極めて重要であると力説している．

第4章 FDI主導型成長と持続的発展の条件

ンシング契約，第5世代はFDIにそれぞれ依存し，第4世代はその中間にあるといえる。多国籍企業に対する認識が違った歴史的背景であるが，同時に，吸収能力・社会能力をも反映したであろう。つまり，吸収能力・社会能力の高さが技術導入チャネルを規定するという仮説が立てられるだろうか。日本や韓国のようにライセンシング契約で技術を導入し，自国の経営能力で産業化でき，工業化が成功したので社会能力・吸収能力が高く，つまり経営者精神が高く，政策能力も強かったといえる。そのような能力が弱くても，FDIを積極的に導入すれば産業が発展し，工業化もできるであろう。しかし，FDI主導型成長で高所得国への持続的発展の例は歴史的に存在しなかった。第5世代は中所得国の罠を回避し，高所得国に発展できるだろうか。この点は第9章の課題であるが，以下はそのような罠を克服するためにFDI主導型成長の条件は何かを考えたい。

【コラム】後発性の利益と社会能力：日本と韓国の話

　工業化の後発国は，先発国が開発した技術を導入し，開発コストと時間を節約して，比較的短期間に先発国との発展ギャップを縮めることができる。しかし，後発性の利益を利用する意思・能力・組織が強くなければ巧くいかない。そのゆえ，同じ後発性の利益に恵まれるが，成功した国が少ない。後発国の政治家・官僚・企業家などの愛国心・民族主義的精神を背景に種々な努力を重ねる必要があるし，場合によって官民協力や企業間協力で技術の導入国として有利な条件を確保しなければならない。ここでは，先進国・先発国へのキャッチアップに成功した日本と韓国の話を一部紹介しよう。

　まず，日本が合成繊維（合繊）技術を導入した経験を考えてみよう。1930年代に現在の東レの前身である東洋レーヨンが米国のDupont社からナイロン技術を導入し，事業化に成功した。支払った技術料が東洋レーヨンの法定資本金を上回ったので，日本企業が欧米技術からの導入がいかに積極的であったか，典型例として有名な話である。また，次の点も興味深い。東洋レーヨンがそのナイロン技術の存在を知れたのは，同じ三井財閥の総合商社である三井物産が世界的活動の展開過程に技術を発見し，情報を財閥内企業に知らせたおかげである。

　今度は合繊のポリエステル技術の導入である。1950年代に日本合繊産業の2大会社であった東レと帝人（帝国人造）は争って英国のICI社からポリエステル技術を導入しようとした。ライバルの両社が外国の同じ会社から技術導入を試み

たので，どちらが成功しても日本にとって不利な条件で成立する恐れがあった。このため，通産省（現在は経済産業省）がこの問題に介入し，東レと帝人が導入の一本化にして一緒に ICI 社に交渉するよう行政指導をした（Ozawa［1980］）。その結果，東レと帝人が有利な条件でポリエステル技術を導入し，共に事業化に成功したのである。

　韓国の技術の導入・消化・自立も目覚ましい。同国の鉄鋼産業のトップメーカである POSCO（Pohan Steel Corporation）は 1970 年代初頭に日本から高炉技術を導入し，1973 年に生産を開始した。最初は多くの技術者を招聘し，工場の建設・運営の指導を受けた。しかし，その後，数次にわたる工場の拡張，設備の増設を行ってきた過程に韓国人が外国人技術者・管理者を代替してきた。次の数字が興味深い。生産を開始した 1973 年に外国人技術者に支払ったコストは生産鋼材トン当たり 6.13 ドルであった。しかし，そのコストは工場の拡張，設備の増設過程に 3.81 ドル，2.42 ドルへと急速に減少してきた。そして 1981 年に 0.12 ドルに過ぎなかったのである。ちなみに 1973 年から 1981 年まで POSCO の鉄鋼生産量が年産 100 万トンから 850 万トンへと拡大したのである（Westphal et al.［1985］）。

　韓国は技術導入に関して 1970 年代まで主としてライセンシング契約というチャネルを利用したが，例外として外国直接投資（FDI）も活用した。特に外国企業が FDI にこだわったとき，仕方なく，その形態で技術を導入した。あるいは経営資源がまだ十分に蓄積されていない新規参入企業は FDI を望んでいた。しかし，FDI のチャネルでも韓国企業の技術自立への途に努力した。例えば合繊産業の場合，経営資源が蓄積された旧財閥系企業はライセンシング契約，そうでない新興企業は FDI，それぞれ異なったチャネルで日本の合繊企業から技術を導入したが，後者の場合も日本へのキャッチアップ努力が印象的である。1970 年前後に日本企業からの FDI を受け入れ，技術を導入したが，約 10 年後，各社とも独自の技術が開発されたことを内外に示してきた（詳しくは Tran［1988］，トラン［1992，第 4 章］）。

4-3　外国直接投資の効果

　途上国の工業化に対する FDI の効果をどう分析すればよいか，またその効果が継続的，長期的に経済発展を持続させていくための条件は何か。

　FDI の効果は受入途上国の資本形成にも貢献するが，より重要なのは技術

移転である。その移転は当該の産業の国際競争力を強化させるだけでなく，経済全体への波及を通じて経済全体の発展に貢献するからである。

　まず，「技術」と「技術移転」の概念を明確にしておく。技術とは生産技術（財貨・サービスの生産と流通を実現したり改善したりする科学的知識・方法）だけでなく，経営ノウハウ，管理・組織能力，マーケティング能力などを含む。生産技術がハード技術といわれるならば経営ノウハウなどはソフト技術である。両方の技術とも重要であるが，多くの場合（特に生産技術がすでに標準化された場合），後者はより決定的役割を演じている。なお，企業レベルで考えるとハードとソフトの技術を含む総合的概念として経営資源（managerial resources）と呼ぶことができる。

　「移転」は3つの形態に分けられる。1つ目は「企業内技術移転」で多国籍企業から（投資受入国にある）子会社への移転である。2つ目は「企業間水平技術移転」で，多国籍企業の子会社から同一産業の現地企業への移転である。3つ目は「企業間垂直技術移転」で，多国籍企業の子会社から後方連関産業または前方連関産業の現地企業への移転である。

　トラン［1992，第6章］とトラン［2010，第7章］は技術と技術移転の概念について具体的・詳細に述べているのでここでは要点だけを述べておく[13]。すなわち，ある製造企業が途上国に子会社（外資完全所有子会社または現地企業との合弁会社）を設立し，工場の建設を行い，ある商品を生産するFDIプロジェクトを想定する。工場は機械・設備と作業者（operator）との結合であり，この場合の移転に際しては，機械・設備の移転とともに作業技術の移転も必要である。生産が行われるプロセスにおいて，在庫，日程，品質，作業者の動機づけなどのさまざまな管理技術が不可欠である。このような管理技術の移転は，技術者・中間管理者（係長・課長など）を対象に管理の知識を移転したり，そのような管理者を訓練・育成することである。なお，多国籍企業は1つまたは複数の工場を管理・運営するために本社機能（head office）も設けなければならない。この本社は，市場戦略や財務戦略などについて立案し，市場条件の変化や技術の進歩などをフォローし，どのような商品を企画するか，どのような市

13）技術移転の概念的枠組みについて小川［1976］が参考になった。

場を重視すべきか,新技術を導入すべきか,R&D活動を展開すべきか,労務戦略や予算立案をどうするか等々の問題を決定する必要がある。これらについてのノウハウは,ソフト技術にほかならなく,本社機能に体化(embodied)されたものである[14]。ソフト技術の移転は,現地人のハイレベル管理者の養成・育成が必要で,当初多国籍企業の本国などから派遣された人材が占めたポストに現地人が代わって就けるようになることである。

「企業内技術移転」は少なくとも生産(ハード)技術に関して,多国籍企業が積極的に移転するが,ソフト技術の企業内移転は事情が複雑になる。基本的には,「本社機能」の円滑・効率的な運営を図らなければならないので経営ノウハウなどが多国籍企業から子会社・合弁会社に移転する必要がある。しかし,この段階の管理者・経営者の数が少ないので多国籍企業の本国などからの派遣が少なくない。この段階の人事の現地化の度合いはいくつかの要因によって規定されていると考えられる。

第1は生産技術の性格である。先端技術の場合,その拡散・漏洩を防止するために多国籍企業が子会社をコントロールする傾向が強く,所有形態として合弁会社よりも完全所有を選択するし,ハイレベルの技術者・管理者の現地化を回避または延期する可能性がある。

第2は現地政府の政策である。普通,途上国は多国籍企業に対して税制面の優遇など投資への奨励措置(incentives)を与える一方,投資活動の成果を要求する(performance requirements)。後者の一部としてハイレベルの技術者・管理者の現地化促進を要求することである。ここで,第1要因に関する多国籍企業の行動と第2要因に関する現地政府の政策が一致しにくいので,結局両者の交渉力(bargaining of power)によって決まることが多い。例えば,現地政府が人事の現地化条件を緩める代わりに製品の輸出比率の引き上げや特定産業への投資などを要求するのである。途上国としてのFDIの受入国の場合は既述のように1980年代初頭まで多国籍企業の活動を強く規制したり,活動成果を要求したりする傾向が強かったが,1980年代半ば以降,経済発展を促進するために途上国同士がFDIを競争して導入するのでperformance requirements

---

14) これに対してハード技術は工場に体化されたものである。

よりも incentives を重視するようになった。その効果として途上国への技術移転が弱くなる可能性がある。

　第3は現地の人材の供給状況である。例えば，ハイレベルの技術者・管理者の現地化が子会社の活動にとって有利であっても，適切な人材が十分供給されなければ現地化できないのである。逆に現地側の人材供給が豊富であれば技術が標準化された場合，多国籍企業はコスト削減の観点から人事の現地化を促進するであろう。

　次に技術の「企業間水平移転」は，同じ産業の現地企業に知識・ノウハウなどの波及を促進するので産業全体の国際競争力が強化されると期待できる。これまでの研究（トラン［1992, 第3章］など）はその移転のチャネルとして2つがあると指摘している。1つはデモ効果である。現地企業は外資系企業の活動を観察して技術やマーケティング手法などを模倣して生産性の改善などをすることができる。もう1つのチャネルは労働の離職に関する効果で，外資系企業で経験・ノウハウなどを蓄積した人が現地企業に転職したり，独立して新会社を設立したりすることを通じて多国籍企業の技術が現地経済に波及することができる。

　このような技術移転を規定する要因は何か。第1チャネルに関して外資系企業と現地企業が地理的に近く立地する場合，そのような移転の可能性が高くなるが，一部の輸出加工区のように外資系企業しか活動しない場合はそのような可能性が小さいであろう。第2チャネルに関しては潜在的起業家精神の豊富な国ほど労働離職による技術移転の効果が強いと考えられる。しかし，いずれにしても技術の「企業間水平移転」の把握が困難で実証研究がほとんどない。

　技術の「企業間水平移転」と比べて「企業間垂直移転」は多くの産業に波及するので現地経済へのインパクトが大きいと考えられる。特に家電製品，自動車など各種機械を組み立てる外資系企業が後方連関効果を通じて現地の裾野産業（supporting industries）の発展を誘発することができる。外資系企業の（組み立て）活動は通常2つのルートにより裾野産業の発展を促進・誘発する。1つ目のルートは，外資系企業が裾野産業の既存現地企業に部品などを発注し，生産性向上・コスト削減・品質改善のためのハードおよびソフト技術を移転することで，外資系企業と現地企業とのリンケージ問題である。2つ目のルート

は，部品市場の拡大に伴って組み立て分野の外資系企業が現地企業との新しい合弁会社を設立したり，外国部品企業が直接投資を行ったりすることによって部品生産が本格化することである。ただし，第2のルートは最初の直接投資が誘発した2次の直接投資であるので，本節の分析枠組みは第1のルートに限定する。

　現地の既存企業への企業間垂直移転を規定する要因は何か。第1は現地企業の潜在的供給能力である。「潜在的」とは企業がまだ競争力が十分でなくても先進的外資系企業から技術移転を受けられればコスト・品質とも競争的な部品などを供給できることである。つまり，現地企業の存在だけでは外資系企業とのリンケージが必然的に成立せず，次に述べる各種市場の発達によってはじめて両者がつなげられるのである。第2は各種市場の発達である。現地企業の供給能力に関する情報不足，不確実性が高いことなど市場の未発達により取引費用が高い場合，外資系企業は現地調達が消極的になり，輸入に頼る傾向が強まってくるのである。

　最後に技術移転に影響を与えるもう1つの問題である外資系企業の所有形態について触れておこう。100％外資と合弁企業のどちらが現地経済への技術移転を促進するだろうか。

　これまでの研究は，先端技術の移転にかかわるFDIの場合，多国籍企業が合弁よりも完全にコントロールできる100％所有を好むことを示している。逆に標準的技術を使用する場合，多国籍企業は合弁を選択することが多いのである。

　所有形態はまた多国籍企業のFDI動機にも左右される。輸出指向型FDIの場合，特にその案件が多国籍企業の世界戦略の一環として位置づけられる場合，多国籍企業の本部との円滑な調整を図るために多国籍企業が100％外資所有を好むのであろう。他方，輸入代替FDIの場合，現地市場に関する情報などを効果的に収集するために現地企業との合弁が選択されるであろう。

　投資受入国にとってどのような形態が望ましいだろうか。途上国にとって100％外資よりも合弁の方が望ましい。その理由は，合弁が技術移転を促進する傾向があるからである。つまり，合弁の場合，現地経営者・管理者が経営活動に参加できるので多国籍企業から近代的ソフト技術を吸収する機会を得られ

るのである。

　普通，途上国政府は民族主義などの観点から合弁形態しか認めないことが多い（輸出指向型FDIや地方立地など特別なケースは例外）。しかし，技術移転の観点から見る限り，合弁形態は円滑な技術移転の十分な条件ではない。合弁企業での現地経営者・管理者の行動に左右されるからである。もし彼らが技術や経営ノウハウの現地化ではなく，合弁事業の配当の極大化だけしか関心を示さないなら効果的な技術移転が期待できないであろう。なお，1980年代後半以降，途上国が競争的にFDIを導入するようになったので，多国籍企業が要求する100％外資でも受け入れる傾向が強い。技術移転への効果がやはり弱くなると付記しておこう。

4-4　FDI依存度と中所得国の罠

　さて，FDI主導型成長と中所得国の罠との関係をどう考えればよいか。

　大野健一教授（Ohno [2009a, b]）は，途上国の産業（製造業）発展を4つの段階に分けてそれぞれの段階とFDIとの関係を論じている。第1段階はFDIが導入・吸収され，FDIのもとでアパレルや履物の製造，あるいは家電などの組み立てのような単純な生産を行い，原材料や部品は輸入に依存する段階である。第2段階は，前段階の最終消費財の市場の拡大に伴って，中間財・部品の生産も誘発されるが，依然としてFDIへの依存が特徴的である。第3段階は，現地企業が技術や経営ノウハウをマスターし，工業製品の高品質化を図る。第2段階における現地化は，部品・中間財のような物的インプットであるのに対し，第3段階のそれは人的資源の高度化であり，それによって外資依存も低下していく。第4段階はプロダクトイノベーションで新製品を開発し，日本や欧米諸国のような先進国のレベルに達することができる。大野教授は第3段階への発展ができない国は中所得国の罠に嵌るとみている。その意味で第2と第3段階の間を見えざるガラス天井として突破できなければ高所得国への発展が期待できないのである。ガラス天井を突破し，第3段階へ発展するために，工業発展のための人的資源の開発，裾野産業の育成，ロジスティクス（運輸，通信，流通などのネットワーク，税関・通関手続きなどのソフトインフラ）の整備が

必要であるという。

　この分析の特徴は，途上国の工業化が最初の2段階にFDIへの依存，後の2段階にFDIからの独立という考え方である。また，その独立ができない国は中所得国の罠に嵌ることになる。しかし，ここではFDI自体の内容やその導入のあり方を論じていない。FDIの使い方によっては工業の人的資源の開発や裾野産業の育成も効率的・円滑に実現できるのではないか。上述のわれわれの後発性の利益と吸収能力の分析枠組みで考えれば，FDIの導入という後発性利益の利用とともに人的資源開発などの吸収能力の段階的整備が必要である。この分析枠組みでは，FDIへの依存を低下させていく過程は産業レベルで見て第3段階を待たず，第1段階から実現すべきである。

　他方，第3段階以降に必ずFDIへの依存を低下させていかなければならないだろうか。産業によって外資への依存はさまざまなレベルであってもよいではないか。現在の高所得国の間においても相互にFDIを導入し続けているし，政策として積極的に導入を促進している国もある。なお，既述したように，トラン［1992］は途上国の産業発展の望ましい戦略として「経営資源でのキャッチアップ」という造語で産業ごとでのFDI（＝外国の経営資源）を国内の資源で代替していくことを勧めたのである。要点を述べると「産業の発展段階に応じて，発展途上国の多国籍企業に対する依存度はさまざまなレベルにあった方が効率的である。産業がまだ幼稚な段階では，なるべく多国籍企業の機能を最大限に活用し，（多国籍企業に対する依存度を高いレベルにし），産業の国際競争力過程を促進するが，その後自己の経営資源の蓄積を通じて多国籍企業に対する依存度を段階的に低下させていく，といった戦略が賢明であろう」[15]。この議論は外資による支配を回避しながらも外資を積極的に利用する戦略として展開されたので，ここでの文脈とは異なるが，類似な分析枠組みとしてここにも応用できる。つまり，経済の発展段階によって経済全体のFDIへの依存度を必ず変化させる必要はなく，産業ごとにFDIへの依存度を低下させていくことが重要である。そのために国内の経営資源を蓄積しなければならない。吸収能力・社会能力が高く，しかもたえず強化していく必要があるのである。

---

15) トラン［1992, pp. 94-95］。同書 p. 95 の図3-2（外資依存度と経営資源でのキャッチアップ）と関連の説明も参照。

その点に関連して 4-3 節の分析結果を踏まえて，FDI への高い依存と持続的発展を両立するための条件をまとめよう。すなわち，FDI を国民経済の中に組み入れ，飛び地のような隔離的存在をしないことである。例えば輸出加工区や工業団地に FDI だけでなく，国内企業の投資も促進することである。また，FDI 導入を促進するだけでなく，同時に国内企業という民族資本も育成し，FDI との後方・前方連関効果を受けるようにしなければならない。さらに産業ごとの FDI を自国の経営資源で代替していく努力（筆者のいう「経営資源でのキャッチアップ」）が重要である。これらの条件が満たされれば FDI を通じる技術の企業間水平移転，企業間垂直移転が促進され，技術・経営ノウハウが経済全体に波及（スピルオーバー）して，経済が発展するのである。また，FDI が絶えず新しい産業への導入を図り，経済全体の構造・比較優位構造を高度化していけば国際競争力を維持し，成長が持続し，罠を回避できると考えられる。

4-5 おわりに

FDI 主導型成長という用語の明快な定義がないようである。全投資に占める FDI のシェアが高いこと，輸出産業の主役が外資系企業であることを示す概念として考えられる。その意味でいう FDI 主導で成長した国は持続的に発展し，中所得国の罠を回避できるだろうか。本章の分析結果を踏まえて考えると，FDI への依存度自体が重要な問題ではなく，FDI が国民経済全体への技術の波及効果が強いかどうか，また，既存の FDI の経営資源を自国の経営資源で代替していくとともに，次から次へと新しい産業への FDI の導入によって比較優位構造・産業構造の高度化を図っていかねばならないのである。

第5章　アジア工業化と経済発展

　戦後世界経済の最大な特徴の1つは東アジアの発展である。この地域は天然資源の賦存状況，地理・文化・宗教などの違いで東北アジアと東南アジアに分けられる。前者は発展を先行し，人的資源をベースに高成長を実現した。後者は文化・宗教の多様性が高く，天然資源をベースとする発展経路から段階的に工業化を実現してきた。後者も世界から見て成長センターとして評価されたが，高成長の期間が長く，比較的短期間で高所得に達成できた前者と比べて成長率が総じて高くなく，中成長を経験したといえる[1]。しかし，工業化の波に順次合流してきたことが東アジア全体の共通な特徴である。

　本章は東アジアの発展プロセスを縦横断して，広い視点から眺めてみるが，日本から出発した工業化の波及が順次に南進してASEAN後発国まで及ぶ過程に焦点を合わせるものである。なお，本書で各国の個別のケースとして取り上げられなかったメコン河流域諸国について本章でやや詳しく分析する。

　以下，5-1節は東アジア各国の発展過程をレビューし，発展が順次に波及していく姿を描き，現段階到達した各国の水準を特徴づける。5-2節はこの地域の発展が工業化の波及過程として捉え，雁行形態論とフラグメンテーション理論でその現象を説明する。5-3節はアジア工業化の最後発国としてのメコン地域の発展課題と展望を試みる。

5-1　東アジアの重層的発展：日本発の発展過程と現段階

　アジアでは1970年代半ばまで，日本がアジアで唯一の工業国であったが，

---

[1]　平均成長率が9-10%は高成長，5-6%は中成長と考えられる。

1979年に新興工業国・経済群（NICs または NIEs）が OECD によって発見され，韓国，台湾，香港とシンガポールがアジア NIEs として世界経済の舞台に登場した。10年後には，同じ OECD の報告書が，アジア NIEs にマレーシアとタイを加えたグループをダイナミックなアジア経済（Dynamic Asian Economies, DAEs）と名づけた。その数年後，1993年にインドネシアの成果も評価した世界銀行（World Bank [1993]）による報告書『東アジアの奇跡』の中で，DAEs に日本とインドネシアを加えたグループを発展成果の高いアジア諸経済（High Performing Asian Economies, HPAEs）と命名した。このように1980年前後から約15年間に東北アジアと ASEAN 諸国は次から次へと世界の舞台に登場してきた。1990年代から中国が本格的に発展し，2010年から日本を抜いて世界第2位の経済になった。そして長年取り残されたベトナムやフィリピンも2000年代に入ってから注目され，2001年に BRICs（ブラジル，ロシア，インド，中国）を造語したゴールドマンサックスが2005年に BRICs の後続グループとして11カ国（NEXT 11）を有望視したが，この中に東アジアではインドネシアのほかにフィリピンとベトナムが含まれた。最近，ラストフロンティアとしてカンボジア，ラオスとミャンマーも関心を集めている。

このように，東アジア地域の国々が北東から南東まで次から次へと発展してきた。

表5-1は北東アジア3カ国（日本，韓国，中国）と ASEAN 10カ国の2016年の1人当たり GDP と過去約40年間の成長実績をまとめたものである。比較・参考のために，インド，米国と世界平均もリストアップされている。世界銀行の2016年の基準による発展段階の分類による各国の発展水準（高所得国H，高位中所得国 UM，低位中所得国 LM）も記号として付けている。また，1975年から2016年までを3つの期間に分けて，各国の1人当たり実質 GDP の年平均成長率も示している。ちなみに，一国の人々の生活水準が2倍に上昇するには，1人当たり実質所得が年平均7%成長すれば10年間，5%なら約15年間，3%なら約25年間それぞれがかかるので，経済成長がいかに重要であるかがわかる。

表5-1から次のようなことが読み取れる。すなわち，現段階で日本とともに以前 NIEs と呼ばれた各国・地域およびブルネイが高所得国（H）で，中国，

表 5-1 アジア各国の成長実績と発展水準

	所得区分	1人当たりGDP（米ドル）2016年	1人当たりGDP平均成長率（%）（実質）			1人当たりGNI（米ドル）2016年	1人当たりGNI（PPP米ドル）2016年
			1975-1985年	1986-1997年	1998-2016年		
シンガポール	H	52,962	5.5	5.8	3.5	51,880	85,020
ブルネイ	H	26,939	n.a.	-0.9	-0.8	32,860	83,010
マレーシア	UM	9,508	4.1	5.8	3.6	9,860	26,900
タイ	UM	5,911	4.4	6.6	3.7	5,640	16,070
インドネシア	LM	3,570	3.8	4.8	3.4	3,400	11,220
フィリピン	LM	2,951	-0.4	1.3	2.2	3,580	9,390
ベトナム	LM	2,171	n.a.	5.1	5.2	2,060	6,040
ラオス	LM	2,339	n.a.	2.8	5.0	2,150	6,270
カンボジア	LM	1,270	n.a.	n.a.	5.3	1,140	3,239
ミャンマー	LM	1,196	3.1	1.3	7.1	1,190	5,530
中国	UM	8,123	6.8	8.3	8.2	8,250	15,470
インド	LM	1,710	1.8	3.5	4.7	1,670	6,490
韓国	H	27,539	6.8	7.1	4.4	27,600	36,570
日本	H	38,901	3.5	2.7	1.2	37,930	43,540
米国	H	57,638	2.5	1.9	1.4	56,810	58,700
世界平均		10,190	1.5	1.3	1.5	10,308	16,171

（注） Hは高所得国，UMとLMはそれぞれ高位と低位中所得国。
（資料） 世界銀行のデータより計算。ただし，日本の1960-1974年は経済企画庁のデータ。

マレーシアとタイは高位中所得国（UM），インドネシア，フィリピン，ベトナム，カンボジア，ラオスとミャンマーは低位中所得国（LM）である。ASEANは人口が少なく都市国家であるシンガポールと資源が豊富で人口が極めて少ないブルネイの特殊な2カ国を除いてすべての8カ国が中所得国になったのである。ちなみに，ベトナムは2008年にカンボジア，ラオスとミャンマーは最近（2014年または2015年に）このグループに仲間入りした。

　東アジアの発展の最大な特徴は，工業化の域内波及である。発展段階が高い国から順次に後発の国へ波及してきた。**図 5-1**は北東アジア3カ国とASEAN 2カ国の生産の工業化率（GDPに占める製造業付加価値の比率）を描いたものである。明治時代から工業部門が発展した日本の工業化率が1960年代に35％でピークに達し，1970年代から低下して，最近20％を切るようになった。第3次産業への転換，脱工業化が進んできたのである。韓国は1960年代に10

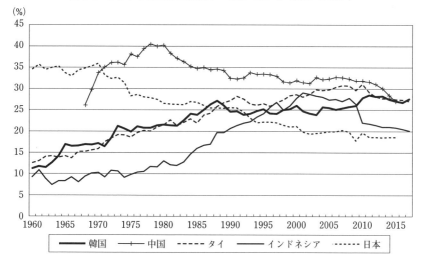

図 5-1　アジア 5 カ国の工業化率：1960-1997 年（GDP シェア）

(注)　Japan's 1960-1969: EPA, *Report on National Accounts from 1955-1969*, 1970-2015: UN, *National Accounts Main Aggregates Database*, 中国：筆者の推計。
(資料)　World Bank, *World Development Indicators*, EPA, *Report on National Accounts*, UN, *National Accounts Main Aggregates Database*.

数パーセントでスタートした工業化率が 1990 年頃まで急速に上昇し，それ以降その水準を維持した。タイも同様な動きを示している。しかし，後述のように，タイをはじめとする ASEAN 先発国における生産の工業化率が進展したが，1980 年代初頭まで輸入代替戦略を採用したので，輸出に占める工業品の比率（輸出の工業化率）がその期間に低迷した（トラン [2016a]）。インドネシアはさらに遅れてキャッチアップしたのである。

ところで，中国は改革開放政策が始まってから工業化が急速に進展し，特に 1990 年代から世界の工場として工業生産を拡大してきた。例えば，世界の鉄鋼生産に占める中国のシェアは 1980 年の 5％から 2003 年の 23％，2012 年の 46％まで上昇し，世界生産の約半分も占めたのである。家電製品や IT 製品においては中国のシェアがそれ以上に拡大し，鉄鋼のシェアより高かった。自動車は中国への集中がそれほど強くないが，それでも 1980 年に 1％未満であった同国のシェアは 2008 年に 13％，2012 年に 23％へと上昇した（末廣 [2014，第

2・3章])。製造業全体として世界における中国のシェアは1980年頃の1％未満から，最近20％まで急上昇した（後出の**表5-2**)。輸出における中国の工業化率も1980年の50％から2000年に90％, 2014年に95％まで上昇してきた（薛［2016］)。

しかし，中国生産の工業化率は不規則な動きを示している（**図5-1**)。1980年頃までの15年間に急上昇し，経済改革・対外開放が本格的に開始してから，特に世界の工場として工業部門を中心とする経済が急速に成長した過程に一貫して低下してきた。不可思議であるといわざるをえない。この点について中国経済の主要な研究書が言及していないことも不可思議である。幸い，筆者（トラン）の疑問に対して東京大学の丸川知雄教授は私信[2]で次のように丁寧に解説してくださった。

第1点は歪んだ価格の問題である。1980年代以前の中国では農産品の価格は低く抑えられ，工業製品の価格は人為的に高く設定されていたので，工業の付加価値を過大評価することになった。1980年代前半に農産物価格が急ピッチで引き上げられ，加えて自由市場も拡大し，農業生産が大きく増大した。1980年代前半に工業化率が下がっているのは農業の対GDP比率が上昇したためであった。

第2点は社会主義経済の考え方と統計制度に関連し，第3次産業が軽視された問題である。中国は1993年頃までは基本的にはMPS（Material Product System）と呼ばれる社会主義計画経済の統計制度をとった。MPSのもとでは物的生産部門（農業，工業）の状況を把握することが中心で，運輸，商業，サービスなどは非生産的部門として軽視されていた。1993年以前のGDPは，MPSで作られていた当時の統計をもとに後になってGDPに変換したものであるが，もともと第3次産業の把握が不十分だったので，変換したとしても第3次産業がやはり過少評価される傾向はある[3]。

第3点は経済・企業体制に関連し，サービス産業が工業企業に内部化された問題である。1990年代前半までの中国の工業企業や政府機関は「小社会」と

---

[2] 2018年8月16のメールで返事していただいた丸川教授に深謝したい。
[3] 丸川教授によれば現在の統計制度でも第3次産業がかなり過少評価され，特に運輸業や商業については日本と比べて極めて貧弱な統計しか作られていない。

いわれるほど企業の中で社会的なサービスが担われていた。例えば従業員住宅の建設や管理，映画などの娯楽，食堂，医療サービス，小中学校，警察などが国有企業の内部部門で担われていた。資本主義国では，これらは不動産業，映画・娯楽産業，飲食業，病院，学校，旅行代理店など第3次産業として独立に扱われたものが，当時の中国では工業企業のコストとして計上されていた。したがって，資本主義国であれば第3次産業としてその付加価値が計上されるが，中国では工業からサービスの運営の経費が支出されるので，統計上は工業のみに付加価値が現れ，第3次産業の付加価値はゼロになる。要するに，社会主義体制下でもサービスは存在したが，それは企業内の経費負担で運営されていたので，統計におけるサービス業の比率が低く，工業の比率が高くなってしまう。

　要するに，**図 5-1** が示した中国の工業化率の推移を次のように説明できる。すなわち，毛沢東時代・社会主義経済体制の重化学工業の重視，農産物価格の過小評価，サービス業の軽視のため，工業化率が急速に上昇し，1980 年頃に 40％という高い水準に達した。当時はまだ農業国であった中国において極めて高い工業化率であった。それが 1980 年代前半に低下したのは農産物価格の上昇，農業生産の拡大のためであった。1985 年から 1990 年代までは工業化率は緩やかに下がっていたのは，企業内のサービスが企業の外へ出てきてサービス業として存続するようになったためであった。最後に 2010 年以降に中国は本格的にサービス化が始まったので工業化率が低下し続けたのである。

　さて，ASEAN 諸国の発展も工業化の急速な進展の結果である。1970 年代まで一次産品の輸出国として特徴づけられたが，2000 年代には多くの国は工業国になり，具体的には輸出総額に占める工業品のシェアが 50％以上に上った。特にマレーシアとタイは 1980 年頃まで約 20％に過ぎなかったそのシェアが 2000 年代に 75％前後まで上昇してきたのである（トラン［2016a］）。各国の生産の工業化率（**図 5-2**）を見ると，タイとマレーシアが先行し，インドネシアが続き，その次はベトナム，そして近年ラオスやカンボジアが追い上げてきていることがわかる（例外としてフィリピンが早い段階から工業化を開始したが，長期的にはあまり変化せず，長年取り残されたことを反映している）。このような ASEAN 内部の重層的な追い上げは先発した日本やアジア NIEs とつながり，東アジア全体のダイナミックな発展連鎖の形成に参加したのである。

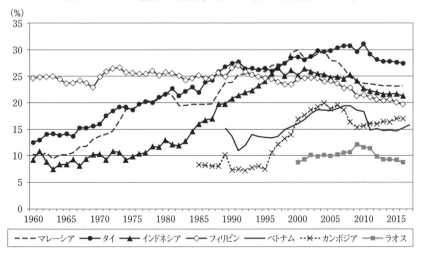

図 5-2　ASEAN 諸国の工業化率（GDP に占める製造業のシェア）

（資料）　UN, *National Accounts Aggregate Database*.

　図 5-2 が示しているように，ベトナム，カンボジアとラオスのメコン河流域諸国がアジアの後発組として順次工業化におけるキャッチアップを展開している[4]。このトレンドが今後も継続し，これらの国々の工業化率が着実に上昇していくことがこの地域の発展にとって重要な課題である。なお，2010 年代に入ってから北東アジア諸国（図 5-1）だけでなく，ASEAN 各国も工業化率の低下を示した（図 5-2）。この点は未熟な脱工業化の問題としてトラン［2016a］で分析されたし，本書第 10 章も検討している。ASEAN 諸国，特にまだ低位中所得段階にある国々は，未熟な脱工業化が持続的成長を妨げ，中所得国の罠に陥る可能性があるので，その現象を回避する努力が必要である。

　さて，東アジア地域の工業化が波及してきた結果，この地域は世界の一大工業地帯になった。表 5-2 が示しているように，世界の工業生産に占める日本のシェアは 1990 年頃にピークに達し，その後低下してきたが，まだ 1 割強を維持している。台湾を除く NIEs のシェアは 1980 年頃に 1％しかなかったがその

4）　ミャンマーは製造業の生産（付加価値）のデータがないので工業化率がわからない。

表 5-2　世界工業生産におけるアジア各国のシェア

(単位：%)

	1970	1980	1990	2000	2010	2011	2012	2013	2014	2015
日本	12.19	13.48	16.39	14.07	11.77	11.04	11.07	10.82	10.64	10.45
韓国	0.19	0.61	1.45	2.73	3.57	3.66	3.67	3.71	3.72	3.66
香港	0.16	0.28	0.30	0.11	0.05	0.05	0.05	0.05	0.05	0.04
シンガポール	0.09	0.19	0.28	0.45	0.54	0.56	0.55	0.55	0.55	0.50
旧 NIES-3	0.45	1.08	2.04	3.29	4.16	4.27	4.27	4.31	4.32	4.20
タイ	0.14	0.25	0.49	0.68	0.80	0.73	0.76	0.76	0.74	0.72
マレーシア	0.06	0.14	0.26	0.52	0.51	0.52	0.53	0.54	0.55	0.56
インドネシア	0.09	0.26	0.63	0.96	1.02	1.05	1.08	1.10	1.12	1.13
フィリピン	0.31	0.40	0.33	0.34	0.34	0.34	0.35	0.38	0.39	0.40
ベトナム	0.03	0.03	0.03	0.07	0.10	0.11	0.12	0.12	0.13	0.14
ASEAN-5	0.62	1.08	1.74	2.56	2.77	2.74	2.84	2.90	2.93	2.95
ASEAN-10	0.75	1.32	2.06	3.05	3.39	3.40	3.49	3.54	3.57	3.56
中国	0.34	0.88	1.70	6.92	15.59	16.49	17.60	18.48	19.14	19.76
インド	0.68	0.72	1.13	1.57	2.44	2.52	2.62	2.70	2.76	2.92
米国（参考）	26.38	22.32	21.73	25.21	19.81	19.12	18.80	18.71	18.31	18.02

（資料）　UNCTAD のデータより。

後4％台まで上昇し，現在もその水準を維持している。ASEAN 10 カ国は1980年の1％台から現在の3.6％まで上昇した。注目に値するのは中国である。1980年頃そのシェアは1％未満に過ぎなかったが，最近20％まで急上昇し，世界の工場としての存在が大きい。中国は別としてもその他のアジア諸国も工業生産が多いことが特徴的である。因みに，R. ボールドウィンは興味深い事実を指摘している。すなわち，1980年代まで世界の工業生産をほとんどすべて占めた先進主要7カ国（G7）は，そのシェアが1990年代から新興国の台頭で大きく落ち込んできたが，実際にその新規工業生産が6カ国しかない少数の国々に集中している（Baldwin [2016, p. 3]）。そして，その6カ国はポーランドを除けば全部アジア諸国である（中国，韓国，タイ，インドネシアとインド）。

5-2　東アジアでの工業化波及メカニズムとその要因：
雁行形態論とフラグメンテーション理論

　さて，以上のような東アジアの重層的キャッチアップ過程は表面的現象であるが，それをもたらしたメカニズムは何か。

まず，先発国の発展が後発国に一種のデモ効果を与えて，発展への努力（制度改革，投資環境の整備など）を誘発する。それに伴って資本や技術・ノウハウなどの生産要素が各国の内部で蓄積するとともに，各国間で活発に移動する。その結果，各国の要素賦存状況と貿易構造が変化し，工業化が進行し，国際分業の構造が高度化してきた。これが，アジアのダイナミズムの主要な内容である。このダイナミズムを産業レベルで見ると，各国での産業の発展・衰退と新たな産業の発展の繰り返し，多国籍企業の直接投資・技術移転を通じて国際間の産業移植が活発に展開する現象が見られる。そして，そのようなダイナミックな変化は域内先進国・先発国での産業調整を迫っている[5]。この点は雁行形態論を想起させる。

雁行形態論は基本的に後発国のキャッチアップ過程を説明する分析フレームワークである。これについて詳細は第2章で分析されているが，ここでは簡単に要約しよう。すなわち，雁行形態的産業発展の基本型は，1つの産業の発展過程を分析し，新産業の典型的発展形態として，まず製品の外国からの輸入に始まり，次にその製品を国産化（輸入代替）し，そして外国へ輸出するといった各段階を辿っていくパターンである。それを可能にするのは，産業の国際競争力の強化過程である。その次の段階ではこの産業は他の国に追い上げられ，比較劣位に転じるとともに，生産要素が従来の産業から新しい産業に移動して新しい比較優位産業が形成される。この現象が繰り返され，経済が発展していくのである。このような産業構造の高度化プロセスは，雁行形態的発展の多様化型ともいわれる。そして，発展段階が異なる複数の国の多様化型が重なって，重層的キャッチアップを表すことができる。東アジアで見られたその現象は1980年代後半から注目されてきた[6]。東アジア経済のダイナミックな分業・発展をよく表現している分析枠組みである。ちなみに原［2015］は「東アジアの奇跡」を生み出したものは「雁行形態的発展」であると述べている。

さて，後発国はどのような要因で先発国にキャッチアップできるだろうか。

---

5) 筆者はすでにトラン［1992］のはしがきにおいて，そのような意味でアジアダイナミズムを定義した。
6) 雁行形態論の詳細な内容と関連文献について例えばトラン［2010, pp. 233-234］（雁行形態論の系譜）を参照。

トラン［1992］は，そのキャッチアップ過程を産業の国際競争力の強化過程として捉え，国内要因（産業政策，資本蓄積など）と外国資本や技術の役割を織り込む分析枠組みを提示し，合繊工業を事例にして東アジア各国の重層的キャッチアップ過程を分析した。この場合，重層的キャッチアップは1960年代から1980年代までのアジアにおいて，1つの産業の比較優位が先進国（日本）から先発国（韓国など）へ，そして後発国（タイなど）に移動するという発展段階が異なる多くの国で展開した過程である。しかし，重層的キャッチアップは1つの産業だけでなく，むしろ要素集約度・労働熟練度が異なる多くの産業における各国間産業移植と各国内産業構造の高度化が活発に展開する現象である。既述のようなアジアダイナミズムとはこのような現象を指すものである。

　後発国の産業発展についてはまず政府の育成，保護する政策で輸入代替が開始できるが，輸出化するためには生産コストの着実な削減，品質改善を進めていかなければならない。コスト削減，品質改善は，物的・人的資本の蓄積と学習効果を通じて実現されるが，外国直接投資（FDI）の導入で資本蓄積の過程を早め，外国からの技術や経営資源の移転でその学習効果も相まって輸入代替，輸出化の過程を加速化できるのである。

　要するに，後発国が工業化・産業発展を推進するためには国内企業と外国企業が輸入代替産業や新しい産業に積極的に投資することを誘発しなければならない。そのために投資環境を整備し，具体的には物的インフラ，法環境（ソフトインフラ）を整備しなければならない。世界銀行（World Bank［1993］）は東アジア諸国が各国政府の市場友好（market-friendly）政策により発展の奇跡をもたらしたと論じている。その政策は，教育振興とともに，物的インフラ，ソフトインフラの整備を通じて内外企業の投資を促進したのである。ちなみに，ベトナムが1980年代後半以降，ドイモイ（刷新）というそのような政策が打ち出されたので，1990年代から東アジアの工業化の雁行型波及を受けられたのである（トラン［2010，第10章］）。

　ところで，上記のような雁行型産業発展は工業の完成品を対象とするものである。その完成品は家電，二輪車，自動車のような消費財，あるいは鉄鋼のような投資財であるが，その生産のための部品などの中間財や生産工程も完成品と同じ場所に立地し，つまり一貫生産体制の傾向があったのである。その要因

として部品・中間財と完成品を分離して生産する場合，輸送・調達・調整コストやリスクが生じるからであるし，後発国の部品・中間財の現地化政策（local contents）があったからである。

　しかし，1980年代の半ば頃から情報通信技術革命の波及，輸送・通信インフラの整備に伴って輸送・通信コストが大幅に引き下げられた。このため，国境を越えた部品・中間財の移動・分離生産，工程間の複雑な調整が可能になった（黒岩［2017］）。また，1990年代に入ってから貿易自由化や経済統合が進展し，関税率の削減，貿易円滑化の努力により，完成品だけでなく，部品の越境移動のコストも低下してきた。

　この背景で各国間に部品間分業・工程間分業が活発化し，国際的生産ネットワークを形成してきている。そのような動きが東アジアでは中国とASEANを中心に目立ってくるようになった。理論的には，部品間・工程間分業を説明するのはフラグメンテーション理論である。これは，全体の生産工程を複数の生産ブロックに分割することであり，①国内の企業内フラグメンテーション，②国内の企業間フラグメンテーション，③国際的な企業間フラグメンテーションと，④国際的な企業内フラグメンテーションという4つのケースに分けられるが，④が多く見られる。古くから考察されてきた多国籍企業の企業内分業の現代版といえよう[7]。

　実際に，筆者は四半世紀前にトラン［1992，第2章］においてヘクシャー・オリーンの理論的枠組みで部品間国際分業を分析し，具体的には労働集約的部品を労働力が豊富な国で生産するといった形で多国籍企業が部品などの中間財の要素集約度と投資先の要素賦存状況とを合わせて生産拠点を配置し，国際垂直統合を展開する可能性を示した。その前提は部品の各国間の自由貿易が保証されることであり，貿易が制限される場合，同じ部品を各国で生産し，各国内での垂直統合をしなければならないことも示した。自由貿易がほとんどなかった1970-1980年代において日本の合繊企業が韓国，タイ，マレーシアとインドネシアでの垂直統合を展開したのである（トラン［1992］）。

---

[7] 石田・山田［2017］はフラグメンテーションについての先行研究をレビューし，問題を整理した便利な論文である。木村・安藤［2017］も参照。なお，木村ほか［2016］はフラグメンテーション理論に基づいて東アジア生産ネットワークを分析している。

その意味でフラグメンテーションは必ずしも新しい現象ではない。自由貿易の潮流が強まってからそのような現象が生じやすくなったのである。ただ，1990年代から自由貿易の潮流の強まりに加えて情報通信の発達等で貿易コスト，通信コスト，交通費，通関コストも大幅に低減してきたので，部品間分業だけでなく，より詳細な工程分割の国際的立地，仕事・業務貿易（trade in task），アウトソーシングが可能になり，本格的分散立地（フラグメンテーション）が展開するようになったといえよう。財・産業を単位とする動態的国際分業を説明する雁行形態論と違い，フラグメンテーション理論は生産工程・業務を単位とする国際分業を説明するものである[8]。

このように，東アジアの工業化の波及過程を雁行形態論（以下，G理論）とフラグメンテーション理論（以下，F理論）で説明できる。2つの理論の共通点として工業化における後発国のキャッチアップ過程を説明し，そのために，ハードとソフトインフラの整備，企業への投資促進，市場友好政策を必要とすることである。また，後発国は初めに豊富な労働力を活用し，労働集約的産業または部品・工程に比較優位を持つが，資本や技術・技能の蓄積に伴って順次比較優位構造の高度化を通じて経済発展が実現することも両理論に共通する視点である。G理論とF理論の相違点として，前者は輸入代替からスタートし，輸出化に努力していくプロセスで，後者は初めから輸出できることである。また，G理論では経済の発展が完成品としての産業構造が高度化していくプロセスであるのに対して，後者はバリューチェーンの階段を上っていくプロセスである。

ところで，1990年代以降のアジアの発展・分業を説明する理論として雁行形態的発展論が通用しなくなっただろうか。Baldwin [2016, Ch.9] は，1990年以降の新しいグローバリゼーションの下で後発国の工業化戦略はセクター（産業）レベルの順次的高度化ではなく，あらゆる産業の部品・工程レベルから開始できるので，順序した隊列のような雁行型（orderly flying geese formation）ではなく，飛行形態の予断が極めて難しいムクドリ型（a flock of starlings）であると力説している。フラグメンテーション理論の日本での代表的研究者であ

---

[8] Richard Baldwin がフラグメンテーション理論の先駆的研究をしている。その近著は Baldwin [2016] である。日本では木村福成教授を中心とする慶應義塾大学のグループ（木村ほか [2016]）が理論・実証的研究を展開している。

る木村・安藤［2017］も雁行形態論が産業単位の国際分業を説明するので前時代のものになったと断言している。一方，熊谷・黒岩［2017］は，産業の消費財と中間財が順次に後発国に移転する現象が続くので，雁行形態的発展論が依然として有効な分析枠組みであると述べている。ちなみに，上述したように，筆者は 25 年以上も前に，消費財と中間財の立地に関する企業の FDI 行動を分析し，現在盛んに議論されているグローバルサプライチェーンがアジアの旧時代の分業に成立できなかった要因として貿易が制限されたことであったと指摘した（トラン［1992］）。

さて，どう考えるべきか。最終製品だけでなく，部品，中間財でも市場が特定できるなら全部産業としてみなされるので，雁行形態論の枠組みで分析できるといえる。ただ，自由貿易の潮流が強まっている現在，産業発展が必ずしも輸入代替からではなく，輸出段階から始められる。また，生産工程，仕事・業務（task）は「産業」ではないので，その越境立地，アウトソーシングはフラグメンテーション理論で説明される。要するに雁行形態的発展論とフラグメンテーション理論とも現代アジアの発展・分業を説明できるといえる。

【コラム】アジアダイナミズムへの ASEAN 諸国の合流過程

　1970 年代まで，ASEAN 諸国は一次産品の生産・輸出というイメージが強かった。実際に ASEAN の中で，フィリピン，マレーシアとタイは，韓国や台湾とほぼ同じ時期に輸入代替工業化を開始した。特にフィリピンは，早くも 1950-1960 年代に生産の工業化率（GDP に占める製造業の割合）が高かった。しかし，資源が豊富なこれらの国は，1970 年代まで（インドネシアなどは 1980 年代前半まで）工業品の輸出が少なく，資本財，耐久消費財の国内生産も始まり，輸入代替工業化が広範に拡大した。生産の工業化率と輸出の工業化率（輸出総額に占める工業品の割合）を合わせて考察してみると，生産の面においてフィリピン，マレーシアとタイの工業化が 1960 年代からかなり進展したが，輸出は一次産品が支配的で，工業品のシェアは小さかったことがわかる。厚い保護措置のもとで輸入代替工業化が進められたため，資源配分の非効率をもたらした。その帰結の 1 つは，工業化が進んでいながら雇用吸収力が弱いことである。労働力が過剰でありながら金利が比較的低く，為替レートが割高で機械・設備が比較的に安く輸入できたので，企業が資本集約的技術を使用する傾向があった。これを背景に農村労働力が増加し続ける一方，都市ではインフォーマル・セクターが形成された。

価格などの変動が大きい一次産品の輸出に頼りながら輸入代替工業化を進めることは，貿易赤字の拡大など経済が不安定であった。

この問題を打開するために，1969年にアジア開発銀行（ADB）は，ASEAN 5 カ国とインドシナ3カ国が1970年代に進むべき方向を提示するためにミント（H. Myint）を中心とする学者グループに研究を委託した。ミントらは，東南アジアが工業品の輸入代替，一次産品輸出といった従来のパターンをやめ，一次産品を加工してそれを輸出すべきだという，「輸出代替論」を提唱した（ミント [1971]）。具体的には輸入代替工業化政策を180度転換し，緑の革命の成功から生まれる各種農産食料・原料，それに鉱産物・林産物など，東南アジアに豊富に存在する第一次産品の加工・半加工工業の振興であり，その輸出化を提唱したのである。この輸出に加えて，低賃金を活用する「部品工業」がこれからの輸出産業として有望であり，また，国内市場向けでは農業関連工業と大衆消費財工業を指向すべきである，とミントらは力説した。

東南アジアの経済発展についてもう1つ注目すべき見解は，オーシマのものである。彼はアジアの特徴としてモンスーンに着目し，従来の経済開発の理論はアジアには適用できない，と主張している（Oshima [1987]）。オーシマによれば，モンスーン・アジアでは，季節によって労働力が不足したり（雨季），過剰になったり（乾季，またはた田植え終了時から収穫時まで）しており，いつも過剰というわけではないため，発展戦略は，最初から工業化ではなく，農業化（agriculturalization）であると主張している。すなわち，農村での労働力不足状態を避けるために，労働力をすぐ工業部門に移動させるのではなく，農村に労働力をとどめ，農産品生産を多様化して，農村で労働集約的工業を発展させ，非農収入を増大，所得水準を高め，国内市場を拡大し，その後の工業部門発展を支えるということである。要するに，アジアの最適な発展戦略は，まず乾季においても果実・野菜の栽培などの農産品多様化，漁業・牧畜の振興などを通じて農民に雇用機会を与えることである。農村の季節的労働過剰が緩和していくにつれて賃金が上昇し，機械化も進行していく。機械化が農村の労働生産性を高めるとともに，労働力の農業部門から工業部門への移動を可能にするのである。完全雇用・生産性上昇は農村の所得水準を高め，工業製品に対する需要を拡大させ，後者の発展の前提条件を満たす。

この観点からオーシマ教授は日本や台湾とともにタイの発展パターンを高く評価した。タイは確かに，ミントらの勧告とオーシマの分析のような方向で発展したといえるかもしれない。事実，1980年代から工業品輸出も拡大したタイの発展パターンが，韓国などの新興工業国（NICs）ではなく，農業・水産資源をベ

ースにする NAIC（Newly Agro-Industrializing Country）として特徴づけられた（末廣・安田［1987］）。

ところで，ASEAN 経済にとって大きな転機の1つは，プラザ合意による急激な円高により日本企業がタイやマレーシア，インドネシアに直接投資（FDI）を活発化させ，家電，自動車などの機械工業を日本から ASEAN へ積極的に移植してきたことである。この背景で，多くの ASEAN 先発国は輸入代替から輸出指向型工業化への転換に成功した。ASEAN が東アジアのダイナミックな分業に本格的に組み入れられたのである。1980年代半ばから各国とも輸出の工業化率が急速に上昇した。

5-3 アジアダイナミズムとメコン河流域諸国の発展

1967年に5カ国で創設された東南アジア諸国連合（ASEAN）は1990年代後半にベトナム（1995年），ラオスおよびミャンマー（1997年）とカンボジア（1999年）が相次いで加盟した。この新規加盟4カ国は国名の頭文字で CLMV 諸国とも呼ばれ，ASEAN 自由貿易地域（AFTA）における関税率削減スケジュールなどにおいて旧加盟国とは違う特別扱いを受けていた。近年，経済改革と発展が先行したベトナムを除く CLM 3カ国を対象に東南アジアのラストフロンティアとして今後の発展について議論することが多くなっている。そのようなことに加えてベトナムが第11章で取り上げられるので，ここではカンボジア，ラオスとミャンマーを考察する[9]。ここでの分析の視点は，これらの国を東アジアのダイナミックな分業の枠組みに位置づけて，これまで工業化の波が東アジアにおいて雁行形態的に波及してきているが，その波が今後メコン河流域の遅れた国々にも及ぼしていくか，そのための条件は何かである。

ASEAN 新規加盟4カ国とタイが構成する地域がメコン河流域としてその開発の問題が1990年代に入ってから注目を集めてきた。この5カ国にメコン河上流域の中国・雲南省を含めた大メコン圏（Greater Mekong Subregion, GMS）を対象にアジア開発銀行（ADB）のイニシアティブのもと，1992年以降経済

---

9) この節はトラン［2019］を要約したものである。

協力プログラムが実施されてきている。なお，2005年からGMSには中国の広西チワン族自治区も加わった。GMS経済協力プログラムは，交通，エネルギー，通信，環境，観光，人的資源，貿易，投資，農業の9分野を対象に推進された。しかし，開発予算の大部分は交通整備に費やされており，その成果として東西経済回廊，南北経済回廊，南部経済回廊ができたのである（石田［2016］）。

5-3-1 メコン河流域諸国の新時代：キャッチアップの条件整備

　カンボジア，ラオスとミャンマーは東アジアの工業化の最後発諸国として1990年代以降発展したので，雁行形態論（G理論）よりもフラグメンテーション理論（F理論）の方が多く適用できそうである。もちろん，例えばカンボジアの圧倒的な比較優位産業であるアパレルの発展は雁行形態的枠組みで説明できるが，アジアにおける部品間・工程間分業が活発に進展した1990年代以降にこの3カ国が本格的に工業化を開始したので多くのケースはF理論の方が当てはめられるだろう。以下，まず，ハード・ソフトインフラなど企業の投資環境に関する整備状況をレビューしたうえ，中国やタイで投資した企業がいかに事業を3カ国に拡延したかを考察する。いわゆるチャイナ・プラス・ワンやタイ・プラス・ワン企業戦略の展開を考察することである。また，ベトナム・プラス・ワンはまだ少ないが，ベトナムに進出した日本企業が近い将来，事業をメコン3カ国に拡大するかどうかについても筆者の現地調査の結果を紹介したい。東アジアの工業化がベトナムよりさらに後発3カ国に波及する可能性と限界を考えるためである。

　1992年にアジア開発銀行（ADB）の発案で大メコン圏（GMS）経済協力プログラムが策定され，推進された。具体的に，2000年代初頭以降3つの国際幹線道路・経済回廊が建設されるようになった。その目的は，輸送インフラを主軸にモノ，ヒト，資本，サービスの越境移動を促進し，貿易や投資その他の経済活動が回廊並びにその周辺地域で促進されるものである。また，国境を越えた越境輸送インフラであるため陸上国境が長いCLM諸国にとって，越境道路の開発を通じた輸出入および投資への波及効果が期待される（石田［2017］）。3つの回廊に関して物流効率化につながる重要なのは橋梁の建設で，特にメコン河において2006年から次から次へと多くの橋が建設されたことは重要な意

味を持っている。必要な橋の建設が進んできたので，3つの経済回廊が2018年内に完成する見通しであった。3つの回廊は石田［2017］などで詳細に紹介されている。

メコン地域の経済開発にとって3つの経済回廊の意義は大きい。石田［2017］が評価するように，「少なくともルートの一部として活用することで，バンコクとプノンペン，ホーチミン，ハノイ，ヤンゴン，サワンナケートなどの諸都市へのアクセスが改善された。この10年ないし20年間の越境輸送インフラの整備が，今日のタイ・プラス・ワン企業取引の礎ともなっているのである」（石田［2017, p. 37］）。特に，ラオスはランドロックの国（陸封国）からランドリンク（land-link）の国への転換により，経済発展が期待できるのである。

3つの経済回廊の建設に合わせて関係各国自らも経済改革開放政策を進め，先進国のODAの導入により道路・港湾の整備，経済特区を建設し，外資導入法の制定など，投資環境を整備して，内外企業の投資を促進している。このような市場友好政策で東アジアの工業化の波を迎えてキャッチアップしつつある。このように，ASEANのニューフロンティアとしてカンボジア，ラオスとミャンマー（CLM）が東アジアのダイナミックな分業に参加する条件ができつつあったのである。各国とも法的整備，工業団地などの設立を進めたし，ASEANの連結性を強める努力の一環としてできた経済回廊が整備されたので，これらCLM諸国を他のASEAN諸国に結びつけて，地域全体の活力を高めることが期待されている。その結果，図5-2が示しているように，不規則な動きであるが，カンボジアは1990年代後半からアジアの工業化の波にキャッチアップしようとしている。ラオスは遅れたが，同様の方向に動いている。ミャンマーはデータの不備により，工業化の状況が不明であるが，2010年代半ばまでの外資導入の実績を見る限り，工業化の進展がうかがわれるのである（トラン［2019］）。最近，タイ・プラス・ワン企業戦略としてタイで活動している内外企業がカンボジア，ラオス，ミャンマーなどに子会社を設立する動きが活発化し，タイとCLM諸国との部品間・工程間分業を展開している（後述）。

以下，各国の動きを概観しておこう。

カンボジアの場合，1991年パリ平和協定により内戦が終結し，1993年に経済改革・市場経済化の準備を開始した。1999年に日本の有償資金協力が再開し，

インフラ建設が本格化できた。外資導入法が 1994 年に制定され，2003 年に改正された。その関連で工業団地や経済特区（SEZ）も着々と整備され，12 地区に 38 カ所（2016 年 3 月現在）が建設された。投資環境の整備と外資導入についての事例としてプノンペン SEZ を見ると[10]，2006 年 4 月にカンボジア華僑と日本の IT 企業の合弁事業として設立され，SEZ 内での投資はさまざまな手続きを団地内事務所で一括処理できるワンストップサービスがあるので，外資にとって魅力的になった。SEZ 内の用地は，第 1 期（2008 年 4 月着工）と第 2 期（2011 年 1 月着工）とも完売され，第 3 期の工事建設が 2015 年 5 月に開始された。ミネベアやデンソーといった日本の大手企業が入居し，今後も拡張を予定している。

カンボジアへの外資進出状況を見ると，投資累計額では中国，韓国が大きい。ただし，中国は資源関連，韓国は不動産関連が中心である。日本の直接投資が本格化したのは 2010 年以降で比較的遅く，製造業の中小企業が中心であるため，投資額が比較的に少ない。しかし，ミネベア，デンソー，住友電装など大企業が進出しているので，今後他の企業を誘発するであろう。ちなみに，プノンペンの日本人商工会議所の会員企業数は 2009 年 3 月に 35 社しかなかったが，2016 年 6 月に 221 社まで増加した。

一方，ラオスは 1986 年に市場経済化・経済改革を内容とするラオス版ペレストロイカ「チンタナカーンマイ」を開始した。それに伴って，1994 年に外資導入法を制定（2004 年，2010 年改正）し，2005 年に企業法も公表した（2014 年改正）。1996 年に日本からの有償資金協力（ODA）の導入が再開され，インフラ整備を進めてきた。工業団地も整備され，2017 年 1 月現在，6 地区 14 カ所が建設された。特に世界初の中小企業専用経済特区を建設し，製造業の中小企業を誘致した。2016 年に外資導入をさらに促進するため，ラオスは投資奨励法を改正し，2017 年 4 月 19 日に施行された[11]。

1989 年から 2014 年までのラオスへの外国直接投資（FDI）の累計は，4,499

---

10) 筆者が 2016 年 3 月に行われた現地調査の結果による。
11) ラオス経済の事情について筆者は 2015 年 2 月と 2017 年 8 月にビエンチャンで行われた現地調査の結果を中心にまとめているが，ラオスの経済改革と発展成果についてまとまったものとして鈴木［2016］を参照。

件，235億ドルを記録している。分野別では発電事業67億ドル，鉱業57億ドル，農業28億ドルでこの3つの分野がFDI累計額の65％も占めている。工業・工芸はその8.5％のみであった。投資累計額を国別に見ると，中国23％，タイ19％，ベトナム14.5％で，他の国で積極的に投資した日本と韓国はそれぞれ1.9％と3.2％に過ぎなかった。日本は現段階，投資が少ないが，準備・調査に積極的であるので，これからは本格的に投資するかもしれない。ジェトロ・ビエンチャン事務所が2014年に開設され，事務所への日本人来訪者数も月に180名を超えているという。この来訪者数は全国人口が700万人未満，ビエンチャン人口が80万人程度という規模から見て多いといえる。なお，ビエンチャンの日本人商工会議所会員数が2009年3月に27社であったが，2017年5月現在93社に増加した。

　ラオス経済は対外的には鉱物・木材・電力の輸出に偏り，タイへの依存度も高いという構造的問題がある。2016年のデータを見ると，輸出のシェアとして鉱物・電力が53％，木材・木製品が10％，農産物・畜産・食品が10％を占めている。工業品は縫製品（同7％）程度しかない。また，タイがラオスの輸出の49.6％，輸入の67.4％も占めている。

　このような構造を是正し，持続的に発展していくためには工業部門へのFDIを誘致し，工業化を推進していかなければならない。

　最後にミャンマーについて見てみよう。この国の工業化の初期条件の準備が本格化したのは2011年以降で，カンボジアとラオスと比べて遅い。2011年3月にテイン・セインが大統領に就任し，それに伴う政治の民主化と経済改革開放を急速に進めてきた。民主化，野党・少数民族との和解に積極的に取り組んでいた結果，欧米諸国の経済制裁が2012年末までに解除された。また，軍政以前から積み上がってきた対外累積債務が，先進国からの新規の政府開発援助（ODA）を受け入れるために障害となったが，圧倒的に大きな債権を持っていた日本が他の先進国や国際機関に働きかけた結果，2013年1月までに債務が解消され，問題が解決できた（三重野［2016］）。このように，経済制裁の解除，新規のODAの導入によってインフラの整備，外資導入，対欧米諸国への輸出が可能になり，工業化が推進できるようになった。

　日本が他の国に先駆けて2012年に有償資金協力を供与したので，インフラ

整備がその年から開始できた。工業団地の整備も進められ，2015年5月現在，10地区36カ所が建設された。1988年に制定された外資導入法が2016年に改正された。

　ミャンマーの経済改革・対外開放に積極的に反応したのは日本政府と企業である。債務解消についての日本の役割は既述した通りである。円借款は初年度（2013年）と2014年度に合わせて1,140億円も供与され，うち400億円はティラワ（Thilawa）経済特区周辺のインフラ開発にあてられた。ほかに24の国内企業向け工業団地がある。

　経済特区などの整備で外国直接投資（FDI）が2015年に急増した（トラン[2019]）。1988年から2014年までのFDI累計額を見ると，中国が27％（香港13％を含むと40％），タイ19％，シンガポール16％，韓国6.2％。日本は0.8％でベトナム（1.3％）より少なかったが，米国が制裁を解く（2012年12月）まで日本が本格的に投資できなかったからである。しかし，近年，日本からの投資が急速に増加している。在ヤンゴン日本人商工会議所の会員企業数は2016年6月，310社に達し，過去5年間で6倍も増加した。

　また，中国と韓国の投資が積極的である。韓国はアパレルが多く，中国はほとんどすべての分野に投資している。外資は全体として縫製が多く，しかも委託加工形態が主流である。今後も後述のチャイナ・プラス・ワンとタイ・プラス・ワンで軽工業や部品を中心に製造業の投資が増加し，ミャンマーの工業化が進展していくと考えられる。

　しかし，懸念要因としてイスラム系少数民族ロヒンギャの問題で社会・政治の不安定化と国際的懸念が高まっている。経済問題では電力不足が深刻であることがよく指摘されている。このため，機械関連の発展が難しい。労働力の確保も問題である。労働過剰な経済であるが，定着率が低い。筆者が訪問した日系企業が自分の投資戦略をチャイナ・プラス・ワンとして位置づけ，2012年3月にヤンゴンでアパレルを生産し始めた。同年4月にミャンマー第1工場を稼働したが，従業員1,150人で毎月3％もやめた。最近稼働した第2工場（1,200人）の場合，なんと月20％もやめたという。

　このように，制度的条件，道路などのインフラが整備されたが，社会・政治安定，人的資源や電力供給の問題が課題として残っている。

5-3-2　アジア・サプライチェーンとメコン河流域

　メコン河流域諸国の工業化のための条件整備が進んだ結果，FDIが増加し，工業化率が上昇したことが既述された。次にこれらの後発諸国がいかにアジアのダイナミックな分業に組み入れられているかを考察してみよう。考察の方法として既述した雁行形態論から見た産業発展のキャッチアップ過程，フラグメンテーション理論から見たチャイナ・プラス・ワン企業戦略とタイ・プラス・ワン企業戦略による部品間・工程間分業を分析することである。下記のように，今のところ，2000年代半ばに本格化したチャイナ・プラス・ワン企業戦略がベトナムを中心に展開したのに対し，2010年代前半に始まったタイ・プラス・ワン企業戦略は国境のあるカンボジア，ラオス，ミャンマーで展開している。

(1)　アジアでの雁行形態的産業発展：衣服産業のケース

　衣服（アパレル）産業について1950年代以降の競争力の変化過程，雁行型波及過程を考察してみると，次のようである。まず，1950-1960年代において日本の主力な輸出産業の1つであったが，1970年代に入ってから韓国や台湾・香港が急速にキャッチアップし，日本企業がそれらの国に直接投資を行ったのでますます日本の比較劣位産業になった。一方，韓国は1990年代初頭まで圧倒的競争力を誇ったが，そのあと急速に低下し，2000年代には入超（貿易赤字）に転じた。比較優位がタイやベトナムに移ったからである。そして，タイも2000年代後半から競争力が弱くなりつつあり，近い将来貿易赤字に転じることをうかがわせている。現在，ベトナムとカンボジアは競争力が強く，典型的な比較優位産業になっている。このように，衣服産業の比較優位は日本から韓国へ，さらにタイへと移動し，現在ベトナムやカンボジアに辿り着いているのである[12]。なお，衣服の中間財（糸・織物）について日本や韓国はまだ競争力があり，出超を維持している。タイの場合，1990年代まで入超であったが，2000年代以降やや出超になった。これに対してベトナムでは輸入代替が進行し，入超幅を縮小させつつある。カンボジアは中間財の輸入に完全に依存し，衣服

12）　詳細はトラン［2019］の図0-3を参照。その図は国際競争力指数（本書第2章）を使って日本，韓国，タイ，ベトナムとカンボジアのアパレルの競争力構造の変化を示した。

を生産・輸出しているのである。

(2) チャイナ・プラス・ワン

チャイナ・プラス・ワンは中国に拠点を集中させていた日本企業をはじめとする多国籍企業が，集中による潜在的リスクを回避するために，他国に拠点を分散させる企業戦略のことである（石田・山田［2017］)[13]。最初のきっかけは2003年に流行した重症急性呼吸器症候群（SARS）であったが，その後，2005年4月に起こった反日デモを象徴とした日中関係の悪化，2008年以降の企業所得法や労働契約法の施行による外資優遇策の廃止，中国経済の成長減速などで日本企業が生産拠点を中国からASEAN諸国へシフトしてきた。一方，プル要因としてベトナムで日系物流企業がハノイを基点とした陸送サービスに参入し始めたことなどである。

チャイナ・プラス・ワンは，日本企業が中国から撤退し，資本ごとメコン河流域諸国に移転すること，中国で生産していた製品の一部をそれらの国にシフトすることなどの形態がある。上述したアパレルの日系企業が中国からミャンマーへ移転した典型的なケースである。他のケースとして中国で生産したアパレルをカンボジアの台湾企業に生産を委託する形態である。しかし，現段階ではチャイナ・プラス・ワン企業戦略がベトナムを中心に展開しており，カンボジア，ラオスとミャンマーに対してまだ少ない。法的整備・物的インフラの整備が遅れており，人口規模が小さく，地理的条件などの不利な要因があるからである。この点について後述するベトナムから見たメコン3カ国の工業化についても言及する。

(3) タイ・プラス・ワン

ところで，タイ・プラス・ワン企業戦略は，タイで操業していた内外の企業が，カンボジア，ラオス，ミャンマーなどの近隣諸国に生産拠点の一部ないしすべてを移管させることである。プッシュ要因はタイでの変化である。具体的

---

[13] チャイナ・プラス・ワンとタイ・プラス・ワンについて豊富な情報・資料を体系的に分析した石田・梅崎・山田［2017］は用語で，2つの概念の起源，歴史的経過などが詳しい。本節の分析に参考されている。

には，2012-2013年から最低賃金が引き上げられたこと，2015年1月からそれまでEUが一部品目で途上国としてより低い関税率を適用してきた一般特恵関税制度の対象からタイが外れたこと，2011年に発生した洪水による工業団地浸水で関連するサプライチェーンが影響を受けたこと，また，2014年5月22日のクーデターに象徴される政治的混乱であった。一方，プル要因としてすでに考察したメコン河流域諸国の工業化の条件整備が進んだことである。このように，2010年代に入ってからタイ・プラス・ワン企業戦略の展開が促進されたのである。

その結果，タイからCLMVへのFDIが2011年頃から急増した（石田・梅崎・山田［2017, p.79］）。2014年末現在，在タイ日系企業のタイ・プラス・ワン戦略として設立した拠点数が一番多かったのはベトナムで，その次はインドネシアとミャンマーであった。カンボジアとラオスはまだ少なかったが，フィリピンやマレーシアなど他のASEAN諸国並みであった（石田・梅崎・山田［2017, p.106］）。近年，越境輸送インフラの改善に加えてカンボジアやラオスの条件整備が進んでいたので，これらの国々での拠点設立が増加したと考えられる。

ちなみにタイでの日系企業の拠点数が1,725に達し，中国，米国，インド，ドイツに次ぐ世界第5位であるのでタイでの投資環境の変化に応じてタイから近隣諸国へ進出する日系企業も他の外資系企業よりも多いと考えられる。タイとCLMとの間に所得格差は3～5倍もあり，CLM諸国の賃金が安い。近年東西経済回廊や南部経済回廊など越境輸送インフラが整備され，バンコクからCLM諸国の首都や国境地域へのアクセス条件が大きく改善された。このため，タイに拠点を置く企業が，高い技術・技能を必要としない労働集約的工程をCLM諸国に移転させ，タイから原材料や部品を供給し，半製品にしたうえでタイのマザー工場に戻すビジネスが2010年頃から増加したのである（石田・梅崎・山田［2017］）。また，池部［2015］によれば，タイ・プラス・ワン企業戦略として工程間分業を志向したカンボジアやラオスへ二次展開を行い，主にワイヤーハーネスや小型電気モーター，縫製業といった労働集約型の工程がタイからこれら隣接国に進出している。さらに，カンボジアやラオスに立地する生産工場は，タイの生産から分割された労働集約的工程であり，2010年頃から生産が始まった品目であった。

南部経済回廊の効果としてカンボジアのバベット（Bavet）地区に工業団地の集積が進んできているのである。特に中国系の工業団地ができつつあり，中国，香港，台湾の企業の投資を誘発している。経済回廊の建設がバベットと（すでに発展した）ホーチミン市とを結びつけているのである。香港を後背地にした深圳という経済特区にたとえられて，ホーチミン市を後背地とするバベットがカンボジアの「深圳」になりつつあるとの見方が出ている。

(4) ベトナムから見たメコン 3 カ国への工業化の波及

以下，筆者のホーチミン市やプノンペンでの調査結果と貿易データを紹介し，ベトナムまで波及してきた工業化の波がこれから CLM 3 カ国にも波及していくか，また，どのような分野はその可能性が高いかを見てみたい。

ベトナム・プラス・ワン企業戦略のような動きはまだ少ないようである[14]。事例としてある日本の精密機器生産企業がこれまで最終製品をタイで，関連部品をベトナムで作っていたが，最近，ベトナムでの生産工程の一部をカンボジアのバベットに移転した。将来的には，ベトナムで完成品も作ることを想定しているので，さらに多くの部品・工程をバベットにシフトするであろう。

タイ・プラス・ワン企業戦略に加えてカンボジアのバベットとホーチミン市との関係のように，南部経済回廊の建設などでベトナムおよびタイとメコン 3 カ国との部品間・工程間分業が活発化している。特に，繊維産業と電子機器のサプライチェーンがカンボジアを中心とするメコン河流域で形成されつつある。糸・織物などの繊維中間財においてベトナムとタイからカンボジアへの輸出が 2000 年代末から急速に増加している。それらの中間財がカンボジアで加工され，できあがったアパレル製品を欧米諸国に輸出するのである。また，タイとカンボジアとの電機機器中間財の貿易も 2010 年代から急増している。ベトナムからカンボジアへの輸出も 2013 年から増加している。

ところで，ベトナムまで波及してきたアジアの工業化が CLM 3 カ国にも波

---

[14] ホーチミン市やその近郊（ビンズオン省など）に賃金が上昇し，労働力のコストが増加したが，外国企業がカンボジアなどに生産拠点を移転するよりもベトナム南部のベンチェ省をはじめとするメコンデルタの方に投資を拡張したのである（後述の電線大手 F 社は典型的である）。ホーチミン市から同省までの南部高速道路の整備に伴ってインフラコストが低下してきたし，賃金がまだ安価なのである。

及しているかという観点から考えると，上述のようにカンボジアを中心にその波及効果が見られている。しかし，これらの3カ国は，人口規模（カンボジア，ラオス）や地理的条件（ミャンマー）などの不利な要因があるので，当面は工業化の波及に限界がある。この点について筆者がホーチミン市とその近郊で生産活動をしている日系企業を調査した結果（2016年3月）を紹介しよう。

プリンター生産大手B社によれば，ベトナムで賃金が10％上昇しているが，今後もミャンマーなどへシフトしない。メコン河流域諸国はインフラコストが高いし，ミャンマーなどのように東アジアの主要生産工場から遠い国では輸送コストがさらに高い。他のプリンター会社Cは生産をベトナムに集中する方針を継続し，賃金増に自動化で対応していく方針である。モーター製造のM社は現在，中国とベトナムだけで生産し，ミャンマーなどに行かないという。

70カ国で生産しているファスナーの大手Y社は，ベトナムで1998年以降2つの工場を設立し，積極的に事業を展開している。今後のアジア戦略は未定であるが，カンボジアを考えていないという。理由として市場が小さいことをあげている。例えばファスナーの需要を決定するアパレルはカンボジアの有力な輸出産業であるが，規模が小さい。

電線大手F社は，ベトナムで1996年に工場を設立し，翌年に稼働を開始した。生産の90％はワイヤーハーネスである。2009年にメコンデルタのベンチェ省でワイヤーハーネス製造の新工場を設立した。現在ベトナムは同社の世界生産の59％も占めている。2012年にフィリピンへ進出したが，カンボジアやミャンマーでの生産を考えていないとの見解が示された。輸送などの点で日本への輸出のコストが高いからである。日本に供給する部品としてベトナム，フィリピンがぎりぎりの距離であるという。このような場合において工業化がメコン河流域諸国への波及が難しいことが示唆されている。ベトナムやフィリピンとミャンマーなどの立地条件が違う。日本に供給するための生産はミャンマーが不利である。ベトナムやフィリピンでの賃金上昇への対応として資本をより多く使用すればよいという。要素間の代替弾力性が高いからである。モーター大手M社も同様な理由でベトナムでの生産集中を今後も継続するという[15]。

---

15) 池部［2015］もカンボジアとラオスの問題として大規模組立産業の立地に欠かせない労働者の大量確保が難しいことを指摘している。

5-6 おわりに

　東アジア各国は過去約半世紀にわたって工業化の重層的波及を受けて次から次へと発展し，世界の一大工業生産・輸出基地になっている。2000年前後からメコン河流域諸国も工業化の最後発組としてハード・ソフトインフラの整備で工業化の波に合流しつつある。工業化の波及や企業の生産拠点の活発な移動を特徴づけるアジアダイナミズムを維持するために，今後，中国やASEAN各国が中所得国の罠を回避し，持続的に発展していかなければならない。

第 2 部　北東アジアの経験が示唆するもの

東名高速道路全面開通を祝って盛大に催された開通式（1969 年 5 月 26 日，写真提供：共同通信社）

第6章　日本経済の発展経験

　アジアでは日本は最初の近代工業国として発展が成功した国である。教育の面など，江戸時代が残した遺産が少なくないが，本格的経済発展は明治維新によって始動されたといえる。それ以来150年が経過した。

　この長い過程はいくつかの時期に分けて考察すべきである。後述のように，幕末・維新初期の日本は低所得の水準であった。それ以降の発展は日本の欧米諸国へのキャッチアップ過程であった。年平均10％の高度成長期（1955-1973年）が終了した頃，日本は高所得国になった（本書第3章ではその変化点は1977年）。そのあとの20年間弱に日本は安定成長（年平均5％前後）の時代を迎えたが，1980年代にキャッチアップ過程がほぼ完了し，対外経済関係諸指標から見て日本が経済大国になった。そして1990年代半ば以降は経済停滞期である。

　本章の関心は，第2章の分析枠組みに基づく経済発展段階論の視点から日本が近代化開始の明治維新から高所得国に到達した1970年代半ばの発展過程である。特に低位中所得段階から高位中所得への転換過程の特徴と高位中所得国から高所得国になった要因が考察の焦点である。

　以下，6-1節は明治初期から1970年代まで約100年間の発展過程を概観し，経済発展諸段階の特徴を考察する。6-2節は低位中所得国への発展過程と高位中所得国への発展過程，それぞれの要因を分析し，低位中所得国の罠を回避する条件を吟味する。6-3節は高度成長期と高所得国への躍進の要因を分析し，高位中所得国の罠を避け，高次元への持続的発展の条件を考える。最後に，結びに代えて日本の発展経験から現代アジア諸国が2つの中所得国の罠に嵌らなく，持続的発展のための条件は何かをまとめる。

6-1 日本経済の発展過程：時期区分

近代化が開始した明治維新から高所得国になった1970年代までの日本経済の発展過程は5つの段階に分けられる。それぞれの特徴を概観しておく。

6-1-1 市場経済の条件整備（1868-1886年）

市場経済が成立するための条件は交通などの物的インフラの整備，（各地の自給自足が終焉する）生産の社会分業の進展，各種の法律制定などの制度的インフラの整備である（石川［1990］）。江戸時代に市場経済が部分的に形成したという研究もあるが，やはり市場経済が本格的に育成・発展したのは明治維新以降である。

ところで，日本の市場経済の条件整備は必ずしも1886年に終了したわけではないが，新しい制度の確立や物的インフラの建設などがそれまでの時期に集中したし，経済構造の変化もその頃に顕著に表れた。いくつかの代表的な出来事を挙げよう。廃藩置県（1871年），地租改正（1873-1881年），貨幣経済の発展促進，郵便制度の成立（1871年），新橋と横浜の鉄道開通（1872年）などで社会分業，貨幣経済，市場経済の発展が促進された。また，外国為替専門の横浜銀行（1880年），海運専門の日本郵船（1885年）がそれぞれ設立されたので，直接輸出が可能になった（それまでは外国の商館を通じる間接輸出）。

大久保利通が実権を握った1873年から殖産興業政策などを推進した。経済史家の中村隆英教授はこの政策は「大久保利通に指導された明治政府の外国の文明に急激に追いつこうとする意志の表現であった」と見ている（中村［1995, p. 70］）。明治政府が自らの手で新しい事業を次々に興したとともに民間も指導し，新しい産業を開発させた。政府の直接事業として鉄道，郵便，電信網などがあるほか，官営事業・工場として造船，製糸，セメント，ガラス，製鋼，紙などがあった。

この段階に工業化が開始したが，伝統工業であるシルク，醬油，酒のほか，食品や衣服など手工業が中心であった。総じて自営業や個人事業が1881年の工業生産の97％も占めたのである（中村［1995, p. 81］）。この時期に農業部門

が大きく，有業労働者全体に占める農業がこの終わり（1886年）に65％前後であった。輸出構造も生糸をはじめとする一次産品中心であり，1877-1886年にまだ80％もあったのである（山澤［1984, p. 14］）。

6-1-2 近代経済成長の本格化（1886-1914年）

クズネッツ［1968］は近代科学の経済への広範な応用により発展した経済を近代経済成長（modern economic growth）として特徴づけている。その考え方に基づいて南［1992］は，日本の近代経済成長は1886年以降の100年間と見ている[1]。われわれも以下の理由で同じ時期区分をとる。ただし，われわれはここで近代経済成長の全期間ではなく，その始動・本格化の期間のみに焦点を合わせている。この期間を1886年から第1次世界大戦が開始された1914年までにした。

1886年以降の時期に伝統的工業，手工業，個人・自営のシェアが急速に低下し，近代産業の代表であった紡績が本格的発展し，近代的鉄鋼業も発展を開始した（八幡製鉄が1897年に設立し，1901年に生産を開始した）。日本の工業化が1900-1905年に開始したと見る研究者もいる（西川・阿部［1990, p. 18］）。第1時期に設立された官営事業がこの第2時期に本格的に民間へ払い下げされた。欧米諸国との間に締結させられた不平等条約により，失われた関税自主権も1899年から部分的に回復され，1911年に完全回復された。また，1899年に改正された商法が株式会社制を確立し，所有と経営との分離を促進した。その結果の1つとして1990年代前半に三井，三菱，住友，安田の財閥系企業には近代的経営組織ができたのである。

成長実績と特徴を見ると，前の時期の後半（1875-1885年）に年平均1.7％しか成長しなかった工業部門は1885-1915年に5.2％も成長した。国民純生産に占める工業部門のシェアは1890年の14％から1910年の24％まで上昇した。なお，前の時期に支配的役割を占めた自営・家族経営部門の生産シェアが1909年に54％，1914年に41％へと低下してきた。

---

[1] 南［1992］が日本の近代経済成長の期間を100年間と見たが，これはその著書が出版した直前までの分析対象期間で，また日本が欧米諸国へのキャッチアップが完了時期でもある。つまり，近代経済成長は1980年代に終了したとは意味していない。

この時期の工業化は軽工業を中心に急速に進展し，食糧と繊維だけが工業生産の約3割を占めた。繊維は輸入代替から輸出段階に進みつつあった。綿糸の輸出が輸入の水準に達したのは1895年で，綿布のそれは1909年であった。輸出の工業化率（輸出総額に占める工業品のシェア）も1887年から1896年までの平均として35％に達した[2]。総じてこの時期に日本の加工貿易立国が繊維産業を中心に展開したといえる。

6-1-3　戦時・戦間期経済（1914-1945年）

　この時期は経済，社会が戦争と恐慌に巻き込まれて大混乱であった。主な出来事は，コメ騒動（1918年），世界恐慌（1929年），昭和恐慌（1930年），2・26事件（1936年），国家総動員（1938年）である。経済発展の視点に絞るとこの時期の特徴は次のように指摘できる。

　第1に，重化学工業が急速に発展した。第1次世界大戦中，鉄鋼，機械などが輸入できなかったので，それらの輸入代替をしなければならなかった。第2次世界大戦前後に戦争を遂行するために，軍事関連産業の生産を積極的に進めた。製鉄，自動車，航空機，化学，セメント，電気機械工業，造船などが代表的例である[3]。

　第2に，重化学工業の発展に合わせて4つの財閥（三菱，三井，住友，安田）を中心に事業の多角化を通じて企業規模が大きくなった。一方，経済混乱期であったので，体質が弱かった中小企業が倒産したり，大企業の下請けになったりした。生産性や賃金において大企業と中小企業との格差が拡大し，二重構造が日本経済を特徴づけたのである[4]。

　第3に，この時期に日本型経営方式が形成したことも特筆すべきであろう。重化学工業は熟練労働が必要で，それを長期的に確保するために社内の訓練と定着が課題であった。終身雇用や年功序列という慣行が普及したのである。

　第4に，戦時・戦間期であったが，重化学工業の発展が牽引し，経済成長率

---

[2]　ここでのデータは中村［1995］と山澤［1984］より引用。
[3]　それらの重化学工業の生産量と成長率について，例えば中村［1995, pp. 97, 120-121］を参照。
[4]　中村［1995, pp. 108-112］を参照。特に製造業における大企業への集中度と東京における職工数10人以上の工場と以下の賃金格差のデータがある。

はそれほど低くなかった。むしろ，その前の時期より成長率が高かったのである。1914-1931年の年平均成長率は3.3％であった。その前の時期，例えば1885-1910年も1885-1915年も平均して2.5％だけであった[5]。

6-1-4　戦後復興期（1945-1955年）

　第2次世界大戦で日本の物的資本の多くが破壊された。大蔵省の推計（MOF [1978]）によればその損失は機械・設備が34％，船舶が80％であった。また，使用可能な機械・設備でも外貨不足で原材料が輸入できなかったので，使用されなかった。このため，生産が停滞し，1946-1947年の鉱工業生産指数は1944年の20％前後に激減した。失業やハイパーインフレが深刻であった。終戦直後，当時人口7,000万人であったが，1,000万人も失業になった。インフレは1946年の365％，1947-1948年の200％を記録した。1946年に経済安定本部が設立され，最初の経済白書（1947年）は政府も企業も家計も赤字といった当時の経済状況をよく表現した。1946年末から1947年にかけて日本は復興金庫を設立し，傾斜生産方式による石炭・鉄鋼生産の回復を目指したが，状況が改善されなかった。

　1948年末にマクロ経済の安定化を図るため，米国の銀行専門家であったジョセフト・ドッジ（J. Dodge）が派遣された。彼の安定化政策（ドッジライン）は，インフレの原因になった復興金庫の活動を停止させ，補助金をカットし，財政赤字を抑制した。また，1949年4月にそれまで複数の為替レートを1ドル360円に一本化させた。その結果，インフレは克服できたが，生産の停滞が続いた。1950年の鉱工業生産指数が前年比ほぼ横ばいで，1944年の半分の水準にとどまったのである。

　そのときに，朝鮮戦争の特需が大きな役割を占めた。特需は日本の生産増加，雇用創出，外貨獲得など経済の好循環ができた。特需は1951年に約5億9,000万ドル，1952年と1953年は各8億ドルで，当時の輸出の約50％を占めた。その特需で1951年以降の鉱工業生産増加を持続できた。

　米国の占領期間に3大改革が実行された。第1は農地改革である。1946年

---

[5] 中村 [1995] の第4表 (p.13) と第12表 (p.95) の実質国民総支出のデータより計算。

10月21日に公布され，改革の対象になったのは地主176万人が所有した農地194万ヘクタールであった。1ヘクタール以下の地主はそのまま所有し，農業耕作を続けられた。1ヘクタール以上の土地が政府に買い上げられ，農民に安く売りつけられた。買い上げ価格が安かったし，激しい物価上昇もあったので地主が受け取った金額はほとんど価値がなかった（香西 [1981, p. 20]）。しかし，ほとんど抵抗がなく，社会が平穏であった。平和の中の革命という評価もあった。農地改革は農業の生産性を向上させ，農村社会の安定をもたらしたといえる。

第2は財閥解体である。1945年10月から占領軍の総司令部（GHQ）が財閥解体を始めた。GHQの指示により1947年4月に独占禁止法が公布され，同年12月に過度経済力集中排除法が公布・施行された。また，1948年1月に人的関係による支配を排除するために財閥同族支配力排除法も公布施行された。具体的には財閥の本部を解散させ，旧財閥が所有していた株式が1949年に再開された東京証券取引所に上場させられた。その結果，株式全体の70％が個人のものになった（小浜・渡辺 [1996, p. 87]）。

第3は労働組合の成立促進であった。マッカーサーの要請で日本政府が労働組合法を1945年12月に公布し，1946年3月から実施した。2年後，労働組合の数が急増し，1949年にその数は3万4,688団体に達した。1948年以降，労働者の半分以上が労働組合に参加したのである。

さて，以上のように終戦直後の日本経済が深刻な生産停滞，激しいマクロ不安定と特徴づけられたが，日本政府や米国の協力などで短期間に復興できた。経済の主要な指標の動きをみると，戦前の最高水準（1935年）に回復したのは1951年（鉱工業生産指数）または1952年（実質国民総生産）であった（経済企画庁 [1997, p. 8]）。ちなみに1951年9月6日にサンフランシスコ講和でアメリカの占領期が終了した。戦後低水準からの出発であったこともあって，経済がかなり高成長であった。1946-1952年期間の平均成長率は10％，1952-1955年のそれは7％であった[6]。

---

6) ここでは経済企画庁 [1997, p. 780] の実質国民総生産のデータを計算した。

6-1-5 高度成長期（1955-1973年）

　高度成長期（年平均10％成長）は何年に開始し，何年に終焉したか。これについて諸見解が一致したわけではない[7]。われわれは1955-1973年の18年間が高度成長期と見ている。1955年が，日本経済の国内的・国際的諸条件が整備されたので，1つの区切りの年といえる。国内的には，自民党の誕生による市場経済の確立と安定的発展が期待され，戦後復興の要因がなくなって，新しい発展条件が模索された頃である。国際的にはGATT（WTOの前身）への加盟をはじめとする世界経済への統合過程が開始された。1973年秋に発生した石油ショックで日本経済が翌年にマイナス成長を経験した。また，その頃公害問題もクローズアップされ，重化学工業から脱皮し，産業構造の転換を迫られ，1970年代半ば以降の約18年間の経済が安定成長（年平均5％）の時代を迎えたのである。

　さて，高度成長の経済的要因について6-2節で論じることにする。ここでは広い視点からいくつかの重要な特徴を述べておきたい。

　第1に，戦後復興が成功した日本の社会各層が欧米諸国への新たなキャッチアップを目指して，新しい発展機会を模索するようになった。「もはや戦後ではない」（1956年経済白書）が象徴した見方のように，戦後復興の要因が終わり，次の成長のために新しい要因を具備しなければならないとの認識が共有された。政治の季節が終わり，経済の季節が到来するとのスローガン（池田勇人）も支持を集めた。池田のブレーンであった下村治が高い貯蓄率および欧米諸国との大きい技術ギャップに着目し，日本経済の高い潜在力を予感した。このように所得倍増計画（1960-1970年）が誕生した（コラムも参照）。

　第2に，新しい発展の時代を実現するために必要な制度・組織を整備し，産業政策などを形成・実施した。日本開発銀行，日本輸出入銀行，ジェトロ，中小企業金融公庫など，企業の投資や輸出入を支援するために，1950年代前半に設立され，その後半に拡充・強化された機関である。産業政策の手段として石油化学産業育成法，特定産業振興臨時措置法，機械発展促進法，電子工業振興臨時措置法などは1950年代後半に制定された。これらのほとんどの政策は

---

7) 安場・猪木編［1989］は1955-1970年，香西［1981］，中村［1995］は1950-1970年。

時限立法で短期間で産業発展・企業自立を支援したので，長期的・非効率的保護を回避できたといえる。

第3に民間企業が起業家精神を発揮し，技術導入と設備投資を積極的に行ったことも特記すべきである。戦前に生まれた企業，戦後誕生した企業ともこの時期に躍進したものである。すでに戦前に発展した産業（鉄鋼，造船など）のプロセスイノベーション，1950-1960年代に新しく発展した産業（家電，コンピューターなど）のプロダクトイノベーションが活発であった[8]。それらの技術革新で「投資が投資を呼ぶ」（1960年経済白書）現象が生じたのである。

第4に1955-1973年の18年間の平均成長率も10％であった。高い成長がそのような長い期間に続いたことはそれまで史上初めてであった。特に10年間で所得を倍増する計画が7年間で達成できた。日本の産業の国際競争力が急速に強化されたので，GATTの加盟に伴って定まった輸入自由化の計画が前倒しに実行されたことも特記できる。日本人の生活水準も大幅に向上された。いろいろな角度から見て「高度成長の時代」（香西［1981］）が「日本を変えた6000日」（吉川［1997］）であった。

【コラム】高度成長期の立役者：経世済民の経済学者と名宰相

　高度成長期（1955-1973年）は日本史において極めて重要な意義を持っている。本文が示しているように，比較的に短い期間に日本が高位中所得国を経て一気に高所得国への発展を果たし，世界の有数な工業国になったのである。この奇跡的成就ができた要因は何か。三大改革による経済民主化，産業政策，民間主導，有利な国際環境などさまざまな要因が挙げられてきた。1つの要因だけで発展の成果を説明できないが，その時代に傑出した二人が登場した意義が大きいと考えられる。池田勇人（1899-1965年）と下村治（1910-1989年）で，それぞれ名宰相と優れたブレーンであった。

　池田は1949年に大蔵官僚から政界に転じ，衆議院議員選挙に当選してから大蔵大臣や通産大臣を歴任した。そして岸信介改造内閣が「60年安保」騒動の責任をとって総辞職したあとを受けて，1960年7月に池田が政権を獲得した。池

---

[8] 日本の技術導入件数は1951-1955年の年間200件前後から1960-1961年の年間600件前後，1960年代半ばの年間1,000件，1970年代初頭の年間2,000件まで着実に増加した。沢井・谷本［2016, p. 387］。

田内閣が成立してすぐ1カ月半後に「国民所得倍増計画」を発表した。政権獲得の準備を始めた1958年頃から構想を練った結果であるが，池田の大局観，先見性と壮大なビジョンがなければそのような計画が生まれなかったであろう。当時，日本社会は国論を二分した安保条約改正闘争をはじめとする対立の空気に包まれたが，池田は政治の時代から経済の時代への転換を訴えて，国民を所得倍増や経済成長のバラ色の期待に向けさせたのである。中村［2001］は池田勇人を「経済の時代」を創った男であったといっているのである。

　しかし，政治家のビジョンを理論武装や経済分析で裏づけなければ説得力がない。そこに下村治の能力と情熱が決定的役割を占めたのである。経済企画庁の若き官僚として所得倍増計画の策定に参加した宮崎勇は国民所得倍増計画の礎を築き，デザインし，政治家を動かした人物が下村治であると述べている（宮崎［2009］）。1950年代半ばに経済がようやく復興し，戦前の水準に回復したが，その先はどう展望すればよいか，官庁エコノミストや経済官僚の間に意見が分かれたが，大部分は将来を楽観的に見ていない。復興期は年平均の成長率が8％であったのは，「谷深くして山高し」であって，あくまでも戦後復興という特殊事情のもとでなしえたものである。今後の日本経済について多くのエコノミストは戦前期の平均に戻って約4％という低成長を予測したのである。しかし，下村は「復興期の後に勃興期が来る」と，復興期よりも高い成長ができると主張した。その根拠は，戦後の混乱が収まり，家計の貯蓄率が高いので，投資を促進できる。投資は有効需要の創出とともに資本を蓄積するので，需要効果と供給効果を同時に高める。また，海外諸国との関係が正常化しているので，欧米諸国からの技術導入で技術革新を実現できる。また，日本人は教育水準が高いし，勤勉であるので，新たな技術を使いこなすことができる。このため，日本経済が勃興期を迎えて年率10％成長が実現できると考えている（この点についての詳細は宮崎［2005, 2009］などを参照）。実際に10年間で国民所得を倍増させるために年率7％が成長すればよいのである。下村は10％成長を主張するので，「今後十年間に国民総生産を2倍よりも2.5〜3倍に近づける可能性があるものと判断する」（下村［2009, p. 11］）。

　高度成長の期間中，『経済白書』を3回執筆した金森久雄は下村治を次のように高く評価している。「戦後の最も独創的なエコノミストといえば下村治氏であろう。下村氏の業績は，4つに分けることができる。第1は経済理論家として第2は経済の実証的分析家として，第3は経済のビジョンメーカーとして，第4は経済政策のアドバイザーとしてである。このどの点についても，下村氏は第一級品であって，この四点を一人が兼ねたという点では，日本で他に例がないと思

う」（金森［1995, pp. 139-140］，その後10ページにわたってその4点を詳細に論じている）。

下村経済学はまさに経世済民の精神を持っている。ちなみに，大蔵大臣時代の池田勇人の好きな言葉も「経国為民」であったといわれる。名宰相と名軍師の結合が高度成長の誕生につながるといえるかもしれない。

6-2　欧米へのキャッチアップと発展諸段階の要因

6-2-1　日本の英米へのキャッチアップ

図6-1は1870年以降の英国，米国と日本の1人当たりGDP（2011年基準，米ドル表示）を描いたものである。3つの点を指摘できる。第1に明治維新当初から1940年までの約70年間に日本の発展は英国とほぼ同じ成長速度で成果を示し，両国の所得ギャップが変わらなかった。また，米国の成長速度が日本より高く，日本との所得ギャップが拡大した。第2に，1940年代半ばから1950年代半ばまでの終戦前後約10年間に日本と英米とのギャップが拡大した。第3に，1950年代半ば以降の高度成長期に日本が急速に欧米諸国へキャッチアップできるようになった。高度成長期が終焉した1970年代半ばに英国に追いつき，追い上げができたのである。米国への追いつきができなかったが，1990年代初頭までギャップを縮めることができた。ちなみに1人当たりGDPを名目為替レートで換算すれば急激な円高のもとで，日本の1人当たりGDPが1987年から米国を上回る水準になったのである。この現象で日本が米国を含む欧米諸国にキャッチアップできたと見る研究者もいる（例えば小浜・渡辺［1996, p. 12］）。

ちなみに，斎藤［2008］もマディソン（A. Maddison）のデータを利用し描いた図3-1（斎藤［2008, p. 89］）によると，日本の1人当たりGDP（1990年国際ドル）は1970年代に西欧に追いついた。また，同じマディソンのデータを使って各国の英国へのキャッチアップを描いた同書（p. 265）の図8-2によると，労働1人当たりGDPでは日本が1988年頃英国を追い越したが，労働生産性（労働時間当たり）において日本は1998年になってもまだキャッチアップしていない。他方，平均寿命の場合，日本が1970年頃に英国に追いつくことができた（吉川

図 6-1　日本の欧米諸国へのキャッチアップ過程

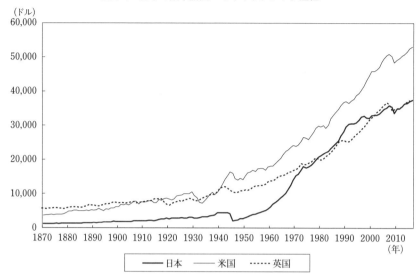

(注)　実質 1 人当たり GDP（2011 年基準，ドル）。
(資料)　University of Groningen [2018], *Maddison Historical Statistics*.

[1995, p. 97]）9)。

　要するに，西洋諸国への追いつき・追い越せをスローガンにして近代化に努力した明治維新以降の 70 年間の日本経済の発展成果が小さくなかったが，西洋の代表格である米国と英国にはその目標が達成できなかった。その理由は，経済成長率が低く，欧米諸国の成長とほぼ同程度であったからである。ロバート・アレン [2012, pp. xii-xiii] が指摘したように，「貧しい国々が西洋に 2 世代（60 年相当）でキャッチアップするには，GDP（国内総生産）はその期間を通じて継続的に 6％以上で成長をし続けなければならない」のである。日本の場合，上述したように，1885-1915 年の平均成長率は 2.5％，1914-1931 年のそれは 3.3％にすぎなかった。ちなみにクズネッツ（S. Kuznets）の推計によると，1879/81-1959/61 年の期間に日本の 1 人当たり生産は 10 年間で 26％増加した

---

9)　ただし，その時点に日本人の労働時間が欧米諸国よりかなり長かった。

（クズネッツ［1968, 上巻, 第 2.5 表, p. 63］）。これを年平均に換算してみると，2.3％であった。Kelley and Williamson［1974, pp. 95-99］も戦前日本の成長は欧米諸国とほぼ同じであり，1955-1965 年の非共産途上国を下回ったと指摘している。

6-2-2 低位から高位中所得国への発展と要素市場

ところで本書の焦点になった経済発展の諸段階から日本のケースを考えよう。第 3 章が示したように，2005 年基準の購買力平価（PPP）の 1 人当たり総所得（GNI）が 2,500 ドルに達した国は低位中所得国，8,250 ドルは高位中所得国，そして 16,500 ドルは高所得国である。日本は 1950 年以前に低位中所得国になったが，戦後復興期と第 2 次世界大戦が挟まれたので，ベンチマークは戦前所得最高水準であった 1934-1936 年頃ではないかと考えられる。また，高位中所得国になったのは 1960 年代前半であった。そして高所得国に到達したのは高度成長期が終焉した 1970 年代前半で，英国にキャッチアップした頃である（図 6-1）。

高位中所得国になった 1960 年代前半は日本経済がちょうどルイス転換点を迎えた時期である（南［1970, 1992］）[10]。第 2 章で提示された分析枠組みによると，高位中所得国に到達する段階まで労働過剰がまだ存在し，資本蓄積の役割がまだ大きいという特徴が想起される。日本経済の発展過程もそのような示唆を与えたといえる。

第 2 章も示したように，高位中所得国のレベルに到達するまで労働や資本の要素市場が発展し，要素の効率的産業間配分を促進する必要がある。日本の場合，低位中所得国から高位中所得国になった過程，つまり 1930 年代半ばから 1960 年代初頭までの期間における要素市場がいかに発展したか。

金融・資本市場について見てみよう。日本経済の金融システムは制度として 1900 年代はじめ遅くとも 1910 年頃までには一応完成した。商業銀行の数は 1874 年の 4 行から始まって 1901 年には 2,000 行以上に達した。そのあと減少

---

10) 経済発展の長期的過程に関するものであるので，このような段階区分は近似的性格がある。「1960 年を中心とする数年間の労働市場の変化は長期的・構造的なもので，経済発展過程における転換点と呼ぶにふさわしいものであるといえよう」（南［1992, p. 233］）

したが，保険・信託会社，信用組合などこの時期までに制度として確立した。また，株式取引所も導入され，会社制度も確立した[11]。しかし，戦前期にはそのような制度が確立されても本格的工業化過程に十分な役割を発揮しうるか否かということとは，別の次元に属する（寺西［1991, p. 119］）。所有と経営の分離，企業所有の社会化が低かったし，近代金融機関の情報ストックの不十分さがあった。言い換えれば資本・金融市場が整備されたが，十分に発達しなかったのである。このため，企業の在来金融（インフォーマル金融）への依存度が高かった。

しかし，戦時から戦後10数年間の間に資本・金融市場が急速に発展したことが表6-1のデータで示唆される。この表は，規模別企業の資金調達先を示したものである。1932年は総資産規模別，東京と神戸両市の製造企業のみで，1957年は従業員規模別企業であったが，企業の資金調達パターンが近代化されたことを示している。すなわち，1932年に全規模の平均で企業が必要な投資活動資金の39％が在来金融からの借入に依存し，近代金融機関からの借入が約61％であったが，1957年になると，それぞれは10％と90％で，近代金融機関の役割が圧倒的になった。特に零細企業（従業員1〜9人）が必要資金の70％前後，中小企業のそれの80％以上が近代的金融市場から調達されたことが印象的である。驚異的に高いといえる。

さて，労働市場はどうか。興味深いことに金融・資本市場と同様に戦時から戦後にかけた時期に本格的に発展したようである。岡崎［2017, pp. 90, 91］は，戦時から戦後までの改革が労働市場の発展を促進したことを指摘した。すなわち，第2次世界大戦期，戦争のために資源を動員する目的でさまざまな制度改革が行われた。具体的には，「労務動員計画」に基づいて労働力を軍需産業に重点的に配分する政策が実施されたが，その手段として，それまで市町村営であった職業紹介所が国営化されたうえ，その職業紹介所が各学校と連携して広域的に行う仕組みが導入された。そして国営の職業紹介所と学校が連携して新規学卒者と求人企業のマッチングを仲介したのである。この仕組みは，戦後の労働市場，特に新規学卒者労働市場の制度的基礎として，市場の労働力配分機

---

11) ここでは主として寺西［1991, 第3章］を参考にした。

表 6-1　企業規模ごとの資金調達比率（製造業）

(単位：％)

1932年			1957年				
総資産規模 (100円)	近代金融機関からの借入	在来金融からの借入	従業員規模 (人)	近代金融機関からの借入	民間金融機関	政府金融	在来金融からの借入
-1	11.6	88.4	1-3	65.7	56.0	9.7	34.3
1-5	12.5	87.5	4-9	74.8	65.0	9.8	25.2
5-10	15.1	84.9	10-19	83.2	73.7	9.5	16.8
10-20	19.1	80.9	20-29	85.5	76.7	8.8	14.5
20-50	28.9	71.1	50-99	86.7	79.4	7.3	13.3
50-100	36.3	62.7	100-199	88.8	82.9	5.9	11.2
100-500	42.5	57.5	200-299	86.4	82.6	3.8	13.6
500-1000	39.3	60.7	300-499	91.1	89.5	1.6	8.9
1000-5000	52.7	47.3	500-999	87.5	85.8	1.7	12.5
5000-	63.3	36.7	1000-	92.4	89.9	2.5	7.6
平均	60.8	39.2	平均	89.7	85.9	3.8	10.3

(注)　1932年の数字は東京,神戸両市の製造業のみ。
(資料)　寺西 [1991, p. 120]。

能を支えたのである。「戦前には労働市場のマッチング機能にまつわる取引コストが部門間労働力再配分の障壁になっており，その障壁が制度変化によって引き下げられたのである」（岡崎 [2017, p. 91]）。言い換えれば取引コストの削減によって労働市場の発展が促進したといえよう[12]。

6-2-3　高位中所得国から高所得国時代へ：高度経済成長の役割

　高度成長期についての研究が多い[13]。われわれはここで，本書の分析枠組みに基づいてなぜ高度成長が実現できたかについて次のような要因を指摘しておきたい。

---

12)　岡崎 [2017] によれば戦時体制の改革も資本・金融市場の変化をもたらした。つまり，軍需産業と国債への重点的配分が政策的に推進された結果，広く国民から資金を集めて政策的に配分するため，銀行預金・郵便貯金を基礎とする間接金融が，戦前の経済発展を支えた直接金融のシステムに代わって拡大したのである。

13)　代表的な研究として香西 [1981]，安場・猪木編 [1989]，大来 [2010] が挙げられる。なお，吉川 [1997] は啓蒙書であるが，実に興味深い分析である。その副題「日本を変えた6000日」は強烈な印象を与えている。筆者たちの一人（トラン）は2018年1月にハノイでベトナム首相も出席したベトナム経済の発展戦略の会議で報告し，1950年代半ばの日本経済の構造が現段階のベトナムに共通点が多いことを指摘し，そのあとの6000日が日本を変えたので，発展戦略次第でベトナムの将来も明るいと訴えた。会議を総括した共産党経済委員長（政治局員）は筆者（トラン）が指摘した意見を引用したのである。

第 1 に最大な要因はイノベーション（技術革新）であるといえよう。技術革新は新しい製品を開発・商業化し，市場に供給して潜在ニーズを満たすことである（product innovation）と，既存の工業品を新しい技術でより安く，より高い品質で生産すること（process innovation）である。この時期に，両方の技術革新が活発であった。前者について洗濯機，冷蔵庫，テレビ（いわゆる「三種の神器」）が 1950 年前後に生産が開始したが，高度成長期にさらに技術改良，大量生産を行うことができたので，価格が大幅に低下し，需要の勃発的な増加とともに急速に拡大した。カメラ，電気掃除機，エアコン，電卓などの耐久消費財も同様な性格であった。また，衣や食の方面にもプロダクトイノベーションが多く見られる。ナイロンやポリエステルの新素材，インスタントラーメンなどが登場したのである[14]。

プロセスイノベーションの典型的な例は鉄鋼業である。この産業は戦前から発展していたが，高度成長期に次から次へと新しい生産方法を導入し，工場の合理化・大型化を通じて生産性が急速に向上し，1970 年代に世界一の技術水準に達した。すなわち，1950 年代から 1960 年代にかけて，圧延部門の近代化，平炉の大型化，LD 転炉という新しい製鋼法の導入などであった。その結果，鉄鋼業における労働生産性（トン当たり労働時間）は高炉銑の場合，1951 年の 1.77 時間から 1960 年の 0.66 時間，1970 年の 0.16 時間へと大幅に着実に低下してきた（吉川 [1997, p. 87]）。

第 2 に，イノベーションのために外国から積極的に技術を導入した。**表 6-2** が示しているように，高度成長期に技術導入件数も外国への技術料支払額も年々拡大してきた。この期間に技術輸出（受取額）が無視できるほど小さかった。外国との技術ギャップが大きかった日本が積極的に後発性の利益を受けたのである。

しかし，導入された技術を改良し，効率的に産業化して優れた made-in Japan 製品を市場に供給するために，追加研究・実験に努力しなければならなかった。日本はまさにそのようなことを証明した。研究開発（R&D）支出の GDP 比が 1955 年に 0.75％程度で主要欧米先進国のそれよりかなり低かったが，1970 年

---

14) 高度成長期のプロダクトイノベーションの具体例について，例えば吉川 [1997, pp. 41-68] を参照。

表 6-2　高度成長期の技術輸入

(単位：件数，100万ドル)

	件数	技術料支払額	技術料受取額
1955	186	20	0.2
1960	588	95	2
1965	958	166	17
1970	1,768	433	59
1973	2,450	715	88

(資料)　沢井・谷本［2016, p. 387］より。

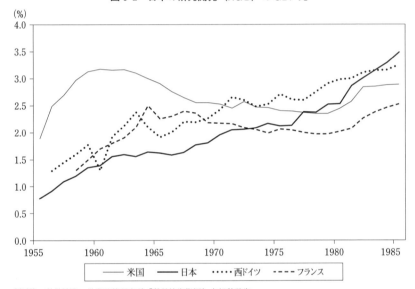

図 6-2　日本の研究開発 (R&D) の GDP 比

(資料)　科学技術・学術政策研究所『科学技術指標』文部科学省。

代半ばには 2% を上回り，フランスを抜いてドイツにも近づいた (**図 6-2**)。

　第 3 に，技術導入・改良によるイノベーションは活発な更新投資・新規投資を伴って展開していた。その投資活動が実にダイナミックに展開され，1960年の経済白書がその状況を「投資が投資を呼ぶ」と表現した。吉川［1997, p. 90］は「投資が投資を呼ぶ」現象を次のように要約している。すなわち，「鉄鋼のような「川上産業」における投資・技術革新が価格の低下と品質の向上を

表 6-3　高度成長期の投資率と民間企業の役割

(単位：%)

	投資率	公私シェア	
		政府	民間
1955	19.8	28.1	71.9
1960	30.2	24.6	75.4
1970	35.0	25.6	74.4
1975	30.8	30.7	69.3
1980	n.a	22.2	77.8

(注) 投資率：GDP に対する投資の割合。
(資料) 投資率：大川・小浜 [1993, p. 105]。
公私シェア：南 [1992, p. 124]。

通して家電や自動車など「川下産業の需要を拡大し，こうした産業における投資を増大させる。逆に「川下産業」における生産の拡大や投資は「川上産業」の製品需要を生み出すから「川上産業」で再び投資が増大する。これが高度成長期の日本経済の姿であった」。

マクロデータもその状況を示している。1950年に17％しかなかった投資率 (GDP に対する投資の比率) は 1955 年に 20％，1960 年代に 30％台に上昇してきた。小浜・渡辺 [1996] のデータも合わせてみると，1969 年から 1970 年代半ばまで投資率が 35％の水準に達した。また，この投資活動は主として民間企業によるものであった (**表6-3**)。この時期の日本経済は民間投資主導型成長であったといえよう。

第4は教育・訓練の強化で人的資源の質向上に努力し，企業のイノベーション，投資・生産拡大を支えた。後述の産業構造の高度化が人的資源の向上で可能になったのである。ルイス転換点を通過した 1960 年代初頭以降，労働が過剰から不足に転換したので，賃金上昇と同程度かその以上に生産性が向上しなければならない。日本はこの時期にさまざまな面において教育が重視されただけでなく，企業の新しいニーズに応じる方向で教育改革も工夫された。

まず，進学率の急速な上昇が確認できる。八代 [1980, p. 15] によると，高校進学率が 1955 年の 52％から 1965 年の 71％，1975 年の 92％へと着実かつ急速に上昇した。大学進学率もそれぞれ 10％，17％と 38％であった。また，新卒新規労働者の学歴を見ると，新規労働者に占める4年制大学卒のシェアは

表 6-4　高度成長期（1953-1971 年）の生産性向上の源泉

（単位：%）

成長率	8.8
労働の貢献	1.8
資本の貢献	2.1
TFP	4.9
TFP の効果別	
農業労働の減少	0.6
家計労働の減少	0.3
規模経済	2.0
技術進歩	2.0

（資料）　大来［2010, pp. 80-81］より作成。

1955 年の 6％から 1965 年の 9％，そして 1975 年に 22％まで上昇してきた。なお，短期大学は高度成長期の革新的制度であったと思う。1 年間は教養・一般教育，もう 1 年は専門教育というこの制度は会計・秘書・中間管理などのニーズにすぐ応える教育制度であった。新規労働者に占める短大卒の割合は 1955 年に 1.4％しかなかったが，1965 年に 2.4％，1975 年に 10％まで上昇したのである。

　第 5 は労働生産性や全要素生産性が急速に増加し，高度成長の直接な原動力であった。上述の第 1 から第 4 までの要因を見れば当然のような帰結であろう。Crafts［1999］の成長会計分析結果から計算してみると，日本の場合（計算対象期間 1950-1973 年），成長（9.2％）に対する全要素生産性（TFP）の貢献は 39％と高かった。ちなみに，韓国（1960-1994 年）は 18％，台湾（同）は 24％，タイ（同）も 24％であった。

　TFP をさらに分解してどのような要因でそれが増加したかを示す**表 6-4** が興味深い。1953-1971 年期間の成長率（8.8％）に対する TFP（4.9％）の貢献が 56％と高かった。規模拡大による生産性向上や技術進歩の貢献が大きかったが，生産性が比較的に小さい農業労働や自営業労働の減少も効果的であった。

　第 6 は転換能力（transformation）が高いことで，これも高度成長を説明する要因になった。転換能力とは例えば，既述の技術革新による経済構造の高度化，消費構造の変化，市場動向に合致する供給能力の構造変化などに柔軟的に対応できる能力である。ダイナミックな比較優位論[15]の観点から今後の成長産業

表6-5　高度成長期における各産業の労働生産性

(単位：％)

	生産額成長率	就業者数成長率	労働生産性成長率
産業別	9.4	1.7	7.5
農林水産業	1.1	-3.4	4.6
製造業	12.8	4.0	8.4
軽工業	10.0	3.0	6.8
基礎素材型産業	17.2	4.4	12.2
加工組立型産業	20.0	6.3	12.9
一般機械	19.1	5.6	12.7
電気機械	27.6	8.8	17.3
輸送機械	19.5	5.4	13.4
建設業	10.8	5.0	5.6
サービス産業	9.5	3.8	5.4
卸売・小売業	15.1	3.5	11.1
金融・保険業	13.4	4.7	8.3
運輸・通信業	10.9	3.3	7.3
サービス業	7.6	4.0	3.5

(資料)　牛島[2009, p. 271] より作成。

と日本の潜在的成長可能な産業への資源配分を進めることである。篠原三代平(Shinohara[1982, pp. 24-26])は日本の産業政策に関して将来の産業を選択するため，2つの基準を挙げている。1つは所得弾力性基準で，世界市場に需要が増加する見込みのある産業である。もう1つは比較技術進歩基準で，日本が技術革新で生産性の改善できる産業である。つまり需要と供給と両側面に有望な産業の発展への転換能力が考えられる。なお，吉川[1997, p. 80]は転換能力を的確に要約している。すなわち，「内外の有効需要の構造変化に適応するように自国の経済構造を改変する過程を，トランスフォーメーションと呼んでいる。……国内産業構造の高度化と結びついた貿易構造の変化，生産性の低い職場から高い職場への労働力の再配置などである」。

　表6-5のデータがそのような転換能力を示唆している。つまり，高度成長期に労働生産性が高い分野は生産の成長率も高かったし，労働もそのような分野に移動したのである。事実，この期間にGDPも雇用も構造変化が著しい。

---

15)　現在の (静態的) 比較優位ではなく，将来の比較優位構造である。

GDP に占める農林水産のシェアは 1955 年の 19% から 1970 年に 6% へと急速に低下した。雇用ベースにおける農林水産のシェアは同期間に 41% から 20% へと低下し，製造業を中心とする工業のそれは 25% から 35% へと上昇した[16]。

6-3　結びに代えて：日本の発展からの示唆

　日本は低位中所得国になる（1930 年代）までかなり時間がかかった。経済成長率が概ね低かったからである。このため，戦前に欧米諸国へのキャッチアップが実現できなかった。ただ，あの時代に主要な国でどこも高い成長が見られなかったのである。しかし，「成長」の成果が限られたが，制度インフラ・物的インフラ，人的資源の蓄積などの面において日本はそれなりに「発展」したといえる。そのような基礎のうえで戦後の高度成長が実現されたのである。

　1950 年代半ば以降の 20 年間近い高度成長期が日本を高位中所得国そして高所得国へと一気に躍進させた。資本・労働などの要素市場の整備，人的資源の向上とプロセス・プロダクトイノベーションで効率的資源配分が実現でき，それによる生産性向上が高度成長の主要な要因であった。特に注目に値するのは，民間企業の活力，外国技術の積極的導入，生産性の高い部門への転換能力であった。興味深いことにイノベーションは必ずしも独自の技術開発によるのではなく，外国技術を導入し，イノベーションを起こしたことである。日本が自国の高い社会能力と「後発性の利益」の最大限利用との組み合わせで先進国・高所得国への発展に成功したといえる。

---

[16] 経済企画庁［1997］の資料による。

第7章　韓国の経済発展：科学技術力強化過程を中心に

　第2次世界大戦後の状況を振り返ると，中所得段階に到達した国がその後，成長率を低下させるケースが少なくない[1]。これについては，第3章で見たように，世界133カ国における所得水準を長期的に計測し，韓国や台湾のように中所得から高所得段階へステップアップする国・経済がある一方で，アルゼンチン，ベネズエラ，アルジェリアのように中所得段階に長期間とどまる国があることを検証した。また，Eichengreen et al. [2011] は高い成長を続けてきた国が中所得段階で成長を大幅に低下させる傾向があることを実証したうえで，成長率が大きく低下する前後の成長会計の結果を見ると，TFP（全要素生産性）の大幅な低下が成長鈍化の主要因になっていることを明らかにした。

　ある国の経済において，労働や資本といった生産要素の投入で従来以上の付加価値が生み出される場合，それは生産性の向上として説明される。生産性向上は，教育による人的資本の蓄積，産業基盤や市場活性化に向けた制度整備などさまざまな要因によってもたらされるが，低開発国が当初，発展の契機とした外資導入や，低生産性の農業部門から高生産性の製造業への労働シフトに基づく生産性向上は持続的でないことをアイケングリーン等の検証結果は示している。新古典派成長理論のソロー成長モデルから得られる含意は，持続的成長には技術進歩あるいはイノベーションが不可欠ということであり，中所得国が高所得国にステップアップするためには，技術進歩に基づく成長パターンが求められる。

　では，技術進歩に基づく成長パターンはどのような環境下で可能となるのか。また，そうした技術力を強化するために，どのような取り組みが必要だろうか。

---

[1]　低開発国の発展経緯については大野 [2013] を参照。

こうした論点を検討するうえで、韓国の発展過程を分析することは有益と考えられる。現在、世界的な科学技術水準はすでに相当高度に達しており、後発国がその水準にキャッチアップすることは容易でないが、日本より遅れて発展を始めた韓国は、そうした状況下で発展を遂げて、電子・電機、輸送機械などの分野で世界有数の企業を輩出するまでになったからだ。

本章の目的は、韓国が科学技術力をいかに強化してきたのか、その過程をサーベイすることで、中所得段階にある国が生産性向上に資する技術力強化に向けて、いかなる取り組みを行う必要があるのか、示唆を得ることである。

7-1 イノベーションにおける科学技術の位置づけ

持続的な経済成長を遂げていくために、イノベーションは不可欠と考えられるが、では、イノベーションとは具体的にはどのようなものか。また、本章が考察の中心に据える科学技術とどのような関係で捉えるのか。本論に入る前に、イノベーションの概念、イノベーションと科学技術の関係を整理しておきたい。

日本ではイノベーションという用語が用いられる場合、「技術革新」とカッコ書きされることが多いように、従来からイノベーションの中心的存在は科学技術であった。実際、最先端の科学技術を基に非常に多くの画期的な製品やサービスが開発・生産されてきた。科学技術がイノベーションを生み出す大きな源泉となってきたことは間違いない。

ただし、科学技術はシーズ（着想）が生み出されてから、応用研究から製品化までの「死の谷」や製品化から事業化の間にある「ダーウィンの海」といった障壁を乗り越えて実用化に至る。そして、このプロセスは科学技術の進展とともにかつてよりも長期にわたり、かつ膨大な研究開発資金が必要になっている。

こうした状況下、科学技術を起点とするイノベーションを成功させるためには、科学技術の基礎研究だけでとどめず、組織やマーケティング等の周辺環境も含めて包括的に計画することが必要と考えられるようになっている[2]。

---

2) 日本では1996年に科学技術基本計画が策定され、社会的・経済的ニーズに対応した研究開発が経済的成果に結実する体制、環境を整備しようとしている。

表7-1 イノベーションのOECDによる類型

種類	内容
プロダクトイノベーション	製品・サービス
プロセスイノベーション	生産工程・配送方法および支援活動
組織イノベーション	業務慣行，職場編成，対外関係に関する方法
マーケティングイノベーション	製品・サービスのデザインの変更，販売促進，価格設定方法

(資料) OECD[2005]により作成。

また，OECD（経済協力開発機構）は，イノベーションを画期的な製品・サービスを創出するプロダクトイノベーションだけでなく，工程，組織，マーケティングといった形も含めて類型化している（**表7-1**）。

イノベーションとは「経済効果をもたらす革新」であり，革新をもたらす中核的存在が科学技術であると位置づけられよう。ただし，科学技術を起点とするイノベーションは，生産・流通，マーケティングなどさまざまなプロセスを経て実用化に至り，経済的効果を生み出すものであり，着想から実用化に至るプロセスまでを一体的に見ていく必要がある。

7-2 韓国の科学技術強化政策の変遷

韓国における科学技術政策の変遷を経済発展の過程と関連づけると，以下のように3つの局面で整理できる（**図7-1**）[3]。

7-2-1 1960-1980年代：模倣の時代

韓国は第2次世界大戦後，独立を果たしたが，1950-1953年の朝鮮戦争により国土が荒廃し，経済の復興・開発が進められるようになったのは1960年代である。1962年以後，5カ年計画を策定し，政府主導で産業育成，経済発展が図られた。5カ年計画は1990年代末まで続けられたが，朴正煕政権期（1963-1979年）における年率10％近い高成長は「漢江の奇跡」と呼ばれる。

韓国における初期の工業化では，まず道路，港湾などの基礎インフラを整備，ターンキー（設計・工事一括）方式で工場を建設し，事業基盤が整えられた。

---

[3] 本節は，主としてOECD[2014]，Chung[2011]などに基づいている。

図 7-1　韓国の科学技術政策の変遷

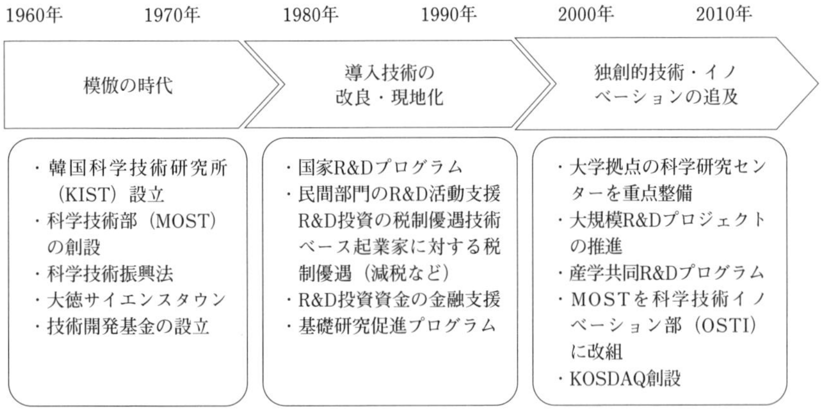

1960年　　　　1970年	1980年　　　　1990年	2000年　　　　2010年
模倣の時代	導入技術の改良・現地化	独創的技術・イノベーションの追及
・韓国科学技術研究所（KIST）設立 ・科学技術部（MOST）の創設 ・科学技術振興法 ・大徳サイエンスタウン ・技術開発基金の設立	・国家R&Dプログラム ・民間部門のR&D活動支援　R&D投資の税制優遇技術ベース起業家に対する税制優遇（減税など） ・R&D投資資金の金融支援 ・基礎研究促進プログラム	・大学拠点の科学研究センターを重点整備 ・大規模R&Dプロジェクトの推進 ・産学共同R&Dプログラム ・MOSTを科学技術イノベーション部（OSTI）に改組 ・KOSDAQ創設

（資料）　Chung［2011］などを基に作成。

　そのうえで，低廉な労働力を武器に，当初は繊維など軽工業品，その後はラジオ，テレビ，レコーダーなど民生用機器を組み立て，海外に輸出する輸出指向工業化が推進され，上述の高成長が達成された。また，輸出で獲得した外貨は，海外からの技術導入に用いられ，次代を担う産業として造船，製鉄等の育成が図られた。その際，政府と親和的な企業が導入技術の受け皿となり，これら企業には政府保証で資金が融通されるなどさまざまな特権が与えられ，後の財閥に成長していった。

　韓国における科学技術政策は1960年代後半に始動した。1967年に「科学技術振興法」が制定され，科学技術行政を担う中心機関である科学技術部（MOST）が発足した。また，科学技術研究所（KIST）をはじめとする公的研究機関がこの時期，すでに設立されている。もっとも，これら機関が果たした当初の目的は自前の技術開発というよりも，海外の技術習得・吸収を通じて，いかに産業発展につなげていくかにあり，科学者・技術者養成の意味合いが強かった。

　1970年代までの，加工組み立てなど低廉な労働力を活用した工業化は，後発国が発展するうえで極めて有効だった。しかし，素材や部品の多くは日本からの輸入に頼っていたため，韓国が独自にこれらの技術を発展させることはほ

とんどなかった。OECD は，先進諸国が開発した製品を模して製品化することにもっぱら努めたこの時代を，「模倣の時代」と呼んでいる（OECD [2014, p. 32]）。

7-2-2　1980-90年代：内生的技術開発への転換

　韓国経済は 1980 年代も年平均 8％を超える高い成長率を維持し，韓国は新興工業国として発展を続けた。しかし，1980 年代後半になると所得向上に伴う賃金上昇によって，労働コストの競争優位が維持できなくなった。加えて，米国のヤングレポート（1985 年）を契機として，先進諸国で知的財産権保護強化の動きが進むと，先進国の製品を模倣し低価格を武器に輸出するビジネスモデルが通用しなくなった。

　また，1970 年代に集中的に振興が図られた重化学工業化は金融・税制優遇などを通じて民間部門の参入を促したことで，化学，石油精製，製鉄，造船などで生産規模が急速に拡大したが，1980 年代に入ると第 2 次石油ショックの影響もあり，過剰・重複投資の調整を余儀なくされるようになった。

　こうした環境下，韓国では先進国が保有する先進技術へのキャッチアップを強く意識した政策が実施された。例えば，既存の公的研究機関を改編し，国家的な研究開発事業を立ち上げ，それを呼び水に民間企業の技術開発を促した。また高等教育機関を増設し，より高い専門性を持つ研究開発人材の育成・強化が図られた。さらに，政府は税制優遇，補助金，サイエンスパーク建設などさまざまな形で民間企業が研究開発に取り組むことを奨励，後押しした。

　こうした状況を受けて，大手メーカーはリバースエンジニアリングを開発の主体に据えつつ，世界で通用する製品化を目指し，自前技術の開発へ資源を投入するようになった。この結果，1980 年代後半以後，民間部門を中心に研究開発投資が飛躍的に拡大した。

　図 7-2 は製造業の業種別付加価値割合を見たものだが，1980 年代半ばまで大きな比重を占めた繊維と食品が低下する一方，鉄鋼・卑金属や化学・石油製品，それに続いて電子・電機，輸送機械などの比重が高まっており，主力産業が軽工業から，重化学工業，技術集約的産業にシフトしていった姿が見て取れる。

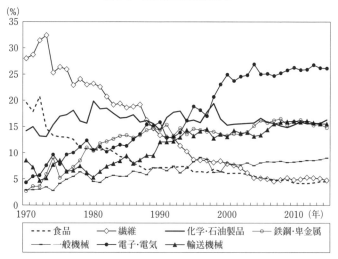

図7-2 製造業の業種別割合

（注）　製造業付加価値合計に占める割合（%）。
（資料）　Bank of Korea 資料により作成。

7-2-3　2000年代：革新的技術の追及期

　韓国は1996年にOECDに加盟し，先進国の仲間入りを果たしたが，1997年のアジア通貨危機で経済が危機的状況に陥り，IMF（国際通貨基金）の管理下に置かれた。3年にわたる構造調整を経て，韓国は知識経済社会，グローバル化時代への対応を強く意識した政策を展開するようになった。

　2003年に発足した盧武鉉（ノ・ムヒョン）政権は，就任後明らかにした12の国政課題において「科学技術中心社会の構築」を掲げた。科学技術政策の指令塔として副総理を責任者とする科学技術革新本部を設置し，研究開発の予算配分権限を同本部に移管するなど，科学技術立国化に本腰を入れて取り組む姿勢を示した。また，他の先進国に先駆けてブロードバンドを全国に敷設するなど，ICT（情報通信技術）化に取り組んだ。こうした国を挙げてのインフラ整備が，現在に至る韓国のICT関連分野の競争力の礎になっていると考えられる。

　2008年に政権に就いた李明博（イ・ミョンバク）大統領は「科学技術強国建設」を標榜した。これは，基礎研究や教育改革等を通じ，長期的視点で国力強化を目指すものである。李政権は，次世代の発展を支える基盤として，特に

「環境」に着目した。より具体的には，グリーン技術とクリーンなエネルギーを軸とする新成長産業を創出しながら，温室効果ガスと環境汚染を削減していく，持続可能な発展が志向された。

李明博大統領の後を継いだ朴槿恵（パク・クネ）大統領は，科学技術とICTを通じて産業の融合を図りながら，新たな産業やマーケットを創出する「創造経済」の実現を公約に掲げ，大統領に就任した。朴大統領は，それまでの「科学技術」ではなく「イノベーション」という用語を明示的に用いて，これまでの政策との違いを出すとともに，イノベーションの担い手として，大企業のみならず中小企業や起業家がならねばならないとして，これらを積極支援する政策を打ち出している。

以上のように，韓国では，発展の初期段階から競争力の源泉として科学技術力が重要と考え，その強化が図られてきた。また，歴代大統領が皆，科学技術・イノベーション政策を政権公約に掲げてきたように，政権中枢による政策への強いコミットのもとで科学技術・イノベーション力の強化に取り組む姿勢が見て取れる。

こうした支援のもとで，民間部門は着実に技術力を高めた。1990年代以後，本格的に進められた自前技術強化の動きは2000年代になると，半導体，液晶，有機ELなどの形で結実し，それを基に生産された携帯電話，薄型テレビなどは世界トップシェアを有するようになった。

【コラム】韓国の外国資本導入と経済発展

経済成長するうえで資本ストックの蓄積が必要である（第2章参照）。しかし，発展の初期段階では，乏しい国内貯蓄によって投資がままならず，資本蓄積が進まない。国内投資のファイナンスにおいて，海外から資金導入が非常に有用である。国内貯蓄の不足を補うだけでなく，外貨準備の補填にもつながるからだ。

韓国は，朝鮮戦争休戦後は荒廃した国土復興のために巨額の財政支出を余儀なくされたほか，貿易赤字はGDP比で10％を超える水準で推移した。こうした資金ファイナンスで常に海外貯蓄を必要とした。特に，1950年代から1960年代にかけては，海外からの援助が大きな役割を果たした。経済援助は返済負担がない，あるいは低利であるため商業ベースに比べて軽い負担で済む。経済援助という形で海外資金を導入することができれば，受入国にとって望ましい。

表7-2 韓国の外国資本導入（1947-1979年） (単位：100万ドル)

	外国無償援助				借款および直接投資		
	米国	日本	その他	総額	公的借款	民間借款	直接投資
1947-60	2,302		629	2,931			
1961	202			202			
1962	232			232	7		
1963	216			216	43	24	6
1964	149			149	12	12	1
1965	131			131	6	36	6
1966	103	40		143	73	110	15
1967	97	35		132	105	123	11
1968	106	28		134	70	348	19
1969	107	24		131	139	470	13
1970	83	26		109	115	417	66
1971	51	29		80	303	525	43
1972	5	30		35	324	366	61
1973	2	30		32	403	559	191
1974	1	28		29	385	1,039	163
1975	1	31		32	477	1,201	62
1976	2			2	713	1,101	85
1977	1			1	636	1,841	102
1978	0			0	817	2,569	101
1979					1,089	3,100	195

（注） 米国は剰余農産物（PL480号）を含む。日本は請求権に基づく資金供与。
（出所） 李燦雨「韓国の1960～70年代の経済開発と外国資本の役割」*ERINA Report*, Vol. 4.

　1960年代まで対外援助の中核を担ったのは米国だった。1947-1960年にかけて，韓国は約29億ドルのODAを受け入れたが，その約8割が米国によるもであった。そのインパクトは韓国の全輸入の70％，固定資本形成の75％を占めるほどであった。これほどの援助がなされた背景には，韓国が共産主義陣営と対峙する資本主義陣営の前線にあり，韓国の経済的自立，朝鮮戦争の破壊からの復興支援は戦略的に極めて重要性が高かったことがある。対韓援助は韓国経済にとって大きなインパクトを持ったが，西側諸国にとっても経済支援を通じて韓国の経済復興を後押しする緊急の必要性があったといえる。

　その後，ベトナム戦争の終結により東アジアでの軍事的緊張が緩和され，韓国支援の戦略的意義も低下し，また米国の経済力の相対的低下から，1970年代半ば以降の米国の対韓援助は減少していった。米国の援助を肩代わりするかのように，支援を拡大させたのは日本であった。1965年の日韓基本条約を締結した日

本は，韓国に無償3億ドル，有償2億ドル（償還20年）の供与と民間借款3億ドルが取り決められた。これら資金によって，京釜高速道路をはじめとした各種インフラの開発や浦項総合製鉄をはじめとした企業の体力強化が行われた。

　こうして経済発展の基盤を整えた韓国は1970年代以降，輸出指向工業化を成し遂げ，経済は成長軌道に乗った。1970年代以後の外国資本の導入状況を見ると，借款の割合，それも公的なものから民間借款の割合が高まっていった。1995年には世界銀行からの借款を完済し，1996年に韓国は先進国クラブといわれるOECD加盟を果たした。なお，韓国は1970年代まで産業の外国支配を警戒し，直接投資の受け入れには慎重だった。しかし，1980年代に入ると，対内直接投資の受け入れ容認姿勢となり，1984年にネガティブ・リスト方式を採用し，門戸を開放した。

7-3　韓国の科学技術力の評価

　イノベーションを生み出すうえで科学技術に関する最先端の知識・技術を吸収する必要がある。こうしたインプットの成果は直接的には，論文発表，特許・知的財産獲得等の形で現れる。そして，最終的に生産性の向上や企業収益等の経済効果として現出する。

　本節では，韓国の科学技術力の評価を行うが，そのための切り口として，研究開発への資源投入（研究開発支出，研究人材），アウトプット（論文，特許），そして経済的成果（アウトカム）から見ることとする。

7-3-1　インプット指標
（1）R&D支出

　イノベーション活動において，最も重要なものが研究開発（R&D）といえる。R&D活動に積極的に取り組む国では，その成果としてイノベーション創出が多く期待される。

　韓国のR&D支出は1980年代半ば以後，増加している（**図7-3**）。支出額をGDP比でみると，先進諸国は概ね2％台で推移するが，韓国は1994年に2％水準に到達した。そして，2000年代半ば以後支出規模を急増させて，2009年

図7-3 R&D支出（対GDP比）

（資料） OECD［2015］により作成。

表7-3 製造業のR&D支出（業種別割合）

(単位：%)

年	2003	2005	2010	2014
飲食料品，タバコ	1.7	1.5	1.1	1.1
繊維，衣服，皮革製品	0.7	0.5	0.6	0.8
木材，紙，印刷，出版	0.4	0.2	0.2	0.2
科学・石油精製等	10.4	10.8	8.6	7.6
金属および金属加工	2.8	2.6	2.8	2.6
電子・電機	55.0	55.9	58.0	60.8
輸送機械	18.9	19.2	15.9	15.0
医療，機密，光学機器	1.7	1.1	2.8	2.0
その他の機械装置等	7.2	6.9	6.4	6.4
その他	8.4	8.0	10.0	9.8
製造業合計	100	100	100	100
製造業R&D（10億ウォン）	12,401	16,464	28,737	44,328

（資料） KISTEP［2015］により作成。

には日本を抜き，2014年はイスラエルに次ぐ第2位である。R&D支出総額で見ても，韓国は世界で5番目の規模である。

なお，政府の科学技術予算規模は2000年対比，2011年は3.5倍と拡大している（日本は同期間で1.1倍）。

（2）研究開発人材

研究開発人材も増加している。雇用者1,000人当たりの研究者数を見ると，入手可能な最も古いデータである1996年時点で4.8人と，すでに主要先進諸国と同じ水準にあった（**図7-4**）。その後，いったん通貨危機の影響で研究者数が減少するが，2000年代に入ってからの研究開発重視政策のもとで，その数値は大きく伸長した。2013年時点では12.2人と日本を大きく上回る。

また，韓国は海外留学者数が毎年20万人前後と多く，米国における科学・工学分野の留学生の博士号取得者数（1991-2011年累計）を見ると，中国，インドに次いで多い[4]。

このように，韓国はR&D，研究開発人材のいずれも経済規模対比，世界トップレベルの投入を行い，最先端の技術を吸収，その応用・開発に国を挙げて

---

[4] 韓国の人口が約5000万人であることを考慮すれば，韓国人留学生の割合は非常に高いと考えられる。なお，米国留学生における博士号取得者の分野別内訳を見ると工学が全体の4割を占める。

図7-4 研究者数

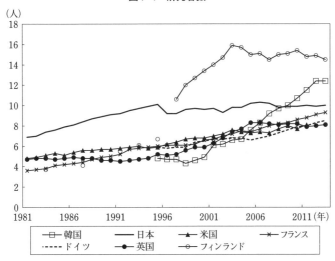

（注）雇用者1,000人当たりの研究者数。
（資料）OECD［2015］により作成。

取り組む姿勢がうかがえる。

7-3-2 アウトプット指標
（1）科学関連論文数

　R&D活動を行った成果であるアウトプットの状況を見よう。ここでは，成果として計測しやすい科学論文数と特許出願数を取り上げる。**表7-4**は，韓国の科学技術分野の発表論文数を世界の主要国と比較したものである。

　表7-4（a）の論文数シェアを見ると，米国の論文数は他国とは桁違いの多さであり，科学技術研究の裾野の広さを裏づけている。韓国について見ると，データが入手可能な1985年時点で論文数のシェアは0.1％に過ぎなかったが，2012年は3.2％とシェアを拡大させた。

　もっとも，論文の数だけ量産しても質が伴っていなければ，科学技術力の観点からは評価できない。そこで，論文の質を測る指標として，論文の被引用数を見る。

　表7-4（b）は，ある研究領域の核をなすコアペーパー（被引用数が上位10

表 7-4 科学技術論文数

(a) 論文数シェア (単位：％)

年	韓国	米国	日本	ドイツ	中国
1985	0.1	33.5	6.5	7.1	0.7
1990	0.2	32.9	7.6	7.0	1.3
1995	0.7	30.4	8.3	6.7	1.9
2000	1.6	27.4	8.8	7.0	3.5
2001	1.8	27.1	8.8	6.8	4.0
2002	2.0	26.7	8.6	6.6	4.5
2003	2.2	26.4	8.4	6.4	5.2
2004	2.4	26.1	8.0	6.2	6.1
2005	2.5	25.6	7.6	6.0	7.1
2006	2.5	25.0	7.1	5.9	7.9
2007	2.6	24.2	6.7	5.7	8.5
2008	2.7	23.3	6.3	5.5	9.2
2009	2.9	22.7	6.0	5.4	10.0
2010	3.0	22.1	5.7	5.3	10.8
2011	3.2	21.6	5.4	5.2	11.8
2012	3.2	21.0	5.2	5.0	13.1

(b) 引用上位 10％論文数シェア (単位：％)

年	韓国	米国	日本	ドイツ	中国
1985	0.1	53.2	5.4	5.1	0.3
1990	0.2	52.2	5.7	5.3	0.5
1995	0.4	46.7	5.9	6.3	0.8
2000	1.1	42.1	6.1	6.9	2.0
2001	1.2	41.5	6.1	6.9	2.4
2002	1.4	40.9	5.9	6.8	3.0
2003	1.5	40.3	5.7	6.7	3.6
2004	1.5	39.6	5.5	6.6	4.3
2005	1.6	38.7	5.2	6.6	5.0
2006	1.6	37.4	4.9	6.5	5.9
2007	1.7	36.3	4.6	6.4	6.8
2008	1.8	35.2	4.4	6.4	7.6
2009	1.9	34.3	4.1	6.4	8.3
2010	2.0	33.2	3.9	6.4	9.2
2011	2.1	32.0	3.8	6.4	10.3
2012	2.2	30.8	3.6	6.2	12.0

(注) 対象論文は，Article, Review とした。年は出版年 (Publication year) であり，被引用数は，2013 年末の値を使用。シェアは分数カウント法を用いた。
(資料) 文部科学省 [2015] により作成。

％の論文) に各国がどれだけのシェアを有しているか見たものである。これについても米国が最も高く，1985年と比較すればシェアを落とすも2012年時点で30.8％を占める。韓国については，1985年に0.1％に過ぎなかったが，着実にシェアを伸ばし，2012年時点で2.2％である。また，世界的に著名な3つのジャーナル (*Nature, Science, Cell*) の論文掲載数を見ると，1995年は2本にすぎなかったが，2013年は41本に増加した。

(2) 特許出願数

次に，発明や新技術の成果を示す特許出願数について見よう。

特許の計測には留意が必要である。特許は，基本的に各国で関連する法律がそれぞれあり，その国で出願した特許はその国内だけで効力が認められる。それゆえに発明を権利化したい国が複数ある場合は，それぞれの国に出願を行う必要がある。また，ある国の出願数は，自国からの出願が最も大きくなる傾向

表7-5 パテントファミリー数（国別内訳）

	1990年		2000年		2010年	
	申請数	シェア(%)	申請数	シェア(%)	申請数	シェア(%)
日本	21,402	26.5	38,408	27.3	59,140	28.4
米国	21,482	26.6	38,136	27.1	44,739	21.5
ドイツ	14,684	18.2	25,100	17.8	29,671	14.2
韓国	592	0.7	5,029	3.6	17,628	8.5
中国	183	0.2	1,202	0.9	11,766	5.6
フランス	5,646	7.0	8,557	6.1	10,967	5.3
台湾	235	0.3	1,741	1.2	10,157	4.9
英国	4,920	6.1	7,750	5.5	8,285	4.0
カナダ	1,426	1.8	3,357	2.4	5,627	2.7
イタリア	2,623	3.2	4,055	2.9	5,459	2.6

（注）パテントファミリーは，自国および他国において，少なくとも1つの共通の優先権を持ち，技術内容が完全または部分的に一致する特許群（あるいは束）のこと。
（資料）文部科学省［2015］により作成。

（ホームアドバンテージ）が強い。こうした性格を踏まえると，単純に特許出願数を国ごとに比較することはあまり意味をなさない。

このため，特許について国際比較をする際，パテントファミリーの考え方が用いられることが多い。パテントファミリーとは，優先権によって直接，間接に結び付けられた2カ国以上への特許出願の束である[5]。同じ内容で複数の国に出願された特許は，同一のパテントファミリーと考えるので，各国のパテントファミリー数は，その国の有力な発明数とほぼ同じとみなせるだろう。

表7-5はパテントファミリー数を主要国で見たものである。韓国の申請数を見ると，そのシェアは1990年の0.7％から2010年には8.5％と大幅に増加した。この結果，韓国は日本，米国，ドイツに次ぎ4番目の多さである。申請数増加に大きく寄与したのは，電気工学，情報通信技術であった。特に，情報通信技術は大きく増加し，韓国の申請数全体に占める割合は1991年の16.3％から2010年には31.7％となった。こうしたことにより，情報通信技術，電気工学分野で韓国が世界全体に占めるシェアは10％を超えている。

---

5) パテントファミリー数は，2カ国以上に出願されているものの合計となるため，1カ国のみの特許出願（単国出願）はカウントされない。しかし，本章では2カ国以上に出願される特許は，単国出願よりも価値が高い発明と考え，パテントファミリー数で比較を行った。

7-3-3　アウトカム指標

　すでに見たように，韓国のインプット活動は，世界トップレベルといえる。また，論文の数や特許申請数といったアウトプットも着実に世界におけるシェアを高めている。では，こうした韓国の技術力強化は経済・産業発展に結びついているだろうか。

（1）技術貿易収支

　まず，技術貿易の動向を見よう。技術貿易とは，有償で取引される技術権利等の国際間取引であり，一国の技術水準や技術面の国際競争力の指標とみなすことができる[6]。

　図7-5は，韓国の技術貿易の推移を見たものであり，図の上側に技術輸出額（受取），下側に技術輸入（支払）額（マイナス表示），折れ線は収支を示している。韓国の技術貿易は2000年代に輸出が大幅に増加している。特に，情報通信に代表される電子・電機は，1990年の400万ドルから2014年は69億ドルまで増加した。技術貿易収支自体は赤字が続いているが，輸出の拡大に伴い，近年は収支がやや改善している。

（2）ハイテク製品貿易

　次に，高い技術を必要とする製品を一国としてどれだけ輸出できるようになったか，いわゆるハイテク製品の貿易額の推移を見よう。ハイテク製品貿易額は技術貿易のように科学技術知識そのものを示すデータとはならないが，高度の科学技術知識を習得・吸収することで開発された製品がどれほどあるかという観点から有用である。

　ここでは，電子機器，輸送機械，医薬品，航空・宇宙の4分野をハイテク製品と見て，それら品目の貿易額推移を見た（図7-6）。技術貿易収支と同様，上側に輸出額，下側に輸入額（マイナス表示）を示している。

　1995年以後，「電子機器」と，乗用車が大半である「輸送機器」の輸出が拡

---

[6] 特許権・商標等の工業所有権，鉱業権，著作権等に関する権利の使用料およびライセンス契約に基づくフィルム等の原本等の使用料。

第7章　韓国の経済発展：科学技術力強化過程を中心に

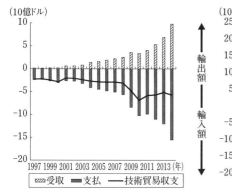

図7-5　技術貿易：韓国

(注)　輸入（支払）はマイナス表示。
(資料)　OECD［2015］により作成。

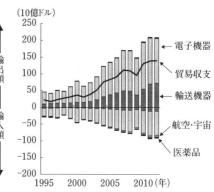

図7-6　ハイテク製品貿易

(注)　輸入はマイナス表示。
(資料)　OECD［2015］により作成。

大する姿が読み取れる。この結果，貿易収支は大幅な黒字を計上している。もっとも，航空・宇宙，医薬品といった最先端製品については，輸出自体の規模が小さいうえ，収支も赤字である。

韓国は，製品開発力の高まりを背景に，電気機械（情報通信分野を含む）や輸送機械分野で高い競争力を有するようになり，これら産業が韓国の経済成長に大きく貢献している。実際，サムスン電子や現代自動車は現在では世界を代表するグローバル企業に成長した。

【コラム】　国際市場における技術的パフォーマンス

図7-7は国境を越えた商標出願数と特許出願数の推移を主要国について見たものである。商標の出願数は，新製品や新たなサービスの導入，およびそれらのマーケティング活動などと関係しており，イノベーションと市場の関係を反映したデータといえる。他方，イノベーションの技術的側面である特許出願数と併せて見ることにより，各国の技術力の性格がうかがえる。

韓国の状況を見ると，特許，商標ともに国境を越えた出願が増えている。このことは，インプットの成果が着実に現出しており，技術力を背景に新製品や新たなサービスの導入といった形で国際市場での存在感を高めていることを示すものといえるだろう。

図7-7 国境を越えた商標と特許出願数

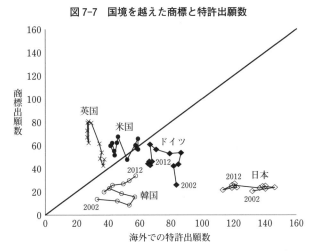

(注) 1. 特許出願数は，人口100万人当たりの三極パテントファミリー数。
2. 商標出願数は人口100万人当たりの出願数。日本，ドイツ，英国，韓国については米国特許商標庁に出願した数。米国は，欧州共同体商標意匠庁および日本特許庁への出願数を基に算出。
(資料) 文部科学省［2015］を基に作成。

なお，日本は特許出願数に比べ商標出願数が少なく，45度線から大きくかけ離れて位置している。これは，日本が技術に強みを持っているが，反面でそれら技術を基に新しい製品，新しいサービス提供で国際的な展開が十分でないことを示すものと解釈できよう。

7-4 韓国の科学技術力強化戦略からの示唆

7-4-1 韓国における技術開発と経済発展の関係

現在，世界の先端科学技術は非常に高度化しており，後発の途上国がその水準にキャッチアップすることは容易でない状況にある。では，こうした環境下，後発の中所得国が発展を遂げるためにとるべき政策・戦略とはどのようなものだろうか。

第2次世界大戦後，比較的早い時期に発展を遂げた日本は，産業構造を繊維など労働集約型の軽工業から鉄鋼・石油化学といった重化学工業へ，そして家

電や自動車，さらに電子・情報分野といった技術集約型分野に高度化させていった[7]。こうした発展過程では，比較優位ある製品が競争力を維持し外貨を稼げる間に，次段階の産業育成に向けた技術力強化の投資を怠らなかった。その際，通産省が産業政策によって，民間部門で過剰競争や過少競争が生じないようコントロールし，技術開発に注力する環境が整えられた。こうして，米国など先進国から技術を導入，それを「1号機導入2号機国産」の掛け声のもとで内製化とその改良を図りながら，技術力の強化がなされた。このように，日本の場合，世界的な技術発展段階が先端技術をまだ自国に取り込み可能なフェーズにあり，導入技術の内製化を通じて競争力を発揮できる環境下で，経済発展を遂げることができた。

それに対して，日本より遅れて発展を開始した韓国は，世界的な技術発展段階のフェーズが，日本の発展プロセスでいえば最終段階に近い。このため，先端技術がすでに相当に高度化した段階で，発展戦略を構築する必要に迫られた。もっとも，デジタル化の進展で，電子・電機分野を中心に部品がモジュール（一塊の部品）化されるようになったため，韓国はすべて内製化にこだわって技術開発しなくても，モジュール部品を活用しながら，別の形で製品競争力を高めることに成功した。

世界的な技術が高度になった段階で後発国がとるべき政策・戦略とは何かを考える上で，韓国の発展過程を見ることは有益である。以下では，7-4-2節，7-4-3節のサーベイを踏まえて，中所得国に対する示唆を念頭に論点ごとに検討したい。

7-4-2 技術開発はどの段階で強化されたか

韓国は，R&D支出や研究者数といったインプット指標は国の規模を考慮すれば，世界トップレベルに位置づけられる。また，インプットの成果である論文数，特許申請件数も着実に増加，世界全体占めるシェアを高めている。しかも，論文の被引用数割合が上昇するなど質的な向上も確認され，科学技術力を着実に高めていったことがわかる。では，発展途上国にとって研究開発などの

---

[7] 日本の産業発展と技術開発過程については，中村［1993］，経済企画庁［1990］，小宮・奥野・鈴村［1991］，経済産業省［2010］を参照のこと。

インプットはどの段階で強化すべきだろうか。

7-2節で見たように，韓国は1980年代半ば以後，外国製品を模倣し低コストを武器に海外に輸出するモデルが行き詰まりを見せ，自前技術の開発に向けて資源投入を強化するようになった。そして，この時期は韓国が中所得の低位から高位段階にステップアップした時期にあたる。トランが議論するように，中所得国の低位段階では資本や労働力といった要素投入型での成長が可能だが，高位段階になると生産性主導型の成長パターンへの転換を求められるようになり，労働力の質的向上，技術力などを高めていく必要がある（トラン [2016c, pp. 12-13]）。

こうした観点を踏まえると，高位中所得国は競争力の向上を図っていくうえで，その源泉たる技術力強化のためにR&D投資が所得対比相応の規模となるよう政策を実行する必要があると思われる。

この点について，アジア中所得国の現況を見てみよう。図7-8は，横軸に1人当たりGDP（2005年PPPドル），縦軸にR&D支出（対GDP）として，高所得国として日本と韓国，高位中所得国としてタイ，マレーシア，中国の状況をプロットしたものである。

これを見ると，韓国の場合，5,000ドルを超えて以後，R&D支出割合の増加ペースが高まった。また，韓国と日本はR&D支出がGDP比で，先進国の多くが達成している2%水準を13,000-14,000ドルの所得水準でクリアしている。

こうして見るに，R&D支出で見れば，中所得の低位から高位に移行する段階で技術力強化に取り組む必要があるといえよう。ここで，マレーシアは図7-8からわかる通り，所得の向上とともにR&D支出割合を高めている。しかし，韓国や日本が辿った軌跡をメルクマールとすれば，その水準は見劣りする。また，タイはR&D支出割合がそもそも高まっておらず，インプット活動が十分でないとみなせるだろう。その一方で中国は，韓国を上回る速いペースでR&D支出を拡大させており，注目に値する。

7-4-3　技術力強化を図るうえで何が必要か

7-2節で見たように，開発の初期段階で技術基盤のほとんどなかった韓国では，当初は資本財輸入，1970年代に入ると技術ライセンスの購入といった形

第 7 章　韓国の経済発展：科学技術力強化過程を中心に　　143

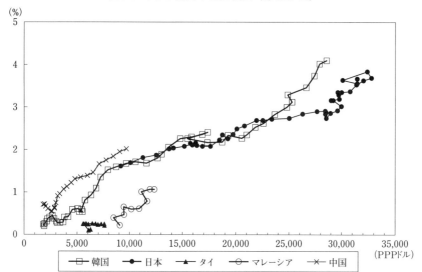

図7-8　アジア諸国のR&D支出（対GDP比）

(注) 1. 横軸は1人当たりGDP（2005年 PPP）。
　　 2. サンプル期間が国により異なり，以下の通り。
　　　　韓国：1963-2013年，日本：1965-2013年，タイ：1996-2009年（1998, 2008年は欠損）。マレーシア：
　　　　1996-2011年（2007年まで隔年），中国：1991-2013年。
(資料)　OECD［2014］，苅込［2014］により作成。

で海外から技術を導入した。その過程で韓国企業は導入国側の技術者を通じて，機械のオペレーションにとどまらず，生産企画，品質管理等のノウハウもどん欲に吸収に努めたとされる（Chung［2011, pp. 334-335］）。

　新しい知識や技術の導入では，それを吸収，習得する現場レベルの人材の質が非常に重要と考えられる。この点で，韓国は開発の初期段階から，初等・中等レベルの教育を受けた労働者が豊富だったことが大きなアドバンテージになった。例えば，1970年までに初等教育就学率は100％を達成した。また，1960年代における韓国の教育関連指標は，韓国の倍の所得水準の国々とほぼ同レベルであった（Cohen and Soto［2001］）。

　このように，教育を通じた人的資本の強化は，自国の技術力向上を通じた競争力強化の前提あるいは基盤と位置づけられよう。

図 7-9 R&D 支出（部門別割合）

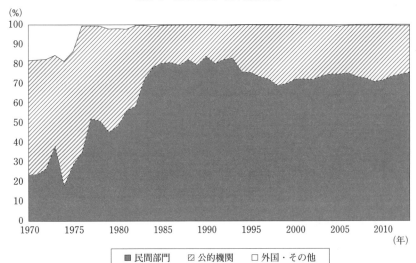

（資料） OECD［2015］により作成。

7-4-4　技術力強化の担い手は誰か

　韓国において，開発の初期段階に研究開発を担ったのは公的研究機関であった（図7-9）。それが中所得段階に到達した1980年代になると，R&D活動の担い手を民間部門に委ね，政府はそれを税制優遇，金融支援などの形でサポートする間接的な関与に政策転換した。1980年代後半以後，韓国のR&D投資は大きく拡大するが，その大半は民間部門によるものであった。

　経済がある程度発展した段階では，利用者，市場のニーズを汲み取りやすい民間部門がR&D投資の主たる担い手となることが望ましいが，韓国の場合，1980年代後半に民間部門のR&D投資が高まった要因として，輸出指向工業化に代表される「外向き政策」をとったことも関係している。ターゲットとなる市場が海外にあることは国際的な競争に打ち勝たねばならないことを意味し，低廉な労働コストが武器とならなくなった段階で，自前の技術力を高める必要性に迫られたからである。なお，韓国の場合，民間部門のR&D支出を企業の種類別に見ると，そのシェア（2013年）は，大企業が76.8％，中小企業が12.6％，

ベンチャー企業が10.6％と大企業が圧倒的な割合となる。また，民間部門のR&D支出割合を見ると，約7割以上が情報通信や輸送機器分野への投資である。韓国はある特定産業に官民が資源を重点的に投入，集中させることで国際的に比較優位を持つ産業を育て上げることに成功したといえる。もっとも，こうした戦略は経済環境の変化によって不確実性を高め，安定した成長を妨げるリスクとなりうる。特に，現在の韓国の強みであるICT分野は製品サイクルが短く，新陳代謝が短期間で進む分野となっており，これまでの成果が今後も発展を担保してくれるものでない点には留意すべきだろう。

7-4-5　高所得段階に進むうえで技術力をどこまで高めるか

　韓国は，先進国の技術を素早く自らの技術として取り込み，製品を製造・輸出するキャッチアップ型の開発で発展を遂げてきた。

　一般に，技術を最初に開発する先行者は，試行錯誤を繰り返し，多くの失敗に時間と資金を費消する。他方，追随者は，新たに開発された技術をより早く習得できるならば，試行錯誤が省かれる分だけ効率的に，先駆者と同じ土俵で競争できる。特に，デジタル時代となり，高度な技術を要する部品等がモジュールの形で購入が可能になると，それを活用してキャッチアップが行いやすい。この場合，資本力が威力を発揮するが，この点で大手財閥企業を有する韓国は非常に有利であった[8]。こうして，韓国は技術的なキャッチアップを成し遂げ，世界的に競争力を有する製品群を持つに至った。

　もっとも，ここで留意すべきは，前述図7-5で確認できるように韓国の技術貿易収支は改善傾向にあるものの，いまだ収支が赤字だということである。また，韓国自身が評価するように，世界的に最高水準の技術レベルを保有できる

---

[8]　韓国とほぼ同時期に発展を遂げた台湾において，発展を主導したのは中小企業であった。台湾は，1970-1980年代に，企業の競争力強化を目的に貿易促進，市場参入制限，政策融資と信用保険，政府系研究機関による技術支援などの政策手段が講じられた。これら政策に機敏に反応したのが中小企業であり，中小企業が輸出の主たる担い手として，発展をけん引した。こうして成長した中小企業が，現在，TSMC（台湾積滞電路製造），Foxconn（鴻海科技集団），UMC（聯華電子），Acer（友達光電）などの大企業となった。現在のように，内製化による技術改良の積み重ねではなく，モジュールを通じた製品開発が可能となると，企業規模が重要となってくる。実際，現在の台湾では，外国企業ブランドのICT機器の受託生産を上述の大企業が大規模に実行できることが強みとなっている。

段階まで至っていない[9]。技術貿易収支の赤字が示すように，韓国は高所得国になっても海外からの技術を活用しながら開発を行っている。また，日本も技術貿易収支が黒字に転換したのは，高所得国となって10年以上が経過した1992年である。

　これらのことは，必ずしも世界最先端の技術を自前で創出できなくても，キャッチアップ型の開発によって，中所得から高所得段階にステップアップが可能なことを示唆する。たしかに，独創的で革新的な技術を自国で開発できれば競争力の観点から非常に有利だが，韓国企業のように海外の先端技術を活用しながら，市場ニーズに合致した製品を開発することで，十分に競争力を発揮できる。韓国企業がファストフォロワー（Fast Follower）と呼ばれる所以である。

　また，韓国の場合，研究開発による技術力の強化に加え，財閥企業を中心にマーケティングに積極的に資金を投入している。海外進出先の地域事情に合わせた商品開発を可能にする市場調査やそのための人材育成等，いわゆるソフト面からの競争力強化である。また，企業ブランドの認知とイメージ向上のために，国際的なスポーツイベントなどへの協賛等を積極的に行っている。実際，その成果はグローバル・ブランド・ランキングに表れている。

　科学技術力は一足飛びに高められるものではない。中所得国の中には，最先端技術を有する企業を誘致すべく，人的資本などの基盤が整わないままハイテク・サイエンスパークの建設等を進めて世界最先端の技術立国化を目指す動きが見られる。しかし，Gill and Kharas［2016］が指摘するように，こうした誤った政策が発展を遅滞させ「中所得国の罠」に陥る可能性を高めるものとなろう。中所得段階では，最先端の技術を保有できるかが重要なのではなく，自国の発展段階に見合った技術を海外から導入，それに基づく技術力強化，あるいは生産性向上に資する取り組みを通じて競争力を高めていく必要があろう。

9）　韓国科学技術企画評価院（KISTEP）が，2008年以後，分野別科学技術の国際比較調査を行っている。この調査は，重点科学技術の細分化された項目について，韓国の研究者による世界主要国・地域の評価である。2014年の結果を見ると，10分野120項目のうち世界最高水準の技術保有国の大半は米国（97個）だった。残りは日本（9個）やEU（13個）と存在感を示す一方，韓国は世界一と評価されるものはなかった。

7-5 おわりに

　中所得国が持続的発展を遂げていくうえでイノベーション力を向上させる必要があるが，本章は，そのために何が必要なのかを，韓国の科学技術力強化過程をサーベイすることで，示唆を得ようとしたものである。
　それら考察から，中所得国がとるべき政策的含意は以下の通りである。
　第1に，イノベーションの創出には，研究開発を中心とする資源動員，すなわちインプット活動がまずもって重要となる。韓国の場合，R&D投資を着実に拡大させて，高位中所得段階ですでに主要先進国とほぼ同程度のR&D活動を行っていた。そして，その成果である論文数や特許件数は世界におけるシェアを着実に高めており，技術力強化に基づく国際競争力の向上は高所得段階へのステップアップの原動力となった。中所得国は，競争力の向上を図るうえで，その源泉たる技術力強化のために重要なR&D投資を所得対比，相応の規模に高めていく政策を実行する必要がある。
　もっとも，韓国において積極的なR&D投資を可能としたのは，研究開発を担える研究者や技術者が十分に存在したからである。こうした意味で，高等レベルの教育強化を通じて人的資本が一定程度，蓄積されていることがR&D活動に注力できる前提となろう。また，インプット活動の成果を効率的に引き出す環境，すなわち法や制度，ICTなどのインフラ整備も併せて重要と考えられる。こうしてみるに，イノベーション力の強化を図るための基盤として，人的資本の蓄積や制度・インフラ面の環境が一定程度備わっていることが求められよう。
　第2に，R&D活動は利用者や市場のニーズを汲み取りやすい民間部門が主たる担い手となり，政府は基本的にそれを支援する役割を果たすべきだということである。
　韓国は中所得段階に入った1980年代に，技術力強化の担い手を民間部門に委ね，政府はそれを税制優遇，金融支援などの間接的関与に政策転換した。こうして，1980年代後半以後，韓国ではR&D投資が大幅に増加するが，その大半は民間部門によるものであった。政府の基本的スタンスとして，すでに自

律的な成長が可能となっている分野については規制緩和等によって成長のための阻害要因を軽減することが求められる。

　第3に，イノベーションは，科学技術にとどまらず，プロセス，マーケティング，組織といった多様な要素を通じて実現される。こうした観点からは，中所得段階では必ずしも最先端の技術を保有できるかが重要なのではなく，自国の発展段階に見合った技術を海外から導入，それに基づく技術力強化，あるいは生産性向上に資するさまざまな取り組みを通じて競争力を高めていくことであろう。

第3部　中所得国の罠は回避できるか：
中国とASEANの発展と展望

中国欽州港（2012年3月，筆者撮影）

第 8 章　中国経済の発展過程と現段階：中所得国の罠に関して

　本書の第 1 章が示したように，過去約 40 年間にわたって中国経済が急速に発展し，1997 年に低位中所得国，2012 年に高位中所得国になった。現段階に高度成長から「新常態」という中成長への転換が始まり，今後高所得国への持続的発展ができるか，それとも低成長の段階に入り，そのまま長期的に続くという中所得国の罠に直面するか，要するに中国経済をどう展望するかが注目されている。

　中国の経済発展，特に経済改革・対外開放が決定された 1978 年以降の発展過程について，内外の研究が非常に多い。本章は，それらの研究成果を利用しつつ，上記のような問題関心から中国の発展諸段階の特徴に焦点を合わせ，低位中所得を経て高位中所得段階に到達した中国の発展要因は何であったか，今後高所得国への持続的発展が期待できるかについて考察したい。

　以下，8-1 節は発展段階論からみた中国経済をレビューし，成長過程と構造変化を中心とする各段階の特徴を概観する。8-2 節は要素市場の変化，技術進歩，生産性の役割に焦点を合わせる成長モデルに基づく各段階の発展要因を分析する。8-3 節は今後の中国経済の持続的発展課題を検討し，高所得国への転換か中所得国の罠かについて展望してみる。

8-1　中国経済の発展過程・構造変化と現段階

8-1-1　市場経済への移行の初期条件：1978 年末の中国経済
　経済改革・対外開放政策が決定された 1978 年末に中国経済は 1 人当たり所得で見て世界最貧国グループに数えられた。1978 年に貧困人口が 7 億 7 千万

人もいて,全人口に占める割合(貧困比率)が97.5%(Fang et al. [2018, p. 12])で,膨大な人口のほとんどは貧しい生活に苦しめられたのである。なお,貧困や貧困比率は定義によって若干異なる。しかし,ここでは詳細に議論しない(例えばNaughton [2007, Ch. 9],中兼 [2012, 第7章]を参照)。どの定義でも1978年頃に中国の貧困比率が高かったのである。

その時点の経済構造は次のように特徴づけられた。第1に,農業部門が圧倒的で,典型的農業国であった。雇用人口に占める第1次産業の割合は70%と高く,GDPに占めるそのシェアは42%(工業とサービスは各29%)であった(Naughton [2007, pp. 151, 155])。第2に,経済計画・社会主義経済体制のもとで,工業部門は主として国営企業に支配された。1978年に工業生産額の占める国営企業のシェアは77%で,残りは集団所有によって占められた(Chow [2018],Naughton [2007, p. 300])。第3に,毛沢東時代の自力更生思想の影響で外国貿易が軽視され,1978年の輸出がGDPの4.6%に過ぎなかった(Fang et al. [2018, p. 14])。対外開放,世界経済への統合でその比率が2000年代半ばに30%前後に上昇したことを考えると,1978年の比率がいかに小さかったかがわかる。

一方,当時,経済開発上,中国は3つの有利な条件があった。第1に,人口構成が開発にとって有利であった。大泉 [2007] の推計によれば中国の人口ボーナス(全人口に占める労働人口の比率が上昇)の期間は1960年代後半から2010年代末までである。第2に改革開放が決定された頃,中国の資本蓄積がかなり高水準にあった。毛沢東時代の投資率が1953-1978年の平均で29.5%(Garnaut [2018])で低所得国として非常に高かったのである。第3に中国はいわゆる「後発性の利益」を享受できる立場におかれた。工業化の後発国として先進国から技術・資本・ノウハウを導入し,発展段階を圧縮し,先進国に急速に追い上げることができる。特に地理的・文化的に近い日本の存在は中国にとって外部経済的効果が大きい。

このような有利な初期条件のもと,適切な発展戦略・政策があれば発展が成功しやすいといえる。

8-1-2 経済改革:農業・農村の制度改革と発展

中国の市場経済への移行戦略は漸進主義的特徴がある。漸進主義的移行戦略

は，価格の段階的自由化も含めるが，ここでは次のような実物経済の改革を重視したい。すなわち，社会主義的根幹になる国営企業が政治的・経済的にセンシティブな部門であるので初期段階では改革を棚上げされ，非国営部門である民間企業や外資系企業の発展を促進することである。また，移行の初期段階の中国は農業国であったので，農業の改革や農村の開発も重視された。

農業生産の拡大と農村の開発は請負制度の導入と郷鎮企業の発展に関する改革が重要であった。毛沢東時代に経済活動が人民公社を中心に展開された。1958年まで全国で約2万4,000公社が設立された。農民・労働者が人民公社に組織され，生産活動に参加しなければならなかった。農民が生産隊に編成され，農作業に従事した。各自の労働点数の多寡に基づいて収穫が配分される。よく働いてもあまり働かなくても労働点数に大差がなく，農民の労働意欲が低かった。

一方，労働者は人民公社のもとで創設された社隊企業で働いた。これらの企業は様々な工業品を生産したが，特にいわゆる五小工業（鉄鋼，機械，化学肥料，セメント，石炭）という重工業の発展が重視された。

1978年末に決定された経済改革・対外開放はまず農業・農村の生産体制を改めた。具体的には人民公社が解体され，請負制が導入された。この改革の発端は1978年12月12日に貧しい農村の代名詞であった安徽省鳳陽県から始まった[1]。この請負生産は農家ごとに農作業を請負，定額上納分を差し引いた残りをすべて自分のものにするシステムである。この制度はのちに「農業生産責任制」あるいは「農家経営請負制」（family farming system）と呼ばれた。請負制度は1981-1982年から全国へ適用されるようになった。請負期間は当初3年間であったが，段階的に15年，30年に延長された。

この改革で農業の土地生産性が飛躍的に上昇し，タイやインドネシアを上回り，その差が拡大し，2000年前後には日本の生産性に並ぶ高水準になった。World Bank［2016］が示しているように1990年から2012年までの農業の平均

---

[1] この点に関して興味あるエピソードを含む詳細な内容について加藤［2016a］を参照。なお，Naughton［2007, p. 241］によれば当時の安徽省のトップは万里（のちに全国協商会議議長）で，同じ請負制を実験的に実施した四川省のトップは趙紫陽（のちに首相，共産党の総書記）であった。改革の実験地方の責任者がその後国のトップ指導者になったことは，実験的改革内容を全国に普及させることが容易にできただろう。

成長率において中国がアジア諸国の中で最も高い実績を示した数カ国のグループに数えられるし，食料品に占めるコメのシェアが小さく，農産物の多様化が進んでいた。

全体として農業生産の1人当たり食料生産量が1978年の318キログラムから1996年以降に400キログラムを超え，食糧の国内自給が達成され，「人民共和国の成立から45年の歳月を費やして，中国は13億人を超える民をいかに食べさせるかという難題を解決したのである」[2]。

その過程に一部の人民公社が郷鎮企業として生まれ変わった。また新しい郷鎮企業が誕生し，9万2,000の郷鎮政府が設立された。1983年に以上のような変化が本格化した。なお，人民公社も正式に解体されたのは1983年以降である。郷鎮企業は社隊企業に適用された諸規制がすべて撤廃され，自主経営，損益自己責任の基本原則のもとで急速に成長した。1978年から1990年代半ばまで郷鎮企業は中国経済の最もダイナミックなセクターであった。農村雇用労働に占める郷鎮企業のシェアは1978年の9％から1997年に28％まで上昇した。同じ期間に中国全体の工業生産高に占める郷鎮企業のシェアは9％から58％まで上昇した。全国の輸出額において1986年に9％であった郷鎮企業の貢献が1997年に46％に上ったのである[3]。

郷鎮企業がなぜ著しく発展できたか。Lin and Yao［2001］や加藤［2016c, pp. 76-79］などの説明を総合的にまとめると次のような要因がある。すなわち，第1は曖昧な所有形態である。郷鎮企業は集団所有と個人・私有企業の2つの形態がある。前者の場合も形式的に集団所有であるが，実際に経営責任者が私営企業のように自由な意思決定や自己責任を持っていた。第2は相対的に高学歴である郷村政府の役人が企業経営を務め，自分の地方の発展に努力した。郷鎮政府間競争も企業経営の効率化を促進した。第3は典型的社会主義体制の毛沢東時代に消費財の生産不足があったので，郷鎮企業の労働集約的工業品がそのような大きな潜在的市場を発掘できたのである。

1990年代後半にほとんどの郷鎮企業が民営化され，中国の経済発展に対する役割が変わってきたのである。

---

2) 加藤［2016a, p. 88］。この文献は中国の農業改革の成果と現段階の課題について詳述している。
3) Lin and Yao［2001］のデータによる。

8-1-3　対外開放政策

　さて，対外開放政策について1979年に中外合資経営企業法が制定され，独資経営（外資100％所有），合弁企業と合作経営（委託生産が中心）の3つの形態で外資を導入した。市場経済への移行がまだ試行錯誤が開始したばかりという事情で中国の投資環境はリスクが大きかったので，外資導入を促進するために，1980年に4つの経済特区（深圳，珠海，山頭，履門）が設立された。このような経済特区あるいは輸出加工区は他のアジア諸国も経験した（マレーシアのペナン，台湾の高雄など）が，中国の経済特区は規模が非常に大きいし，国内企業の投資も認められたのである[4]。また，中国の4つの経済特区の立地条件も戦略性があり，よく検討した結果だと思う。その中で3つも広東省でもう1つは福建省で建設された。両省の特徴は東南アジアの華僑の出身地であり，また香港・マカオと台湾に近い。経済特区を作っても，法律や契約の実施・履行に不安を感じた日本や欧米諸国企業がまだ敬遠すると考えられたので，華僑や香港・台湾の投資を期待したのであろう。リスクがまだあっても故郷への里帰り・協力の意義もあると多くの華僑が考えたのであろう。

　実際の動きもその通りになった。1992年頃まで日本や欧米諸国からの投資が非常に少なかった。香港・台湾・マカオなどの中華系資本が2000年代半ばまで中国の外資導入額の主流を占めたのである（Naughton [2007, Ch. 17]，Yu [2006]，Chow [2015, Ch. 18]）。特に香港の位置が圧倒的である。1992年まで香港のシェアは70％もあったのである。

　中国の市場経済化の進展に伴って，外国直接投資（FDI）が増加し，特にWTO加盟（2001年）以降，急増してきた。1979-1983年のFDI累計額が18億ドルしかなかったが，1984-1991年に年間13-44億ドル，1992-2001年に同110-460億ドル，2002-2009年に同528-900億ドル，2010年以降年間1,000億ドル以上を記録した[5]。

　市場経済への移行・発展過程における中国は外資を積極的に利用してきたといえる。人口規模などで大国として外資への依存度が非常に高いのである。固

---

[4]　中国と他のアジア諸国の経済特区の比較について例えばNaughton [2007, p. 408] を参照。
[5]　Chow [2015, Table 18.1 (p. 330)] のデータによる。なお，ここでのデータは2012年まで。

定資本形成に対する外資の割合は15%前後に上った時期があった[6]。特に沿海地域の工業発展に対する外資の役割が非常に大きい。2000年に工業生産における外資系企業のシェアは福建省61%，広東省58%，上海55%，天津46%であった（全国平均27%）[7]。

2003年以降，固定資本形成に占めるFDIのシェアは1桁に低下し，2009年から4%前後になった。上述のようにFDI受入額が高水準で推移したが，国内資本による投資がそれ以上に拡大してきたのである。言い換えれば2000年代以降FDIの役割が相対的に低下してきたといえる。

8-2　中国経済の発展成果と成長要因

世界的に見て1970年代まで18年間という長期にわたって年平均10%前後も成長したのは日本だけであった。その後，韓国や台湾も高度成長を経験した国もあるが，期間がやや短かった。ところが，中国の場合，30年間以上にわたって10%前後の成長を記録したが，これは世界経済史で初めてである。中国が到達した水準，発展の特徴を中心に評価してみよう。

8-2-1　発展の成果

図8-1は1980年以降の実質経済成長率を描いたものである。新常態に転じた2012年の直前まで年平均10%で成長した。中国は成長志向が強くて政府が常に景気の下降局面または（2008年のような）世界恐慌に直面したとき，財政出動などの対策を講じたこと，地方政府間競争が激しく，重化学工業を中心とする生産過剰がよく発生したことである。後述のような高い投資率がそれらの事情を反映している。

長期的高度成長の結果，中国の貧困人口が急速に減少してきた。1980年に8億人に近い貧困者が2017年に3,000万人に激減した。同じ期間に貧困率（総人口に対する貧困者の割合）が96%から3%へと奇跡的といえる低下を示した（Fang et al. [2018, p. 12]）。

---

[6] Yu [2006, p. 425] による。データが2002年まで。
[7] RIM, Vol. 3, No. 8 [2003] による。

第 8 章 中国経済の発展過程と現段階：中所得国の罠に関して　　　157

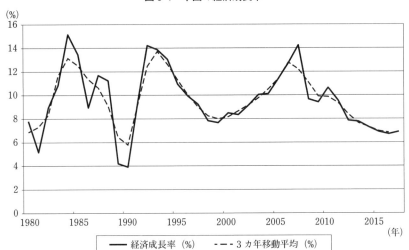

図 8-1　中国の経済成長率

（資料）　World Bank, *World Development Indicators*.

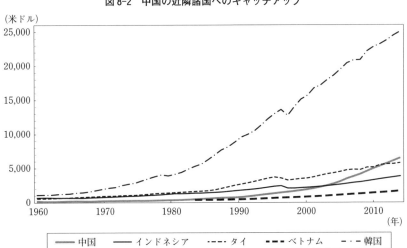

図 8-2　中国の近隣諸国へのキャッチアップ

（注）　実質 1 人当たり GDP（2010 年，米ドル）。
（資料）　World Bank, *World Development Indicators*.

中国は1997年に低所得・貧困から脱却し，低位中所得国になった。そして低位から高位中所得国になった（2012年）のに15年しかかからなかった。1人当たりGDPが急速に増加し，**図8-2**のように2000年代の半ばにインドネシア，2010年頃にタイ，それぞれASEAN先発国を抜いていた。他の指標も中国の急速な発展により，世界経済における地位が躍進したことを示している。中国は2009年にドイツを抜いて世界最大の輸出国になり，2010年に日本を抜いて世界第2位の経済大国になった。また，人民元の国際的地位も急速に上昇し，貿易・金融決済額の通貨別シェアで2012年1月の第20位から2016年1月の第5位へ上昇した（日本円はその間に変わらず第4位であった）。経常収支の黒字や外貨準備高が拡大した。改革・発展の過程に中国が外国直接投資（対内FDI）を積極的に受け入れ，その金額が年々増加してきたが，2010年から中国企業が対外FDIも本格化し，2016年に中国の対外FDI実行額（1,830億ドル）がついに対内FDI（1,340億ドル）を上回るようになったし，その差が大きかった。この年に中国が世界第2位の対外FDI大国になったのである。中国が資本輸入国から資本純輸出国へ転換したのである。

8-2-2　成長の要因

中国経済の急速的発展の要因は何であったか。総じて開発経済学の分析枠組みで説明できると思う[8]。

第1に，改革開放が開始した頃，中国が典型的農業国でしかも生産性が低い農業経済であった。このため，開発戦略としてまず農業生産性を向上させ，農民所得の増加に伴って農業余剰（農村貯蓄）も増加し，工業化のための資本形成を可能にする。また，農業生産性の向上で労働力を農業から工業へ供給することができる。社会主義経済体制のもとで農民の生産意欲が低かったので，請負の導入という制度改革で農業生産性を引き上げることができた。

第2に，労働過剰な経済として特徴づけられた中国の発展は農業生産性とともに工業化が進められ，農業部門の過剰労働を吸収していく。また，最初の段階に労働集約的工業の生産・輸出から，順次資本集約・技術集約的工業の生産

---

8) この観点で中兼［2012］も詳細に中国の発展経験を検討している。

へシフトしていく。中国の場合，改革開放開始から1990年代まで郷鎮企業や華僑系企業を中心に労働集約的消費財の生産・輸出が急速に増加した。その後，鉄鋼，家電製品，パソコンなど，資本・技術集約的工業への高度化が進められた（輸出構造の高度化について後出の図8-4とその関連分析も参照）。

第3に，工業化の過程に労働の農工間移動が活発化し，サービス産業も発展したので，農業・農村の過剰労働が消滅し，いわゆるルイス転換点を迎えるようになった。新しい局面に新しい発展課題がでてきたのである。この点は8-3節に改めて検討する。

第4に，後発国の発展が先進国・先発国の資本・技術・経営ノウハウを利用できるので，発展の過程を圧縮させ，先進国・先発国へのキャッチアップが実現できる。いわゆる後発性の利益である。8-1節で見た通り，中国は後発性の利益の利用が非常に積極的であった。

第5に，ハロッド・ドーマーモデルが示しているように，経済発展にとってまず必要なのは資本蓄積である。資本・労働比率の上昇に伴って労働生産性の向上，1人当たりGDPが増加し，経済が発展する。資本が投資の実現で蓄積されるので，GDPに対する投資の比率が上昇し，一定の水準を維持する必要がある。中国の場合，既述のように毛沢東の時代にすでに高い水準（1953-1978年の平均で29.5％）であった。改革開放が開始した頃（1980年）に35％を記録し，その後45％前後までかなり高水準で推移していた（図8-3）。中国の投資率の異常な高水準[9]についてまたのちに検討することにしたい。

さて，上記は開発経済学の考え方に基づいて中国の発展経験をレビューしてみたが，成長会計で発展要因を考察しよう。

第2章で示したように，高位中所得段階に到達するまでの経済は要素投入型成長が特徴づけられる。その後の段階に全要素生産性（TFP）を中心とする成長に転換しなければ持続的発展が困難で，罠に嵌る可能性が高い。しかし，実証的にそのような傾向を示すことが必ずしも容易ではない。すでに論じたように，TFPは普通技術進歩に起因するが，制度改革も重要な源泉である。また，技術進歩が資本に体化された（embodied）場合もある。しかし，実証的にそれ

---

[9] 日本の高度成長期（1955-1973年）も年平均10％で成長したが，投資率は30-35％であった。第6章を参照。

図 8-3 GDP の需要側の構成（GDP シェア）

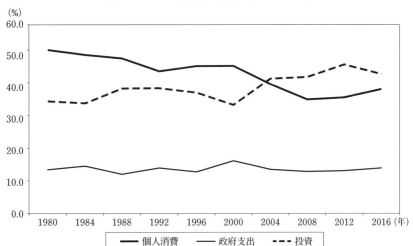

（資料）　中国国家統計局。

表 8-1　中国の経済成長の要因分解

	成長率（%）	各要素の貢献度（%）		
		労働（L）	資本（K）	TFP
Perkins [1988]				
1976-1985 年	8.8	19.2	37.6	43.1
中兼 [2012]				
1991-2001 年	10.3	4.3	55.3	40.4
2002-2010 年	10.9	1.8	72.7	25.5
黄・劉 [2014]				
1985-2007 年	10.0	5.7	69.9	24.3
2008-2012 年	9.6	1.8	71.1	27.2
Gang, Ma, and Wang [2018]				
1997-2014 年	9.5	9.0	52.3	38.7

（注）　黄・劉 [2014] は牧野 [2016] より引用。
　　　1997-2014 年の成長率は World Bank, *World Development Indicators* のデータより計算。

らの源泉を区別できない。また，TFP全体の計算自体も労働分配率の前提や資本の推計方法によって違う結果をもたらすのである。

表8-1は成長会計の分析で中国の成長要因についていくつかの研究の結果をまとめたものである。推計につき，上述の諸問題で各推計の結果にばらつきが大きいことが示されている。しかし，全体の傾向として2014年頃までの中国の成長において資本の貢献が概ね大きかったことが指摘できる。投資率の異常な高さ（**図8-3**）と合わせて考えると，2015年頃までの中国経済は投入型成長として特徴づけられるのである[10]。後述のルイス転換点についての議論が示しているように，近年までの中国は過剰労働力を活用してきたので，資本とともに労働も主要な生産要素として発展過程に「投入」されてきたのである。

なお，注目すべきことは，Perkins [1988] の推計で1976-1985年の期間にTFPの貢献が資本のそれよりも大きかったことである。改革開放の最初の段階に制度の改善で生産性が大きく上昇したと解釈できよう。

8-2-3　中国の発展モデル

中国は経済力の増大が国際経済にさまざまなインパクトを与えたが，世界の研究者の関心も誘発し，中国の発展要因，従来の開発理論との比較などの研究が活発化してきた。2004年に元タイム編集長で清華大学客員教授も務めたジョシュア・C・ラモ（Ramo [2004]）は，1980年代から1990年代まで途上国の開発戦略，計画経済から市場経済への移行戦略として支配的であったワシントンコンセンサスに代わって「北京コンセンサス」を造語し，中国の発展戦略を称えた。技術革新を基礎とした発展，公平性のある発展を内容としたラモの見解は実態を反映していないと中国経済の専門家（Hsu et al. [2011]，加藤ほか[2013]）が批判した[11]が，この造語が中国の発展についての新たな研究を誘発した。市場原理主義を重視したワシントンコンセンサスは，経済や貿易の自由化，国有企業の民営化を短期間で実施するという急進主義を特徴とするのに対して，北京コンセンサスは，時間をかけて経済改革を段階的・試験的に進めることで，いわば漸進主義的発展・改革戦略と位置づけられる。

10）　これまでの中国経済の発展は投資主導型成長であったという見解もある。例えば梶谷 [2018]。
11）　他の批判もある。中兼 [2013] を参照。

ラモの提起がきっかけになって中国の発展モデルの研究が盛んになった[12]。中国人研究者が特に積極的であったが，米国や日本の中国研究者も関心を示した（例えば Hsu et al. [2011], 加藤 [2013c], 中兼 [2013]）。中国モデルの議論がピークに達したのは，2009 年前後である。その背景には北京オリンピック開催，改革開放 30 年，建国 60 年，そして世界経済危機を乗り切ったことがあり，中国の研究者や政策当局者が改革開放 30 年は成功した，世界に誇れると強い自信を持つようになった（毛里 [2011], 加藤 [2013c]）。研究者によって中国モデルの捉え方はさまざまで，ここでは詳細に議論しないが，日本の中国経済研究の代表の一人である故加藤弘之教授の見解が参考的である。それによれば，中国モデルは開発独裁で国家資本主義であるが，従来の同様なケースと比較して中国の本質は次のような特徴を持っている。第 1 に，ルールなき激しい生存競争が繰り広げられていること，第 2 に，国有部門のウエイトが高い混合経済が存在すること，第 3 に地方政府間では疑似的な市場競争に似た成長競争が観察されること，第 4 に，官僚・党支配層が一種の利益集団化していることである（加藤 [2013c]）。最後の点は独裁政治体制の帰結であるといえよう。

なお，日本の中国経済研究のもう一人の代表的研究者である中兼和津次教授は中国の発展経験について特殊性よりも普遍性を強調している。すなわち，「中国のこれまでの発展経路は，それ自身の特徴はあるものの，大部分また基本的にこうした（伝統的開発）理論や仮説で説明可能である」（中兼 [2013, p. 61]）。

筆者も中兼教授の見解に近い。上述のように開発経済学の分析枠組みや関連仮説の 5 つの点から中国の発展経験をレビューしたが，中国の普遍性が確認できる。ただ，中国の発展過程は社会主義経済体制から市場経済システムへの移行過程でもあったので，これまで発展した国々とは異なった経験を示している。また，時代的背景が違うので，中国に先行して発展した国々とは異なったパターンをも示した。例えば，同じ後進性の利益を受けたが，日本はもっぱら外国の技術だけを導入し，韓国は資本と技術を導入したが，それぞれを分割して（資本は外国銀行・金融機関，技術は外国企業から）導入した。多国籍企業の

---

12) 中兼 [2013] も中国モデル論はラモの北京コンセンサス論の後継者であると見ている。

経済支配を心配したので，（FDIの形で）資本・技術・経営ノウハウを一括して導入する形を回避したのである。中国の工業化の時代である1980年代以降，多国籍企業に対する認識が大きく変わったので，FDIが積極的に利用されたのである。

さて，上述のような要因・特徴で発展してきた中国経済は今後どう展望すればよいか。現段階の高位中所得レベルから高所得水準への持続的に発展できるだろうか。

8-3 中国の持続的発展課題：要素市場と技術革新

本書第2章が示した発展段階論によると，低位中所得段階に過剰労働力がまだ存在し，資本蓄積の役割がまだ重要であるので労働・資本市場の健全な発展で資源配分の効率化を通じて高位中所得への持続的発展ができる。また，高位中所得を達成できた国は，過剰労働の消滅（ルイス転換点の通過），資本蓄積の効果の低下に直面し，要素投入型成長から全要素生産性（TFP）をベースとする成長への転換を図らなければならない。そのような転換ができない国が「中所得国の罠」に嵌る可能性がある。この分析枠組みに基づいて現段階の中国経済の特徴と課題を考察しよう。

8-3-1　中国の経済発展と要素賦存変化・要素市場

まず労働市場の変化についてである。2010年前後から中国が「ルイス転換点」を通過したかどうかについて研究が盛んになった。低開発国は農業を中心とする伝統部門に存在する過剰労働力が工業を中心とする近代部門へ移動して，経済が発展する。過剰労働が存在する限り，近代部門には実質賃金が低水準のまま労働力が無制限に供給される。第2章が示したように，そのような形で経済が高位中所得段階まで発展すれば過剰労働が消滅し，経済が労働過剰から労働不足へ転換する。いわゆるルイスの転換点である。

上述のように中国が高位中所得国になったのは2012年である。われわれの理論仮説（第2章）ではその時点に中国がルイス転換点を迎えたと考えられる。ちょうどその前後，中国がルイス転換点を迎えたか（通過したか）どうかにつ

いて中国内外で研究が活発になった。

関［2013, pp. 62-64］は次の理由で2010年代初頭に中国がすでにルイス転換点を迎えたと見ている。すなわち，出稼ぎ労働者の不足が長期化し，しかもその不足が東部だけでなく，中西部にまで広がる傾向を示している。そのうえ，労働不足は技術者や熟練労働者ばかりに集中しているのではなく，非熟練労働者にも広まっている。また，1997年まで実質賃金の上昇が経済成長率よりも低かったが，それ以降，前者が後者を上回り，中でも出稼ぎ労働者の賃金上昇率が正規の都市労働者のそれより高くなったのである。

Huang［2016］も農民工の実質賃金が2005年頃から急速かつ着実に上昇したこと，労働分配率が2000年代後半に上昇したことから判断してルイス転換点が2000年代末に生じたと示唆している。ちなみに，深圳市における最低賃金も2005年から急速に増加した（中兼［2012, p. 78］，梶谷［2018, p. 142］）。

一方，実質賃金が急速に上昇したが，農村に過剰労働がまだ存在するとの指摘が少なくない。中兼［2013, p. 56］は農民工の賃金率が2004年頃から急上昇したが，農村にはまだ過剰労働が存在している。その現象を説明した梶谷［2018］は独特な戸籍制度や土地政策がもたらす労働市場のゆがみを指摘し，労働の自由な産業間・地域間移動を制限している。戸籍制度は1950年代に形成され，農村・都市間の人口・労働移動を禁止した。この制度は1980年代に少し緩和したが，農村から都市へ移動した農民工が福祉・社会保障などに不利であることが依然として存在している。土地制度は市場を通じた土地経営権の流通が完全に自由に行われていないので，農民は土地資源をしかるべき対価で処分して都市で働くよりも，農業を続けている人々が多い。この理由で農村に労働力がまだ多いのである。

しかし，ルイス転換点が2000年代半ばに到来したとの主張もあるし，2010年頃にはまだ転換点を通過していないが，その近傍に位置しているとみている研究もある（南ほか［2013］）。また，一部の農村に過剰労働が存在しているが，全体として実質賃金が上昇した。このため，総合的に見て，2010年代半ばに中国が高位中所得国になったとほぼ同時にルイス転換点も迎えたといえる[13]。

---

13) Wei et al.［2017］も2012年頃に中国が労働不足に直面したとみている。

第 8 章　中国経済の発展過程と現段階：中所得国の罠に関して

ところで，労働市場は 1978 年まで当然ながら全然存在しなかった。改革の初期段階にも労働市場がほとんど低発達であった。1998 年になってようやく制度改革による労働市場が形成し始めた。労働社会保障省が創設され，国有企業の改革で失業になった労働者について体系的にデータを収集し，再雇用センターに供給した（Naughton ［2007, p. 186］）。この時期は国有企業改革の第 2 段階のはじめに重なっていたことが偶然ではなかったようである[14]。国有企業の改革で放出された労働者を他の職場に移転させる必要があったのである。

しかし，労働市場が円滑に発達していない。既述の戸籍制度のような制度的障壁やインフォーマルセクターの存在などのためである（Naughton ［2007, pp. 192-195］，梶谷 ［2018, pp. 133-143］ を参照）。

ところで，中国の資本市場の発展過程と現段階をどう評価すべきか。市場経済への移行過程に金融・資本市場に関連する制度を段階的に整備してきた。1980 年代初頭に計画経済時代のモノバンキングシステム（単一銀行制度で，通貨の発行，預金，融資など 1 つの銀行がすべての銀行業務を行うシステム）を改め，中央銀行（中国人民銀行）と 4 つの国有商業銀行が設立された。しかし，Perkins ［2018］ が指摘しているように，新しいシステムでもその運営は 1990 年代まで，もっぱら計画経済時代とはあまり変わらなかった。政府が定めた低金利で商業銀行が国有企業が必要な資金を供給した。銀行が収益を出せるように預金者に適用された金利がさらに低水準であった。1990 年に上海と深圳に証券取引所が開設されたが，1990 年代に国有企業の株式を民間に売却する手段にすぎなかった。

1990 年代末から段階的に市場経済に相応しい金融システムを発達させる諸制度を整備した。国有商業銀行が民間企業にも融資するようになったし，民間商業銀行も設立された。しかし，現在にもシャドーバンキング[15] の存在などが

---

14) 梶谷 ［2018］ によれば中国の国有企業改革が本格的に始動したのは，1980 年代の半ばで，第 1 段階に所有権には直接手を付けず，経営自主権とインセンティブの拡大によって生産の拡大を図る「放権譲利改革」で，第 2 段階に 1990 年代後半に行われ，国有企業の株式化，売却，グループ化などを行った。この第 2 段階にリストラが強まり，余剰労働力が放出されるようになった。

15) シャドーバンキングとは，フォーマル金融システムの外にできあがった金融システムである。この金融商品が 2008 年のリーマンショック後の景気刺激策の際に拡大し，地方投資を支えるために生まれてきたものであるが，その後多くの民間企業もシャドーバンキングに依存した。

示しているように，フォーマルな資本・金融市場がまだ十分に発展していない。

資本市場を評価する1つの方法は資本使用の効率性を分析することであろう。梶谷［2018］を参考してこの点をまとめよう。中国経済を「資本過剰経済」として特徴づけ，リーマンショック（2008年）を境に2つの段階に分けて分析できる。第1段階では，労働者への賃金支払いを圧縮して旺盛な設備投資を行った。また，社会保障制度の不備を背景に老後の不安に備える家計の貯蓄率が上昇した。増加した家計の貯蓄は，資本市場への政府の介入により，国有部門の固定資産投資へと動員されたのである。第2段階に，労働分配率の改善，資本分配率の低下に伴って資本収益率が低下したので，通常であれば投資が減少するが，実は投資率が大幅に上昇した[16]。この段階の投資過剰の主役は，リーマンショック後の大規模な景気刺激策と地方の投資（地方都市のインフラやマンション建設などへの投資）であった。また，中国人民銀行が大胆な金融緩和で地方政府の資金調達を促進した。その効果として土地や不動産価格の上昇期待がさらなる投資の呼び水となった。収益率が低下したにもかかわらず，高投資が持続したのである。

要するに，資本市場の低発達で中国の経済発展の過程に資本の効率的配分が実現できなかったと考えられる。

8-3-2　要素市場，高位中所得国と発展の質

中国は1997年に低位中所得，2012年に高位中所得段階にそれぞれ到達した。10数年という短い期間に達成した発展成果である。また，要素市場が十分に発達しなかったことも中国の特徴である。短い期間に非効率で投資主導型成長であったといえる。その意味でわれわれの仮説（第2章）が想定した状況と異なっている。発展の質を見てからこの点を再吟味しよう。

中国は貧困人口を大幅に削減し，短期間に低位中所得そして高位中所得段階に達してきたが，多大の損失が伴ったものである。故加藤弘之教授によれば中国の経済成長は次のようなコストを支払って実現した。第1に，社会的弱者に対する収奪というコストである。典型的な現象は，「農民工」（農村からの出稼

---

[16] Wei et al.［2017］も中国の投資収益が2008年から鈍化したことを示している。

ぎ者) が低人権，低福利，低賃金に喘いでいたことである。工場での自殺者が急増したこと，十分な安全対策を怠ったことが原因で多発している炭鉱事故など，社会的弱者に対する収奪の構造が今でも残っている。第2のコストは生態環境の破壊である。大気の汚染，河川の汚染，砂漠化の進行など生態環境の悪化が深刻である。ちなみに，現在中国は米国を抜いて世界最大の二酸化炭素排出国となっている。

　さて，上記の成長コストに関連する問題は特に社会的弱者に悪影響を与えていると考えられるので，中国では一般大衆の不満の蓄積が積み増され，時に集団的暴動事件が発生している。それに加えて社会全体として道徳的意識の低下も深刻化している[17]。驚くべき統計がある。中国の公式統計によると，社会治安維持のための予算はなんと国防費を上回っているのである[18]。

　しかし，社会的弱者や低所得層の不満だけではない。富裕層の中でも外国への移住が急増している。普通，不正に蓄財した資産と家族とともに海外に逃げる腐敗官僚が少なくなかったが，近年，一般の中国人の間でも大金を払って外国での永住権や国籍を取得したい人が増加している。米国などには，一定以上の投資をして雇用を生むことを条件に移民を認める制度がある。中国からのこのような投資移民は2010年にわずか772人であったが，現在は年間1万人近くに上っている。また，米国で子供が生まれ，母親が出産前4ヶ月以上米国に滞在した場合，その子供が米国籍を取得できるので，妊娠した女性は米国に渡航する人が急増している。2016年に中国の民間調査機関である胡潤百富（Hurun Report）が中国の億万長者240人に対して行ったインタビューの結果によると，その60％が今後の3年間に海外投資を行う予定で，また56％が外国への移民を考えている（VNExpress（2016年10月30日）による）。また，その胡潤百富が2016年に公表したデータによると，中国人が移民する理由として「子供の教育」，「大気汚染から逃れたい」，「食品の安全を求める」であった。国連の統計によると，中国から海外への累計移民数は2000年に549万人であったが，2015年に初めて1,000万人に達し，今も急増中である[19]。

---

17) この点について例えば辻［2016］は中国の道徳崩壊を観察したエッセイである。
18) 2012年のデータ。加藤［2013c, p. 234］による。
19) 日本経済新聞（電子版）2016年8月26日による。なお，Hess［2016］は離脱・発言・忠誠に関するHirschman［1970］の分析枠組みで最近の中国の富裕層の投資移民を興味深く分析している。

8-3-3 中国のイノベーション能力について

　高位中所得国になった中国は今後高所得国への持続的発展ができるか。現在，既述のように中国は労働過剰な経済から不足経済へのルイス転換点を迎えたか，迎えつつある。転換点を通過した高位中所得国の場合，労働力の質・教育の質の向上や科学技術の振興などにより，産業構造・比較優位構造を一層高度化しなければならないが，中国をどう評価すればよいか。1つの方法は，すでに高位中所得国の罠を回避し，高所得段階への発展に成功した韓国の経験と比較することである。韓国が1995年に1人当たりGNIが1万1,650ドル（当時の名目値で高所得の基準を超えた）水準に達し，1996年にOECDにも加入し，高所得国へ仲間入りした。高位中所得国の罠を回避するために，その約10年前に条件整備をしておかなければならなかったと考えられる。このため，1980年代末の韓国と現在の中国を比較して，後者の問題点を見出すことができる[20]。

　科学技術振興の1つの指標である研究開発（R&D）支出の対GDP比率を見ると，韓国は1980年代の初めにすでに1％を超え，1990年頃には2％に達した。R&D活動は1970年代まで政府が中心であったが，1980年代から民間企業が主導になり，中小企業もR&Dを重視した[21]。他方，2011年の中国のR&D比率は2％に近かった。また，科学技術分野の大学卒業生が2002年頃から急増しただけでなく，着実に増加した（Naughton [2007, p. 362]）。もっと新しいデータを使ったWei et al. [2017] は中国の科学技術の積極的振興，国際的比較からR&D活動の高い水準などを示した。例えば，GDPに対するR&D支出の割合は2012年まで中国がOECDの平均に追い上げることができたが，同国の1人当たりGDPはOECD諸国の平均の20％に過ぎなかった。同様な見解でHuang [2016] は中国の技術革新能力を高く評価し，中国の科学技術の早期離陸（early take-off of science and technology）という現象を指摘した。すなわち，GDPに対するR&D支出の割合が1％に達成した国は科学技術におけ

---

20) 韓国経済を分析した本書第7章も参照。中国の科学技術政策やその能力についてNaughton [2007, pp. 353-368]，Huang [2016]，Wei et al. [2017] を参照。中国企業の革新力について丸川 [2018] も参考になる。
21) この点についてより詳細な本書第7章（特に**表 7-3**）も参照。

る離陸を果たしたとみなされるが，そのような水準に達成した他の国と比べて中国の1人当たり所得が半分以下の水準で達成できたのである。

最近の中国のイノベーションについて丸川［2018］の評価が参考になる。すなわち，2000年代半ば頃までの技術進歩の主な手段は外国技術の導入であった。FDI誘致で中国の工場で最新技術を使った製品の生産を通じて技術を取得し，世界の工場になった。外資系企業との取引や人材の流動を通じて中国企業も技術力を高めた。2004年頃から技術の自主開発・自立性が主張されるようになった。2006年から始まった第11次5カ年計画では「自主技術革新能力の向上」を重要課題に挙げた。それ以降特許出願数が急増し，2015年には約110万件に上り，米国を抜いて世界最大になったし，その後も増え続け，2017年には約138万件に達したのである（梶谷［2018］）。ただ，梶谷［2018］も指摘しているように，特許の実態は玉石混交であり，独自技術とは呼べないようなものがかなり含まれている。このため，国際特許の出願数も見なければならない。しかし，国際特許においても中国の存在が大きく，2017年に日本を抜いて米国に次ぐ世界第2位を占めるようになった[22]。なお，中国の場合，国際特許を出願する企業は，これまでファーウエイ（華為技術），ZTE（中興通信），BOE（京東方科技集団）など，高い技術力を持つ一部の民間企業に限られている（梶谷［2018, pp. 195-197］を参照）。

2015年に発表した「中国製造2025」はイノベーション強化の方針と手段を示したが，その重点領域として新世代情報技術，新エネルギー自動車，ロボット，航空宇宙，高速鉄道などである。

要するに，科学・技術，イノベーションの努力の点で中国が高所得への発展の条件が整備されつつあると考えられる。

8-3-4 工業化と国際競争力の推移：国際競争力指数による分析

第2章2-3節で論じた工業の雁行型発展の分析枠組みに沿って，中国の国際競争力指数（ICI）の変化を見てみよう。ここで労働の熟練度を基準にして3つのタイプの産業，つまり，低熟練（low-skill），中熟練（medium-skill），高熟練

---

[22] 詳しくは梶谷［2018, pp. 195-197］を参照。

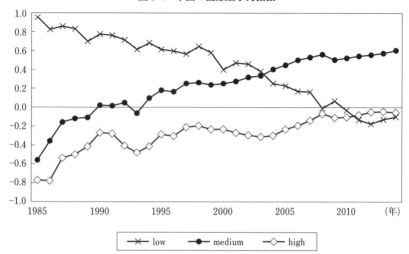

図 8-4 中国の国際競争力指数

(注) 要素別分類は本文参照。
(資料) UN Comtrade Database をもとに筆者計算。

(high-skill) 産業に分類する。この分類は先進国 (米国, 日本, EU) の比較優位構造を基準にする。具体的には, 先進国の (工業) 産業別顕示比較優位指数[23]を作成し, この指数が 0.5 未満を low-skill, 0.5 以上 1 未満を medium-skill, そして 1 以上を high-skill として定義する。やや恣意的なやり方であるが, それらの具体的な産業群を見てみると, 非現実的でなく, 一応納得できるものである。中国の ICI の推移を見ると, 低熟練 (low-skill) 産業の競争力が低下する一方, 中熟練 (medium-skill) 産業で比較優位を着実につけていることがわかる (図 8-4)。また, 高熟練 (high-skill) 産業についても ICI がマイナス 0.8 から上昇し, 現在ほぼゼロ近傍になり, 競争力の向上が観察される。中国は低廉な労働力を武器に, 低コスト製品を大量に生産, 輸出する「世界の工場」となったが, 輸出構造も高度化してきたのである。現在, 中国では沿海部を中心に労働コストの上昇に伴い, 労働集約的産業からより熟練度の高い製品・品目で競争力を高めていくことが求められるが, 2016 年までの ICI の推移を見る限り,

---

[23] 顕示比較優位指数は, 自国 (j) の全輸出 (X_j) にある商品 (i) の輸出のシェア (X_{ji}/X_j) を, 世界 (w) のその商品 (i) の輸出シェア (X_{wi}/X_w) で割って求められる。

図8-5　機械5業種の世界輸出に対する中国とASEAN主要5カ国のシェア

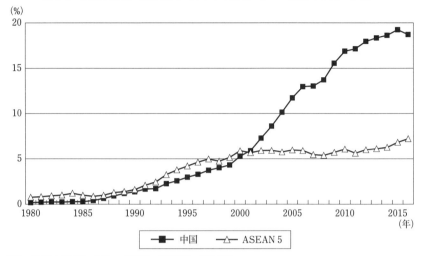

(注)　5業種とは電機，家電，一般機械，精密機械，輸送機器。
(資料)　図8-4と同じ。

上述の通り中熟練，高熟練のいずれでも競争力を高めていることが確認された。

なお，現在世界の貿易の主流でグローバルバリューチェーンの主役を占める機械各種（一般機械，電機，家電，精密機器，輸送機械）の世界輸出に占める中国のシェアが急速に上昇してきている（**図8-5**）。2015年までのトレンドでは，そのシェアが着実に上昇し，最新データの2016年には若干低下に転じた。これは賃金の上昇などで生産工場の一部がASEANに移転した結果と考えられる。ただ，上述のR&D指標と合わせて考えると，中国のシェアが大幅に低下しないかもしれない。

8-3-5　展望：高所得への持続的発展が可能か

中国は長期的には高位中所得国の罠を回避し，高所得段階への発展ができるだろうか。

中国は現在，高所得段階に進むうえで必要なイノベーション力の強化に努力しており，その成果は特許申請数などの形で表れている。また，輸出構造の着実な高度化も確認され，高所得段階に進むための要件が整いつつあるように思

われる。これらの点を検討した結果から見て中国が高所得段階に発展できると考えられる。ここで政治制度と経済発展との関係を考えてみよう。実際に開発独裁・北京コンセンサスはこれまでの発展にとって有効であったが，今後民主化ではなく，一党独裁体制のもとでも高所得国になれるかどうか議論が分かれている。しかし，現在のところ，中国以外の学者は概ね否定的見解が少なくない。

制度の質が経済発展を左右する重要な鍵とするならば，共産党一党独裁という政治制度のもとで高品質の経済制度が確立され，中所得国の罠を回避できるのか，現時点では議論が分かれ，明確に結論が出せない。もし，中国が現在の政治制度が維持し，先進・高所得国への発展に成功するならば，人類史上初めての出来事になる。その可能性について現段階，説得力の肯定的見解はあまりない。

否定的見解として例えば，Acemoglu and Robinson [2012] は，中国のこれまでの高成長を「収奪的な政治制度」（社会のある集団の利益のために残りの人々から収奪するように設計される制度）のもとでの成長であり，こうした体制が維持される限り「包括的な経済制度」（社会の大多数の人々のために設計される公正な制度）が確立されず，持続可能ではないと論じている。また，フリーダムハウスと世界銀行のデータを使って，各国の所得水準と民主化の度合いの相関を描いてみると，民主化の度合いは，中所得段階から高所得段階において明確な正の相関が確認できる（図8-6）。すなわち，高所得段階にある国では民主的な政治制度，経済制度が実現される傾向が強く，収奪的な政治制度のもとで高所得段階にあるのは産油国など一部の特殊なケースに限られる[24]。

なお，中国は腐敗・汚職の蔓延である。国際的非政府組織であるトランスペアレンシー・インターナショナルが毎年発表している腐敗認識指数（腐敗の度合いを示すもので0から10までの指数（数字が0に近いほど腐敗の深刻さが強い））では中国は3.5前後と低く，1998年以降ほとんど改善していない。

---

[24] そのほかに否定的見解として次がある。加藤 [2013c] は中国モデルの持続性に疑問を示している。なお，Brooks and Wohlforth [2016] は近い将来，中国が米国を抜いて世界第1位の強国になるという見方に否定的見解を提示している。科学技術の開発能力は米国が中国をはるかに上回り，中国は米国との格差を縮める可能性が小さいと見ているからである。

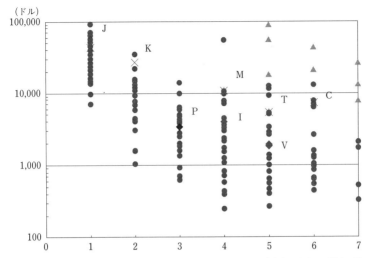

図8-6　1人当たり所得と民主主義指標

(注) 1. フリーダムハウスの民主主義指標は，政治的権利と国民の自由度の度合いに関する総合評価したもの。7段階で格付けされ，1が最も民主的，7が民主的でない。縦軸は1人当たりGNI（ドル）を対数表示したもの。
2. ▲は産油国。J, K, P, M, I, T, V, Cはそれぞれ日本，韓国，フィリピン，マレーシア，インドネシア，タイ，ベトナム，中国。

(資料) Freedom House [2015], World Bank, *World Development Indicators*.

　ちなみに，韓国も台湾も高位中所得のレベルまで権威主義・独裁体制であったが，1987年以降，民主主義体制への転換と共に高所得経済への発展が実現できたのである。

　なお，経済発展論についての最近の研究は社会資本（人と人，人と組織との信頼，社会安定など）や自然資本（環境）が持続的発展を左右する要因として重視しているが，上述したように，現在の中国はそれらの資本が乏しいので，今後の発展にとって不利な要因である[25]。

　ところで，2030年の中国経済を展望する世界銀行と中国の国務院開発研究センターの共同研究報告書（World Bank and DRC [2012]）は近代的で調和がとれた高所得社会を構築するために，今後，企業，土地，労働，金融セクターの

---

25) Brooks and Wohlforth [2016] は自然資本（nature capital）に言及し，中国の問題を指摘している。

改革を通じて市場経済への移行を完了する必要があり，そのため民間セクターの強化，市場開放によるさらなる競争とイノベーション，機会の平等による経済成長のための新たな構造改革の実現が必要であると力説している。ただ，同報告書は中国の政治体制が変化する必要があるかどうか言及していない。

8-4 おわりに

中国経済についての長期展望は2つの焦点がある。1つは世界第2位の経済大国になった中国は米国を抜いてトップの国になれるか。それに関連して経済だけでなく，軍事力・科学技術能力なども含む総合国力において中国が米国を凌駕するだろうか。予測期間にもよるが，GDPにおいていずれ中国が第1位になることは各見解が一致するところである。しかし，総合国力の面において中国の開発独裁体制が続く限り，大方の見方として中国が永遠に米国に及ばないと見ている[26]。

もう1つの焦点は本書の問題意識に関連するもので，高位中所得国になった中国はこれから高所得水準への持続的発展ができるかどうかである。この点について明快な結論を出すことが難しい。積極的科学技術政策，イノベーションなどの民間企業の活力を高く評価しながらも，これまでのような発展パターン（中国モデル）を改めない限り，先進国・高所得国への発展が不可能に近いとの見解がある（加藤［2013c］，梶谷［2018，第6章］など）。一方，やや楽観論であるが，市場経済への移行促進（土地・資本・労働市場の改革の深化），ガバナンス強化，投資・消費のリバランスへの方向転換，環境重視を戦略・政策として本格化すれば持続的発展が期待できるという見解が少なくない（例えばWorld Bank and DRC［2013］，中兼［2013］，Huang［2016］）。

われわれは現段階においてこれからの中国経済は成長率が大幅に鈍化しても，いずれ高所得の段階に入れるだろうが，その後も持続的に発展していくかどうか，展望できない。しかし，現在の政治・経済体制が維持される限り，欧米諸

---

26) ソフトパワーを造語したジョセフト・ナイ（J. Nye）は人口構成，エネルギー賦存，技術，高等教育，ドルの役割，地理的有利性の6点で米国がはるかに優れているので遠い将来にも中国が米国に及ばないと見ている（Nye［2018］）。

国や日本のような先進国家になれないだろう[27]。

【コラム】中国が進める一帯一路政策
　中国は，海と陸の2つのルートから，アジアから欧州までを結ぶ大胆かつ巨大なプロジェクト「一帯一路」（One Belt One Road）構想を進めている。ここで，「一帯」とは，中国西部から中央アジアを経由して欧州へと続く道路網を指し，「一路」とは中国沿岸部から東南アジア，スリランカ，アラビア半島の沿岸部，アフリカ東岸を結ぶ海上網である。これらの地域に道路や港湾，発電所，通信設備などインフラ整備を行いながら，今後，数十年かけて，製造業のみならず，電子商取引など各種サービスの活性化及び高度化を図っていこうとするものだ。
　「一帯一路」構想は2013年に習近平国家主席が提起したものだが，新規に打ち出された政策パッケージというよりは，既存の対外政策を網羅・再編する意味合いが強い。だが，その実現に向けた動きは加速しており，2017年5月に北京で開催された「一帯一路国際協力サミットフォーラム」では130カ国以上が参加する中，多数の協力覚書や経済協力が締結されたほか，アジアインフラ投資銀行（AIIB）などからの資金支援拡大も約束された。こうして，同構想は本格的な実行段階に入っている。
　「一帯一路」構想は中国の対外経済関係の拡大と国内の地域振興を結びつけるための戦略といえる。沿線及び周辺諸国との間の交通インフラ，産業面で協力を行い，連携強化を図るとともに，中国にとってはその拠点を内陸部に築くことで地域振興策としても位置づけられるからだ。実際，周辺国との貿易・経済関係は緊密化しており，中国は多くの周辺国にとって最大の貿易パートナー，特に最大の輸出国となっている。また，中国企業が直接投資を行い当地での生産能力を拡大すれば，受入国の工業化を促進させる効果がある。このように，「一帯一路」

---

[27] 本章の内容，特に中国の将来展望に関する部分について中兼和津次東京大学名誉教授からいろいろ示唆をいただいて感謝したい。この注は同教授とのやり取りから追加されたものである。最近，*Financial Times* のチーフ・エコノミクス・コメンテーターであるマーティン・ウルフ（Marin Wolf）は，今後，共産主義体制のもとでも中国が中所得国の罠を回避し，高所得国への持続的発展の可能性が高いと見ている。すなわち，一党独裁体制は，腐敗や格差拡大に対する国民の不満などをもたらすとしても，実用主義的政策で国民に豊かさというベネフィットをもたらせば，政権は安定し，高所得国への移行を可能にできるのである。また，経済が発展し，中間層が増えれば民主主義を要求するとの考え方があるが，中国の場合，現在の欧米諸国における民主主義の危機を見て，民主主義に対する欲求が弱いかもしれない（ウルフ［2019］）。なお，中兼［2012, 第10章］も政治と経済発展との関係が多様で，独裁も民主化も経済停滞もしうるし，成長をもたらせるとの見解を示している。

図 8-7 中国が進める「一帯一路」構想

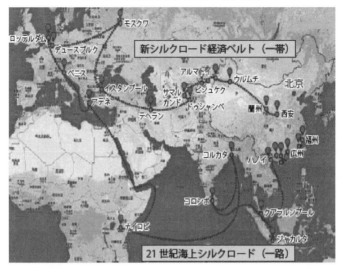

(出所) 経済産業省『通商白書』2017年。

は経済と外交を有機的に結合させるプラットフォームとなるものだが，国際社会の中には，中国の戦略的な拡張手段とみなす向きもある。この構想が，中国が覇権を握るための「中国版マーシャル・プラン」，あるいは「新時代の朝貢システム」構築を目論むものとの見方がそれである。

中国のイニシアチブによって建設される道路や橋や港湾，鉄道は，発展途上国にとって自力では困難なインフラ整備であり，経済発展の基盤強化につながる。しかし，中国の援助プロジェクトでは，プロジェクト実施の主体にほぼ中国企業が指定されるなど，いわゆるタイド案件がほとんどである。また，建設労働者も中国から派遣されることが多いため，受入国への経済的恩恵が大きくないとされる。さらに，援助や投資を受ける国の中には，財政的に健全といえなかったり，政治的に不安定だったりする国が少なくない。インフラ整備の融資を受けることで，経常収支の悪化や対外債務拡大というリスクを抱え込む恐れがある。実際，経済力以上に貸し込む「過剰融資」によって，その国の経済の健全性が失われてしまったケースが生じている。例えば，スリランカでは，2008年から中国の支援で進められたハンバントタ港は建設費用約13億ドルが返済できず，2017年に中国の国営企業が救済という形で99年間借り受ける契約を結び，実質的に中国が所有する港湾となった。このように債務返済が困難になり，中国の政治的影

力が増す「債務の罠」に陥るケースが他の地域でも見られるようになる中，中国から援助を受けることへの警戒感が強まっている。

　発展途上にあるアジアを中心に世界のインフラ需要は膨大であり，その整備が進むことは地域全体にとって有益である。しかし，「一帯一路」構想が単に中国の政治力の行使や安全保障上の観点からなされるのであれば，貸し付けた資金が生産的に使われる可能性は低くなる。それは受入諸国にとっても，中国にとっても望ましいものといえないだろう。

　現在の中国は，20世紀初頭の米国がそうだったように，大国化したものの世界のリーダー役としての振る舞いにまだ慣れていない。日本は2017年に「一帯一路」構想に協力する姿勢を示したが，その条件として，①適正融資による対象国の財政健全性，②プロジェクトの開放性，③透明性，④経済性の4つを挙げている。日本が同構想に積極的に関与し，透明性や経済性を備えたプロジェクトを推進していくことは，地域全体の発展に大きく貢献するものとなろう。

第9章　高位中所得国としてのタイとマレーシア：外資主導型発展の功罪

　東アジア地域はアジア通貨危機などの頓挫はあったものの，半世紀以上にわたる経済発展を持続させてきた。その過程で，産業・就業構造の変化や都市化の進展など大きく変貌を遂げたという点で，その発展は注目に値するものであった。

　世界銀行は1993年に発表したレポート『東アジアの奇跡』において，農業中心の低開発地域だった東アジア諸国が輸出指向の工業化によって高成長を遂げながら，相対的に公平な所得分配が実現されたと叙述している。そうした発展を遂げた国々はHPAEs（High-Performing Asia Economies）と呼ばれるが，その中でマレーシアとタイが挙げられている。

　1957年に英国から独立したマレーシアはゴムと錫を輸出するモノカルチャー経済だったが，1980年代以後は資源だけでなく，エレクトロニクスなどの製品を生産・輸出する工業国として発展を遂げた。また，肥沃な土地を活用した農業国だったタイは，1980年代以後外国からの投資を梃子に工業化に成功，とりわけ自動車分野の発展は目覚ましく，バンコクを中心とする自動車分野の集積は「アジアのデトロイト」と称される。1960年時点で低所得国だった両国は，現在高位の中所得国として位置づけられるまでに発展した。ただし，ここにきて，タイの1人当たり所得は6,000ドル前後で伸び悩んでいる。また，マレーシアは2020年に先進国入りを目標とし，1人当たり所得を15,000ドル程度まで向上させるとしているが，2016年は9,768ドルにとどまっている（図9-1）。

　後述するように両国が工業化を成し遂げるうえで日本をはじめとする先進国からの直接投資が大きな役割を果たした。実際，1980年代後半から低廉かつ

図9-1 マレーシアとタイの1人当たり所得の推移

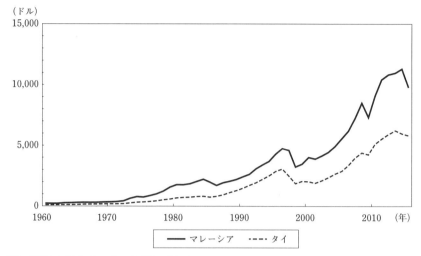

(注) 実質1人当たりGDP（2010年基準，米ドル）。
(資料) World Bank, *World Development Indicators Database.*

豊富な労働力の活用を目的に両国への海外直接投資が大幅に拡大し，これを梃子として両国の経済成長は加速した。しかし，現在両国はともに労働力不足に直面しており，労働集約型産業は労賃の安いカンボジア，ラオス，ミャンマーといった周辺国へのシフトが進んでいる。こうした中，両国を成長させた外資主導型の発展パターンが今後も有効なのかは明らかではない。まさに，両国とも中所得段階で発展が停滞する「中所得国の罠」に陥らずに今後も成長を維持していけるか否かの分岐点に立っている。

本章では，マレーシア，タイが高位中所得段階へ発展を遂げるうえで外資が果たした役割を考察するとともに，外資を梃子とする発展が今後も継続し，高所得段階へのステップアップを可能にするものかを検討したい。

9-1 タイとマレーシアにおける経済成長と直接投資流入の動向

マレーシアとタイは第2次世界大戦後，どのような発展を遂げてきたのであろうか。まずは，両国の経済成長の様子を見るとともに，両国の発展に大きな

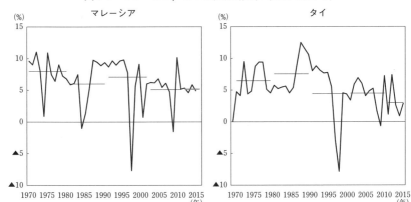

図9-2 マレーシア，タイの経済成長率（1970-2016年）

（資料）Asian Productivity Organization, *APO Productivity Database 2017*.

役割を果たした直接投資の流入動向をデータで確認しておこう。

9-1-1 マレーシアとタイの経済成長率の推移

マレーシアは独立後，長期にわたり堅調に発展を遂げた国といえるだろう（**図9-2**）。確かに，経済規模の小さなマレーシアは一次産品価格下落（1985年）や金融・通貨危機（1998年，2009年）といった外的ショックの影響からマイナス成長となった年もあるが，すぐに復調し，持続的な発展に成功している。特に，1970年以後，通貨危機直前の1996年までの平均成長率は7.5％と高い成長を記録した。アジア通貨危機後，投資率低下などにより潜在成長率は低下し，2000年代の平均成長率は5.1％である。

他方，タイもまた経済発展を順調に遂げた。1970年以後通貨危機直前の1996年までの平均成長率は7.2％であった。アジア通貨危機の震源地となったタイは1997，1998年と2年続けてマイナス成長を記録し，危機的状況に陥ったが，2000代に入ると復調した。もっとも，通貨危機以前の高い成長は遂げることができなくなり，特にタクシン政権の崩壊後は政治混乱の影響などから成長率が総じて低下，2010年代（2010-2016年）の平均成長率は3.7％にとどまった。

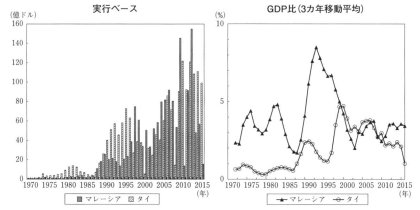

図 9-3 マレーシア, タイへの直接投資流入額

（資料）UNCTAD Database.

9-1-2 マレーシアとタイへの直接投資流入

次に，マレーシアとタイへの直接投資の流入状況を見る。

マレーシアへの直接投資は1970年代後半以後徐々に増加基調にあったが，1980年代後半から1990年代半ばにかけて増勢を強めた（**図9-3**）。1970年代の直接投資流入額は年平均4.1億ドルだったが，1980年代は11.3億ドルに拡大した。こうした直接投資は，経済規模が小さいマレーシアにおいて相当なインパクトとなった。直接投資の対GDP比の推移を見ると，1970年代は3-4%台で推移していたが，1990年代半ばには9%近い水準まで高まった。

マレーシアは，マハティール政権期に外国直接投資依存を強めた。特に1985年，マレーシアはマイナス成長を余儀なくされ，この不況から脱却するため，外資に対する規制を大幅に緩和した。折しも，この時期に日本は円高の急激な進行によって，海外へ生産拠点の移転を進める中，比較的インフラが整っているマレーシアに多くの投資を行った。こうして，日本企業の投資は1980年代後半から急増し，その勢いは1990年代初めまで続いた。

1980年代末からの対内直接投資の急増に伴い，特にエレクトロニクス部門が発展し，成長をけん引した。1987年以後，通貨危機に直面する1996年までマレーシアは9%を超えるASEANの中でも最も高い成長を遂げた。

タイへの直接投資は1980年から1985年までは直接投資流入額は平均2.7億ドルであった。しかし，1988年から急激に増大し，1990年から通貨危機直前の1996年まで高水準の投資が続いた（1990-1996年は年平均20.5億ドル）。この時期におけるタイ向け投資の内訳を見ると，製造業が過半を占めた[1]。そして，製造業向け投資を行った中心は日本企業であった。1980年代前半まで，日本企業のタイ向け投資は国内市場獲得を主に行われてきたが，プラザ合意後の円高進行を契機として，日本企業は世界市場への輸出拠点を設置する動きを強めた。日本からの投資は1988年以後激増し，1988年以後1992年までの製造業向け投資合計額の55.3％を日本が占めた。

タイは経済規模が大きいこともあり，直接投資流入のインパクトは，1987年以後高まり1990年代初頭に3％近い水準まで高まったが，通貨危機に直面するまで概ね2％程度であった。

9-2　マレーシア，タイにおける工業化政策の変遷と外資導入の位置づけ

マレーシアとタイは，1960年代後半以降，低廉かつ豊富な労働力を活用しながら工業化に取り組んできた。この工業化は当初は輸入代替主体のものであったが，1970年代半ば頃より輸出指向色を強めた。それをけん引したのは外資企業であった。

マレーシアとタイは，国内貯蓄の不足を経済協力等の外部資金で補いつつ，長期にわたり，社会・経済インフラの整備等を行っており，その結果としてASEAN諸国の中で外資を受け入れやすい環境が整っていた。こうした中，両国は1970年代に外資誘致を積極化，直接投資規制の緩和や投資優遇税制などの措置を講じ，外資受入体制を整えた。ここでは，マレーシアとタイにおける工業化政策をサーベイしながら，外資導入がどのように行われてきたかを見ていこう。

---

[1]　タイ中央銀行によれば，1987年以後1991年まで製造業向けが投資額全体に占める割合は50.5％であった。

9-2-1 マレーシアの工業化政策と外資導入

　英国から独立したマレーシアは，ゴム，錫の輸出で外貨を獲得する，いわゆるモノカルチャー経済であったが，1960年代になると外貨収入を安定化させるため一次産品の多様化と工業化に着手した。最初にとった開発政策は輸入代替工業化政策であった。この政策は工業発展のための資本，技術が不足した状態にある国において，高関税や数量制限などによって輸入を規制し，国内での生産によってそれを代替しようというものである。国内市場を保護することで地場資本の育成・発展を促すとともに，外貨の節約も図ることができる。英国から独立したマレーシアにとって，ナショナリズムを意識させる政治的な要請という点でも，輸入代替工業化は推進しやすい政策であった[2]。

　しかし，実際は国内で代替可能な製品や業種は限定されたうえ，資本財，中間製品は輸入に頼らざるをえなかった。このため，かえって貿易収支を悪化させてしまった。また競争が排除され，生産性向上のための企業家努力を妨げ，非効率を温存させることになった。こうした中，韓国や台湾が輸出指向工業化で大きな成果を得ていたこともあり成功を収めつつあったこともあり，マレーシアも輸出指向工業化[3]へ舵を切った。

　輸出指向型発展は，狭隘な国内市場を対象とする輸入代替型の成長に比べて，①海外市場向け輸出によって規模の経済性を享受できる，②国際競争にさらされることで効率性が高めることが期待できる。

　1968年に投資奨励法が制定され，これ以後輸出奨励政策が次々に打ち出された。1971年に輸出加工区を設置するために自由貿易地域法が施工された。1984年に輸出指向産業に対する出資比率規制の緩和，全量輸出企業に対する圏内販売許可，1986年に間接輸出業者への輸入税減免が実施された。また，創始産業に対しては5-10年間の法人税免税の恩典が与えられることになった。このように輸出の担い手としては外資企業が想定され，政府は積極的に外資導入を図り，工業化を進めようとしたのである。

---

2) 1969年の人種暴動を契機として，ブミプトラ（マレー系）の経済的地位を向上させることを目的とする新経済計画を開始した。

3) 輸出指向工業化政策は，①市場保護の撤廃（関税引き下げ，数量規制，輸入業者指定などの輸入規制の撤廃），②投資政策面での輸出産業の優遇，③税制面での輸出産業優遇，④輸出金融，輸出保険の整備，⑤輸出加工区の設置，⑥輸出振興機関の創設と市場開拓努力などである。

外国直接投資は，資金的収益を目的とした株式取得などの純粋な証券投資とは異なり，経営権の取得を目的とした投資である。欧米諸国の植民地から独立した国々では，当初，外国資本による国内経済支配につながるものとして直接投資に対して否定的な見方がなされた。しかし，1980年代になると非負債性の直接投資は肯定的に捉えられるようになった。外資企業の投資は，単なる資本の投下だけでなく，技術や経営ノウハウを含む形で移入するものであり，外資主導で工業化が進展すれば，工業製品輸出の増大，新たな雇用機会の創出，技術移転の促進などが期待される。特に，マレーシアのような小国では大手セットメーカーの進出を契機に工業化を急加速することが可能である。マレーシア政府も直接投資の持つプラスの経済効果が認識され，1970年代から外資奨励策が強化されていった。

　輸出指向工業化が推進され始めた当初，製品輸出の中心は食品や木材などの一次産品の加工品であった。これら産業のみでは輸出指向工業化の推進力は十分とは言えない。そこで，マレーシア政府はエレクトロニクス産業の振興を図るべく，同分野へ外資企業を積極的に誘致した。1971年には「電子産業に対する特別措置」を発表し，同分野のパイオニアステータス企業[4]への免税を通常よりも2年間長く供与した。これに呼応する形で，欧米系の半導体メーカーに加えて，松下電子部品，東芝，オムロンなど日系企業もマレーシアに相次ぎ進出した。その生産拠点は首都クアラルンプール以外にも，セランゴールやジョホール，ペナンというように比較的分散した地域経済構造を有している。例えば，観光都市であったペナンは1972年に自由貿易地区（FTZ）に指定されて以降，ナショナル・セミコンダクター，ヒューレッド・パッカード，モトローラ，インテルといった米国系を中心に，日立製作所等の日系半導体メーカーが進出し，1980年頃にはアジアで有数の半導体の生産，輸出拠点となった。

　この結果，マレーシアの産業構造は大きく変貌した（**表9-1**）。1970年時点で農業部門のシェアは29.8％だったが，1980年に24.6％，1990年に16.3％，2000年に8.9％と低下していった。代わりに1970年時点で12.3％だった製造業は，1980年19.2％，1990年24.6％，2000年31.9％とシェアを高めていった。

---

[4] 付加価値のレベル，使用される技術の高い企業には税制などの恩恵が与えられる。

表 9-1　マレーシアの産業構造（付加価値割合）　（単位：％）

年	1960	1970	1980	1990	2000	2010	2017
農業	37.9	29.8	24.6	16.3	8.9	10.1	8.2
鉱工業	18.9	24.4	31.0	40.2	46.4	40.4	38.5
鉱業	5.9	5.8	4.6	9.4	7.3	10.9	8.4
製造業	8.7	12.3	19.2	24.6	31.9	23.4	23.0
建設・電気・水道	4.3	6.3	7.2	6.2	7.2	6.1	7.1
運輸・通信	3.6	5.4	7.1	6.7	8.0	8.3	9.6
商業	15.7	12.4	13.9	13.2	14.8	16.4	18.0
その他サービス	23.9	24.1	23.4	23.6	21.9	24.8	25.7
全産業	100	100	100	100	100	100	100

（資料）　Department of Statistics, Malaysia, *National Accounts*.

　製造業の内訳を見ると，1975年時点で食品（32.1％），ゴム（10.6％），木材・家具等（12.5％）と一次産品関連産業が大きな割合を占めていたが，電気機械（8.7％）がそれに続くようになった（**表9-2**）。そして，1990年には電気機械が製造業の生産の約4分の1を占めるに至り，食品（18.7％）を抜き，トップとなった。さらに，1995年には製造業全体の3分の1のシェアを占めるようになった[5]。一方で，かつての主要産業であった食品，木材，ゴムといった伝統的な資源関連産業は大幅にそのシェアを低下させた。

　産業構造の変化は輸出構造にも端的に表れている（**表9-3**）。マレーシアの輸出は，もともと天然ゴムや錫などの一次産品が主体であった。1960年時点で天然ゴムが過半を占め「天然ゴム王国」とも呼ばれていた。その後，天然ゴムの比重は低下したが，1980年時点でも5大産品（ゴム，錫，材木，パーム油，原油）が輸出全体の6割を超える典型的な一次産品輸出国であった。しかし，輸出における一次産品依存度は1980年代以後大幅に低下した。農林水産品のシェアは18.9％，鉱物は17.3％に低下した。代わって，シェアを高めたのが工業製品である1980年時点で21.7％だった工業製品のシェアは1990年に60.4％まで高まった。特に，電気機械は，半導体のみならず，テレビ，ハードディスクドライブ，パソコン関連など広範な製品が生産されるようになり，マレーシ

---

[5]　電気機械が突出して多いため，他の産業は軒並みシェアが減少したが，輸送機器（5.3％）と一般機械（4.7％）はシェアを拡大した。特に，一般機械で増加率が高い。これはコンピュータ関連およびエアコン関連の伸びによるところが大きい。

表 9-2　マレーシアの製造業生産（業種別内訳）（単位：％，100万リンギ）

	1963	1968	1973	1975	1981	1985	1990	1995
食品・飲料・タバコ	43.7	39.1	30.7	32.1	30.3	29.8	18.7	14.9
繊維・衣類・履き物・皮革	2.6	4.3	5.6	6.3	5.7	4.3	5.6	3.8
木材・家具・紙・印刷	18.6	16.2	15.5	12.5	11.2	8.3	9.0	8.3
化学	9.6	8.4	5.6	5.4	4.2	9.5	6.9	5.8
石油・石油精製	0.0	7.0	3.1	8.6	10.7	9.7	5.1	2.5
ゴム	5.0	4.4	15.0	10.6	7.7	6.0	5.5	3.9
プラスチック	0.0	0.0	1.7	1.1	1.5	1.4	2.1	2.6
窯業・ガラス・非金属	4.6	4.7	3.2	3.0	4.1	4.3	3.3	3.2
鉄鋼	1.1	2.3	2.9	2.6	2.2	3.4	4.1	3.4
非鉄金属	5.3	4.4	5.0	3.4	3.8	5.4	4.7	4.6
一般機械	2.7	2.5	2.7	2.1	2.5	1.6	3.1	4.7
電気機械	1.1	2.3	5.4	8.7	11.7	12.9	25.4	34.6
輸送機器	1.2	3.3	3.0	3.1	3.3	3.1	4.8	5.3
科学・計測・その他	4.6	1.4	0.6	0.5	1.0	0.9	1.7	2.0
合計	100	100	100	100	100	100	100	100
生産額（100万リンギ）	1,177	2,510	7,678	11,339	38,693	45,761	95,814	246,923
オフ・エステート	1,078	568	―	―	―	―	―	―

（注）　オフ・エステートはプランテーションでの生産。
（資料）　原典はマレーシア統計局「工業サーベイ」，本表は穴沢［1996］表 2-1，穴沢［2005］表 1 に基づき作成。

表 9-3　マレーシアの輸出：品目別内訳

（単位：％，100万リンギ）

	1960	1965	1970	1975	1980	1985	1990
農林水産品	66.1	54.5	59.2	52.8	39.8	29.7	18.9
ゴム	55.1	38.6	33.4	21.9	16.4	7.8	3.8
パーム油	2.0	3.1	5.3	15.4	8.9	10.4	5.5
木材	3.7	9.5	16.5	12.0	13.5	10.3	8.9
その他	3.7	3.3	4.0	3.5	1.0	1.4	0.7
鉱物	22.2	30.0	25.9	22.6	33.3	33.3	17.3
錫	14.0	23.1	19.6	13.1	8.9	4.3	1.1
石油	4.0	2.3	3.9	9.3	23.8	22.9	13.4
その他	4.2	4.6	2.4	0.2	0.6	6.1	2.8
工業製品	8.5	12.2	11.9	21.4	21.7	32.7	60.4
その他	3.2	3.3	3.0	3.2	5.2	4.3	3.4
合計	100	100	100	100	100	100	100
輸出額合計	3,633	3,783	5,182	9,231	28,172	38,107	79,548

（注）　1985年以後の鉱物製品のその他はほぼ全額が天然ガス。
（資料）　原典はマレーシア政府「マレーシアプラン」，本表は穴沢［1996］表 1-3 を基に作成。

アは電機機械の一大生産・輸出拠点となった。

なお，工業化が順調に進んだ背景としては，22年にも及ぶ長期政権を担ったマハティール首相の強力なリーダーシップと政治的な安定によるところが大きい[6]。

マハティール政権下，政府は5年ごとの開発計画として，1981年の第4次から2001年の第8次まで「マレーシア計画」を実施している。ここでは，工業化の重要性に着目し，外国直接投資を積極的に活用する方針が明確化された。この時期，マレーシアは政府主導で重化学工業を育成，発展を志向した。民間企業にとって重工業への参入は資本的な制約が大きいからである。政府は，マレーシア重工業公社（Heavy Industrial Corporation of Malaysia）を設立し，鉄鋼，セメント産業に参入した。この時期は日本や韓国の発展経験に学べという「ルックイースト政策」が提唱された時期であるが，日本企業もこれら産業の育成に手を貸した。マレーシア重工業公社と三菱自動車工業（三菱自工），三菱商事による合弁で，国民車メーカー「プロトン」が設立された（これについては本書190ページも参照のこと）。また，マハティール政権は1991年に30年先の産業社会のグランド・デザインを描いた「2020年ビジョン」を策定し，いわゆる「2020年までにマレーシアは先進国入り」との目標が示された。その内容は，①民間主導型成長に向けた支援（高い付加価値をもたらす産業定着のための研究開発支援），②産業内リンケージの強化，③ハイテク・情報産業の強化（端的には，マルチメディア・スーパー・コリドー構想），④ブミプトラ政策の見直し（一律に優遇するのではなく，競争力と効率を重視した選択的支援への転換）であった。

9-2-2　タイの工業化政策と外資導入

タイは東南アジア諸国の中で例外的に植民地とはならなかった。しかし，1855年に英国と締結した通商条約（バウリング条約）を契機として英国を中心とする植民地貿易網に組み込まれた[7]。この結果，タイ経済は長い間，コメ

---

[6] マレーシアの工業化政策は1980年代半ばから工業マスタープランに基づき遂行されている。最初の工業マスタープランは1985年から1995年まで，第2次は1996年から2005年であるが，製造業全体の成長の方向性と部門ごとの具体的な目標が記された。

の輸出に特化した「ライス・エコノミー」と称せられていた。

　第2次世界大戦後，ナショナリズムの高まりのもとで「タイ人によるタイ経済」を標榜したピブン首相は，外国資本や華人の活動を制限し，国営企業を中心とする工業化を図った。しかし，経営ノウハウに乏しい国営企業は非効率な生産体制となり，十分な成果をあげることはできなかった。

　次に政権を担ったサリット首相は世界銀行の勧告に従い，経済テクノクラートを活用して民間主導の工業化を推進した。1959年に投資委員会を設立し，1960年には産業奨励法を制定，輸入代替工業化に着手した。もっとも，関税や輸入制限による国内保護の程度はそれほど強くなく，直接投資も積極的に受け入れるというものであった。輸入代替工業化は当初，繊維や家電などの消費財を中心に国内生産が拡大したが，やがて国内市場が飽和し始めると，割高な為替レートの下で貿易収支の悪化を招いた。

　こうして，1971年の「第三次経済社会開発計画」では，輸出振興が謳われた。1972年には投資奨励法が改正されたものの，輸出振興を促すような具体的政策は乏しかった。なお，1970年代のタイでは相次ぐクーデターで政局は混乱し，政治体制はたびたび変更された。もっとも，1971-1975年は年平均7.1％，1976-1980年は8.8％というように高い成長を記録している。これは，経済テクノクラートが存在感を発揮し，政治に依存しない民間主導の開発が奏功したためである。外資を含めた企業は，国内同業他社との競争にさらされて品質向上に努めた結果，輸出競争力も高まった。

　1980年代になると外資を積極的に活用して経済活性化を図る姿勢が強まった。投資誘致のための優遇措置，為替レートの切り下げや輸出税の引き下げなど，輸出促進的な措置が次々と講じられた。こうした環境下，先述の通り，プラザ合意後の円高対応で日本企業が大挙して生産拠点を設置し，外資企業が主体となって輸出は大きく増加した。1980年代後半から1997年の通貨危機が発生するまでの10年間の平均成長率は9.2％に達した。

　タイの産業構造を見ると，コメなどの一次産品に加え，食品，繊維等の育成等から着実に製造業のシェアが高まった。工業化が進み，経済全体に占める製

---

7) タイにとって不利な不平等条約であり，1927年に撤廃されるまで，英国側に治外法権，すべての港での交易権，バンコクでの居住権が与えられ，船幅税の撤廃と上限3％関税が導入された。

表 9-4　タイの産業構造　　　（単位：％）

年	1970	1980	1990	2000	2010	2016
農業	25.9	23.2	10.0	8.5	10.5	8.3
鉱工業	25.3	28.7	37.2	36.9	40.0	35.8
製造業	15.9	21.5	27.4	28.6	31.1	27.4
建設・電気・水道	9.4	7.2	9.8	8.3	8.9	8.4
運輸・通信	23.3	22.8	23.5	21.1	17.4	20.2
商業	6.2	5.3	6.9	8.3	7.1	7.2
その他サービス	19.2	20.0	22.4	25.2	25.0	28.5
全産業	100	100	100	100	100	100

（資料）　NEDSB, *National Income of Thailand*.

造業の割合は 1951 年に 10.3％（NESDB, *National income of Thailand*）だったが，1970 年は 15.9％，1990 年には 27.4％まで増加した（**表 9-4**）。こうした工業化の動きは貿易面において顕著に現れている。

タイの輸出動向を見ると，1962 年は食糧・飲料，粗原料が全体の 94％を占めて圧倒的であった（**表 9-5**）。しかし，1980 年になると工業製品（化学，鉄・金属，繊維・機械の合計）のシェアは 35.2％となり，1990 年には 63.7％まで比率を高めた。他方，食糧・飲料のシェアは 1990 年には 28.5％まで低下した。

9-3　通貨危機後の経済動向と今後の発展戦略

9-3-1　マレーシアの経済動向と今後の発展戦略

アジア通貨危機を乗り切ったマレーシアは，2000 年代に入ってからの経済成長率は世界金融危機の時期を除いて概ね 5％前後で推移している（**図 9-4**）。成長会計による要因分解から，アジア通貨危機後，資本投入による貢献が大きく減少したことがわかる。年平均 5％程度の成長率において，資本投入は 3％PT 程度，労働投入の寄与度は 1％PT 程度，TFP は 1％PT ほどである。

ただし，高所得国入りまであと一歩となったマレーシアの現状には懸念がある。マレーシアの経済政策は，1991 年に発表された「2020 年ビジョン」がベースとなっており，2020 年までにマレーシアが先進国入りをする目標が示された。マレーシア政府は「ルックイースト」の理念のもと，まずは重化学工業化を推進し，それら産業が発展に併せて，第 2 段階として国内産業への波及拡

表 9-5 タイの輸出

(単位：%, ドル)

	1962	1970	1980	1990	2000	2010	2016
食糧・飲料	49.8	49.0	45.6	28.5	14.3	13.0	13.7
コメなど	39.8	31.3	21.0	5.8	2.7	3.3	2.7
果物	5.4	11.0	14.2	6.6	1.8	1.8	2.5
砂糖	0.6	0.9	2.5	3.2	1.1	1.3	1.3
粗原料	44.2	28.5	14.3	5.7	3.9	5.8	4.4
天然ゴム	22.2	15.2	9.3	4.0	2.3	4.4	2.7
繊維	6.1	5.9	0.7	0.4	0.4	0.4	0.3
鉄鉱石	7.4	1.2	2.5	0.1	0.2	0.4	0.3
鉱物, 動・植物油	1.6	0.8	0.8	0.9	3.1	5.0	2.9
化学製品	0.1	0.4	0.7	2.0	6.2	9.2	9.8
プラスチック	0.0	0.0	0.2	0.6	3.1	3.9	4.3
鉄, 金属製品など	1.4	13.6	16.6	9.7	9.0	10.7	11.3
金属製品	0.2	0.2	0.8	1.3	1.5	2.3	2.8
繊維, 機械製品	1.8	2.5	17.9	52.0	60.8	56.1	58.0
一般機械	0.4	0.2	0.5	9.0	16.4	16.9	17.0
電機・電子製品	0.0	0.1	5.2	9.8	21.7	15.0	14.5
輸送機械	0.5	0.3	0.4	1.0	3.8	10.6	14.4
繊維・縫製品	0.5	1.4	9.9	19.5	9.5	4.7	3.6
その他	1.1	5.3	4.0	1.2	2.8	0.0	0.0
合計	100	100	100	100	100	100	100
輸出額 (100万ドル)	621	2,195	7,121	56,377	110,110	207,098	206,276

（資料） United Nations, *UN Comtrade Database*.

大と産業構造の高度化に取り組もうとした。その象徴となったのが,「国民車メーカー」であるプロトン社の育成・強化であった。そして, 第3段階では, ITを核とする知識集約型産業の発展を通じて, 世界市場で競争優位を確立するシナリオを描いた。

　しかし, こうしたシナリオは思惑通りには進んでいない。例えば, マレーシアの国民車計画は政府主導により強力に推進された。1983年に重工業公社と三菱自動車工業, 三菱商事の合弁企業としてプロトン社が設立され, 1985年から商業生産が開始された。マレーシア政府は, プロトン社を保護するために他のメーカーの自動車部品輸入に高率の関税を課したり, 政府による優先的な購入, 同社の生産するサイズの車種についての税を軽減するなど手厚い措置を講じた。こうした措置によって, 国内市場でのシェアは急速に増大し, 操業開始3年で60％を占めるようになり, 1993年には74％のシェアを記録した。また,

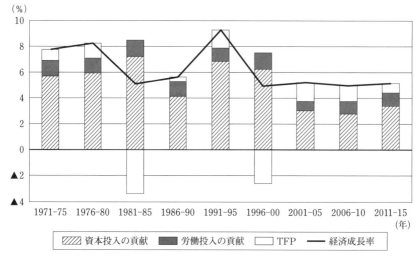

図9-4 マレーシアの経済成長：成長会計

（資料）Asian Productivity Organization, *APO Productivity Database 2017*.

完成車の輸出先は一時，55カ国に上った。しかし，その後，AFTA（ASEAN自由貿易地域）創設に伴う完成車の域内関税撤廃などから急速に競争力を喪失した。マレーシアでは所得の向上によって消費者の嗜好が多様化する中，プロトンは魅力的な製品を提供できず，現在の国内シェアは10％台で，ダイハツ工業が出資する第2の国民車メーカー「プロドゥア」（国内シェア30％台）に及ばない状況にある。また，2017年には中国の吉利汽車が49.9％の資本を取得，DRB-ハイコムに次ぐ株主となって，国民車メーカーとしての存在感はない。

また，マレーシア政府は第7次，第8次「マレーシア計画」において，マレーシア経済の成長のエンジンとしての「知識集約経済（K-economy）」重視を掲げた。その発展を外資主導で行おうと，「マルチメディア・スーパー・コリドー」構想の名のもとにその中心地としてサイバージャヤ[8]を開発し，ハイテ

---

8) クアラルンプール中心部より約50kmの距離にあるサイバージャヤは，新首都であるプトラジャヤとワンセットで開発されている。マルチメディア・スーパー・コリドーを実現するため，マルチメディア大学（通称MMU）を創設，ハイテク関連企業を積極的に誘致し，世界的なIT拠点にする計画だった。

図 9-5 マレーシアの製品競争力

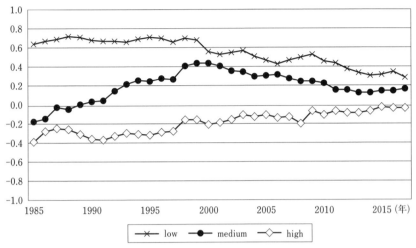

(資料) UN Comtrade Database.

ク関連企業の誘致を図った。しかし,同国の発展戦略は,必ずしも外資企業側にとって投資誘因とはならなかった。現在,サイバージャヤには,IT産業の世界的中心という華々しいイメージはほとんどない。

こうした中,マレーシアの製品競争力は向上していない。図9-5は,雁行型発展の分析枠組みに沿って,マレーシアの比較優位の変化を見たものである。マレーシアでは,低熟練(low-skill)と中熟練(medium-skill)の製品競争力が低下する一方,高熟練(high-skill)製品の改善速度が遅い。

マレーシアでは地場企業の育成が1980年代から叫ばれ続け,技術・経営力を向上させた企業もあるが,製造業における全体的な底上げがなされたとは言い難い。実際,マレーシアにおける製造業のシェアは2000年の31.9%から2017年は23.0%と低下傾向にある。これについては,付加価値額自体は増加しているので,経済をけん引する産業の重点が製造業から第三次産業(サービス業)にシフトしているとの見方も成り立つ。しかし,第3章で検討したが,先進国では,高所得の水準まで所得が高まった段階でサービス業への移行が進んだ。この点で,マレーシアはまだ高所得段階とはいえず,経験的観点からはサービ

表9-6　マレーシアの製造業生産（業種別内訳）：2000-2015年

(単位：％，100万リンギ)

	2000	2005	2010	2012	2014	2015
食品・飲料・タバコ	9.2	9.8	12.6	13.5	14.6	12.9
繊維・衣類・履き物	4.0	2.4	1.9	1.5	1.7	1.9
木材・家具・紙・印刷	9.7	9.2	7.5	5.9	7.3	6.7
皮革製品・ゴム	3.1	2.5	2.7	2.8	3.2	3.0
化学・石油	15.1	26.3	29.1	30.3	24.5	23.6
非鉄金属，基礎金属等	8.8	9.0	10.9	10.3	10.6	12.8
一般機械	8.6	3.2	3.4	3.4	3.5	4.5
電気機械	29.5	26.4	17.3	21.5	22.1	21.4
輸送機器	4.3	4.4	5.7	5.9	6.4	6.7
科学・計測・その他	7.7	6.8	6.1	4.9	6.1	6.5
製造業合計	100	100	100	100	100	100
付加価値額（100万リンギ）	88,240	118,210	170,673	204,233	226,645	257,118

(資料)　Department of Statistics, Malaysia, *National Accounts*.

ス業への移行が少し早いかもしれない。重要なことは，生産性の低い小売りなどのサービス業種に就業者の重点がシフトしてしまう未熟な脱工業化を回避することである。それについて懸念されるのは，**表9-6**が示す通り，成長をけん引してきた電気機械のシェアが低下していることである（2000年：29.5％⇒2015年：21.4％）。

図9-6はマレーシアの輸出額の推移を見たものである。これを見ると，半導体の輸出は堅調な一方，その他電機・電子製品の輸出が伸び悩んでいることがわかる。この背景としては，2000年以降，安価な労働コストを強みとする中国，タイ，ベトナムなどに家電メーカーの生産拠点がシフトしたことが挙げられる。マレーシアは，所得水準が上昇し先進国レベルに近づいているため，労働集約型製造業で，人件費の安い周辺アジア諸国と競争して勝つのは難しい。他方で，鉱物性燃料など資源輸出のシェアが上昇している。

また，半導体の生産の実質的にインテルなどの外資企業によるものである。たしかに，マレーシアでの現地調達も比率を高めているが，製品の特性上，付加価値の高いものではない。このように，地場企業による裾野産業が形成されないため，外資系企業と地場企業とのリンケージは限られている。

マレーシア経済は，長期にわたり製造業が成長のけん引役を果たしてきた。

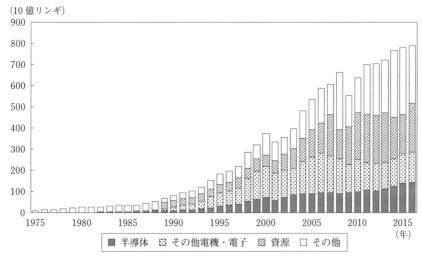

図 9-6 マレーシアの輸出：主要品目別内訳

（資料） Department of Statistics, Malaysia, *External Sector*.

2017年までの過去5年間で，GDPに占める製造業の割合は22%である。しかしながら，経済発展に伴う賃金上昇を受けて，製造業はより労働コストが低い地域，国に生産拠点がシフトするようになっている。

こうした環境下，製造業の競争優位を維持，発展させるため，マレーシア政府は「Industry 4WRD National Policy on Industry 4.0（以下，Industry 4.0）」政策を打ち出した。Industry 4.0 策定にあたっては，MITI（国際貿易産業省）が中心となり，政府系機関，民間経済団体，学術機関の他，欧米の民間経済団体や民間企業も参画している。

Industry 4.0 政策は今後10年間のマレーシア製造業の発展ビジョンであり，①アジア太平洋地域におけるスマートマニュファクチャリングおよびその関連サービスの提供主体となること，②ハイテク産業の主要な拠点となること，③先端技術の総合的なソリューションを提供できることが掲げられた。

これを実現するための具体的な目標として，①労働生産性の向上，②製造業の国民経済への貢献，③イノベーション能力，④高度なスキルを備えた人材の4つが掲げられ，その進捗状況を測定するために具体的な数値が目標ごとに設

定されている．さらに，これら目標を達成するために必要な，人材，プロセス，技術というシフト要因を特定し，それぞれの要因がバランス良く最適化するように，戦略，方針，計画が策定される．

こうして，4つの個別目標ごとに，2016年度の実績値を基礎として2025年度の目標数値が設定されている．

① 製造業における労働生産性を向上させる．2016年度に106,647リンギであった製造業における1人当たり生産額を2025年度は138,641リンギと30％向上させる．
② 製造業の国民経済に対する貢献度を高める．2016年度に2,540億リンギであった製造業付加価値額を2025年度に3,920億リンギへ増大させる（2016年度比約50％増加）．
③ イノベーション創出能力を強化する．グローバルイノベーションランキングの順位を2025年度までに上位30位以内にする．
④ 製造業に従事する高技能労働者を増加させる．製造業における高技能労働者の占める割合を2016年度の18％から2025年度は50％に引き上げる．

Industry 4.0が重点を置く産業は，第11次マレーシア計画において選定された，潜在力を持ち，国家発展のドライバーとして期待された分野である．具体的には，電機・電子（電子部品，産業エレクトロニクス，電気製品），機械装置（特定産業における特殊機械装置，一般的機械装置・部品，発電機械装置，工作機械），化学（石油化学製品，プラスチック製品，ゴム製品，化学製品，油脂化学製品），医療用デバイス（消耗品，手術用具，医療用具，インプラント，ヘルスケア製品），航空宇宙（設計，エンジニアリング，航空製造，システムインテグレーション，保守・修理・運営），その他（自動車，運輸，繊維，製薬，金属，食品加工，サービス）である．

9-3-2　タイの経済動向と今後の発展戦略

タイ経済は1997年のアジア通貨危機の影響で1997年から1998年にかけて2年連続でマイナス成長を余儀なくされたが，その後は回復を遂げた．

タイでは，2001年に実業家から政界に転じたタクシン氏が政権に就いた．タクシン首相はアジア通貨危機の経験から，海外との資本取引を規制する一方

で，内需と外需の両方の成長を取り入れる「デュアル・トラック政策」を掲げた。これは，タイがすでに一定の産業基盤を有しているとの認識から，差別化を通じて世界市場で競争する必要が示された。具体的には，潜在性がある戦略産業として，自動車，ファッション，食品，観光，ソフトウェアを指定し，自由貿易協定（FTA）と外資誘致を組み合わせて戦略産業のクラスター化の促進を図るというものである[9]。アジア通貨危機以降減少傾向にあった直接投資は，2003年より増加に転じた。また，同時期，電子機器，農水産加工品，自動車を中心に製造業の輸出も増加した。

　しかし，2006年の軍事クーデターによるタクシン政権崩壊後，農村部を支持母体とするタクシン派と都市部を中心とする反タクシン派による政治混乱が長期化している。こうした状況下，2009年にグローバル経済金融危機の影響でマイナス成長を記録，2011年には大洪水被害に見舞われた。さらに，2014年5月にはタクシン氏の実妹のインラック氏が率いる政権が軍事クーデターで崩壊するなど政治混乱も加わって，経済は停滞感を強めている。こうして，2010年に入ってからの実質GDP成長率は年平均3.7％と，2000年代の同4.3％から鈍化した（図9-7）。発展段階で上を行くマレーシアが同時期に平均5％以上の成長を実現したことを踏まえれば，力強さに欠ける。また，1970年代初頭に政府が進めた人口抑制策の影響により少子高齢化が急速に進展している。2018年からは，生産年齢人口（15-64歳）が減少する局面を迎えるため，それに備え，成長戦略がいち早く確立されるべきところ，政治混乱により貴重な時間が浪費されてしまった。そればかりか，歴代政権によって人気取りのポピュリズム政策が行われ，経済競争力の低下を招いている[10]。こうして，高所得国入りする前に生産年齢人口が減少に転じるなど，少子高齢化で経済活力が失われつつある。

---

9) タイ投資委員会（BOI）は，2004年にハードディスクドライブ産業に対する投資優遇策を導入した。また，2006年には電気・電子分野で設備投資が長期にわたる投資を行った場合，最長13年間法人税を免税するなど，他の産業に比べて手厚い恩典を与えた。

10) 例えば，2011年に発足したインラック政権は，選挙公約であった「コメ担保融資制度」を実施した。これは，実質的に市場価格よりも高い価格で政府が農家からコメを買い取るもので，コメ農家の収入は増加した一方，財政支出が急増した。また，価格高騰により輸出も減少して政府のコメ在庫が積み上がり，国庫に巨額の損失が発生させた。

第9章 高位中所得国としてのタイとマレーシア：外資主導型発展の功罪　　　197

図9-7　タイの経済成長：成長会計

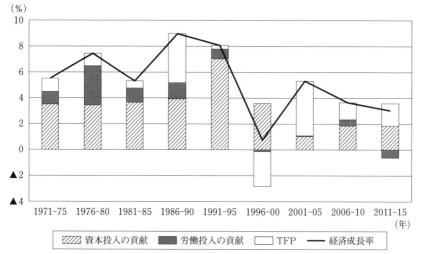

（資料）Asian Productivity Organization, *APO Productivity Database 2017*.

【コラム】人口動態が経済発展に与える影響：人口ボーナスから人口オーナスへ

　アジア地域は中国，インドなど人口の多さが特徴である。そして，人口動態上，生産年齢（15-64歳）人口の増加率が人口増加率よりも高くなる，いわゆる人口ボーナス（Demographical dividend）の恩恵によって，アジアの経済発展は後押しされてきた。しかし，現在，出生率の低下等によって，日本を筆頭としてアジアの生産年齢人口割合は2015年をピークに減少に転じることが見込まれている。すなわち，今後は人口動態上，従属人口（年少および老年人口）割合が高まることで経済成長に負の影響をもたらす人口オーナスがもたらされる可能性が指摘されている。

　ASEAN主要国の中で高齢化の進展が顕著なのがタイである。高齢化率（65歳以上人口が総人口に占める割合）が7％を超えると「高齢化社会」といわれているが，タイの高齢化率は2002年にその値を超えた。また，高齢化率が14％を超えると「高齢社会」となるが，世界銀行の推計ではタイは2022年に高齢社会に突入すると予測されている。すなわち，高齢化率が7％から14％へ移行する期間は20年というペースで高齢化が進んでいる。

　タイは1960年代まで出生率が6を超えており，多産少子型の人口構造であった。しかし政府が1970年代初頭，「国家人口抑制策」を策定し，人口抑制を図っ

た。こうした家族計画に対する啓蒙を行ったことが奏功し、1970年以代以後の経済成長とも相まって多産が抑制された。こうして、タイの合計特殊出生率は1980年代後半には2.1を下回り、15年には1.5に下がった。世界銀行の推計では2050年にかけて、合計特殊出生率は1.5-1.6の間で推移すると予測されている。

このようにタイは今後、少子高齢化に直面することになる。ここで、各国の1人当たりGDPと高齢化の関係を見ると、タイは先進国と比べて、経済発展の早い段階で高齢化が始まっている（図9-8）。すなわち、タイは"富む前に老いる（未富先老）"状況になってしまっている。こうした状況下、タイは高齢者向けの年金や子育て支援といった社会保障政策を他のASEAN主要国よりも行わねばならない。そうなると、研究開発（R&D）の推進や積極的な設備投資、高度人材の育成のための高等教育制度の拡充といった経済発展に向けた政策に資金配分する余力が削られることになる。

中所得段階で少子高齢化が進展する状況はタイのみならず、中国など他のアジア諸国もいずれ直面する問題である。タイがこうした課題にどのように対応するかは、その後に対応を迫られるアジア諸国にとっても重要な示唆となろう。

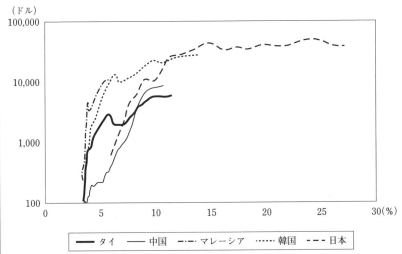

図9-8 高齢化比率と所得水準（1人当たりGNI）

（注） 横軸は高齢化比率（65歳以上人口／総人口）。縦軸は1人当たりGNI（対数目盛）。
（資料） World Bank, *World Development Indicators Database*.

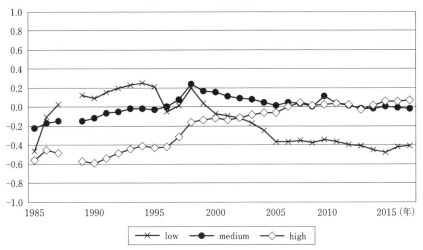

図9-9 タイの製品競争力

(資料) UN Comtrade Database.

タイの工業品の国際競争力の推移を見ると，低熟練製品がアジア通貨危機の頃から急速に比較劣位化した（図9-9）。他方，中熟練製品が横ばいからやや低下，そして1990年代に上昇を見せた高熟練製品が2000年代半ば以降足踏みとなるなど，製造業が高度化したとはいいづらい状況にある。

自動車など資本集約型産業の振興・発展により，高位中所得国に到達したタイだが，このままでは「中所得国の罠」に陥るとの危機感が高まっている。こうした中，プラユット政権[11]は国内の産業高度化や周辺国の活用を柱とする新たな成長戦略を打ち出した。

2015年に，タイ政府は産業高度化に向けタイが目指すべき高度社会「Thailand 4.0」の実現に向けて始動した。これは，これまでのタイの経済構造を見ると，その重点が農業から軽工業へ，そして重工業へとシフトしてきたが，今後はイノベーションや生産効率向上などにより，より高付加価値な財・サー

---

11) プラユット暫定政権は2014年5月のクーデターによって，タクシン派を事実上追放して成立した軍事政権である。2016年8月，軍が実質5年間は実権を握るという新憲法草案が国民投票で承認され，2019年3月，総選挙が実施された。その結果，軍政勢力が政権を維持することになった。

ビスを創造する第4の発展段階を目指そうというものだ。

　タイ政府は，Thailand 4.0を実現するうえで，まずは次世代自動車やスマートエレクトロニクスといった既存産業の強みを活かした5産業の高度化に取り組み，これらの産業を土台に長期的にはロボットやデジタル産業など新たな5つの知識集約型産業を育成していく計画である。これら10産業をターゲット産業と位置づけ，イノベーションや生産性の向上を図る。中でもデジタル産業の育成は，すべての産業の高度化に不可欠であると捉え，タイ政府は2016年，デジタル産業の育成ビジョンとして「デジタル経済社会開発20ヵ年計画」を打ち出した。この方針は，デジタル分野での投資促進や中小企業の競争力強化などを通じて，20年後には世界のデジタル技術をリードする存在になることを目標に掲げる。また，Thailand 4.0の目玉政策ともいえる「東部経済回廊（Eastern Economic Corridor: ECC）」の開発計画が発表された。首都バンコク近郊のチョンブリ県，ラヨン県，チャチュンサオ県の3県をターゲット産業の投資優遇地に指定し，2017年から5年間で1.5兆バーツを投じてインフラ整備や税制優遇策などの投資環境整備を行うというものだ。

　Thailand 4.0と並び力を注ぐ周辺国の活用については，経済発展が目覚しいCLMV（カンボジア，ラオス，ミャンマー，ベトナム）とインフラでつなぐことで，連結性の強化を図る。陸路については，タイとCLMVをつなぐ東西・南北・南部の3つの経済回廊が2015年に概ね完成し，海路についてもEEC開発の一環としてレムチャバン港を拡張する予定である。また，ODA（政府開発援助）予算で周辺国の国内でのインフラ整備にも取り組んでおり，例えばタイ国境からミャンマーのダウェー経済特区を結ぶ南部経済回廊延伸プロジェクトについて，借款供与が承認されている。このような政策もあって，最近では，タイから周辺国への輸出や直接投資が大きく増加している。

　政府は，タイを東南アジアの地域統括拠点として発展させる政策にも取り組んでいる。具体的には，タイに国際地域統括本部を置く企業に対し，研究開発やトレーニング用機械の輸入税の免除や，外国人による株式や土地の保有を認めている。その結果，タイに統括拠点を置く企業数は，ASEANの中で，シンガポールに次ぐ多さである。最近では，タイには生産や部品調達の機能，シンガポールには金融や財務などの経営支援の機能を持つ地域統括拠点を置くすみ

分けがなされている。今後についても，周辺国のカンボジア，ラオス，ミャンマーとの生産分業が広がっていくと見られることから，中心のタイに製造や物流などの管理を行う統括拠点を設置・移設するケースは増加すると考えられる。

タイ投資委員会（BOI）によれば，2017年の投資申請額は前年比22％増の6,420億バーツに増加し，申請額の4割以上は海外からの直接投資が占めた。この直接投資のうち8割近くがThailand 4.0で指定されるターゲット産業向けの投資である。金額ベースでは自動車産業（730億バーツ），件数ベースではデジタル産業（116件）への投資が最も多くなった。Thailand 4.0には中国も関心を寄せている。例えば，通信設備・機器大手のファーウェイは，都市開発やエネルギーなど計10分野のデジタル化振興の支援を表明したほか，同社としては東南アジア最大規模となるデータセンターをEECに設置する計画である。また，電子商取引最大手のアリババ集団は，タイ政府とともにEECにスマートデジタルハブを設置するほか，デジタル人材の育成を支援する方針だ。アリババは今後も継続してタイに投資を行っていく意向であり，中長期的にタイのデジタル産業の成長をサポートする構えだ。

9-4 おわりに

タイとマレーシアは外資主導で製造業が急成長し，それが両国を中所得の上位段階まで押し上げた。しかし，両国とも従来型産業に立脚した経済成長は持続できなくなっている。

第4章で検討したように，キャッチアップ型の発展を遂げる段階では，外資（FDI）を通じて技術のみならず経営ノウハウといった幅広い資源を導入・受容しながら，発展段階を高めていくことができる。これは，タイやマレーシアといった高位中所得の国々にも依然として有効である。ただし，その場合，導入される外資は新たな発展を主導するものでなければならない。発展段階に従い，経済におけるFDIの依存度を低下させていく必然性はなく，むしろFDIを国民経済の中にいかに組み入れるかが問われている。では，こうした観点から両国の状況について見てみよう。

マレーシアは，1980年代後半以降の輸出主導による目覚ましい経済成長に

よって，1人当たり GDP が 10,000 ドル近くまで向上した。マレーシアは，もはや低廉な労働コストを目的とした生産拠点としての競争力を失っている。マレーシア政府も，従来型産業に立脚した経済成長は維持困難と認識しており，新たな産業分野の開拓を模索している。しかし，経済発展において知識を重視するマレーシアの政策と多国籍企業が同国に進出する誘因は必ずしも合致しない。

グローバル化が進展する現在，多国籍企業は効率的な分業体制を構築する一環で，直接投資先を選定している。低廉で豊富な労働力という競争上の優位が失われた場合，より高い技術・生産力を有していないならば，生産拠点はより低廉な労働力を提供する他地域にシフトし，多国籍企業の域内生産ネットワークシステムから落ちこぼれていく。実際，エレクトロニクス分野では，人件費の安い周辺アジア諸国に拠点がシフトした結果，世界的な製造拠点としての地位は地盤沈下している。

このように，マレーシアでは成長をけん引してきた産業の発展に陰りが見られる中，新たな産業の主役が見えない状況だ。現在，マレーシア政府が「Industry 4.0」において掲げた戦略分野や重点目標は方向性として間違っていないと思われる。問題はそれをいかに実現していくかであろう。マレーシアでは地場企業の育成が 1980 年代から叫ばれ続け，技術・経営力を向上させた企業もあるが，製造業における全体的な底上げがなされたとは言い難い。外資が同国で生産・開発を続けるためには，それを支える人材や地場企業の存在がやはり欠かせない[12]。民間ダイナミズムなくして経済発展はなしえない。マレーシアの企業家あるいは労働者をグローバルな競争下にさらし，危機意識を持たせることで，民間ダイナミズムを喚起することが重要であろう。

タイは 1980 年代以降の開放政策の推進と日本企業を中心とした直接投資流入の結果，1人当たり GDP を 6,000 ドル水準まで高めたが，近年やや伸び悩ん

---

12) マレーシアは人件費以外の投資関連コストを見ると，必ずしも高くはない。例えば，業務用電力料金，レギュラーガソリン価格，事務所賃料などは，マレーシアの方が周辺諸国より安い。また，全般的なビジネス環境について，マレーシアは高い評価を得ている。例えば，世界銀行の *Doing Business Survey* によると，ビジネスのしやすさの世界ランキングで，マレーシアは 15 位と高いランクである。ASEAN 諸国では，シンガポール（2位）に次ぐ高さで，日本（39位）よりも順位が高い。

でいる。

　タイはマレーシア同様，賃金の上昇によって，労働集約的産業の優位性が失われているが，自動車分野を中心に研究開発拠点も含む，分厚い産業集積が形成されている。それに加えて，タイを中核として，労働集約的工程は陸路で繋がるカンボジア，ラオス，ミャンマーが担う，いわゆる「タイ・プラス・ワン」によって，産業基盤はむしろ強化されつつある。しかし，こうした潜在力をタイは活かしきれていない。先述したように政治混乱が成長戦略の実行を妨げるばかりか，経済を迷走させているからである。タイが目指す高所得国入りは2036年と20年近く先だが，政治混乱の長期化は今後，本格化する高齢化への対応も遅らせることになる。

　幸いなことに，政治混乱の中でも，外資企業はタイへの投資を抑制していない。もっとも，このことがタイの持続的発展，あるいは中所得国の罠回避を担保するものではない。FDIを核として前方・後方連関が生じるような産業構造にするために国内企業の育成・強化が求められている。

　こうした中で，タイ政府は第12次国家社会開発計画（2016-2021年）において，「足るを知る経済（Sufficiency Economy Philosophy）」に基づき，所得格差や貧困の削減，競争力強化，自然環境の向上，国際社会におけるタイの信頼向上に注力していくとしている。外資企業を主軸に据えつつメコン圏の中核として発展を模索するうえで，まずもってタイが取り組むべきは政治混乱を終息させ，目の前の課題を解決させながら，高所得への階段を着実に上っていくことである。

第10章　低位中所得国のインドネシアとフィリピン：非工業化型の発展は持続可能か？

　一国の経済発展を考える場合，最初から有利な条件を有しているほど発展しやすいと考えられがちだ。温暖な気候，鉱物資源，土壌などが豊饒である場合は発展に有利と見られる一方，厳しい気候や地形，自然災害の頻度・規模，さらに内陸部など地理的に不利な場合は発展しづらい環境とされる。

　ASEAN諸国の中で，インドネシアとフィリピンは火山の噴火や地震・津波などの自然災害の潜在的なリスクや島嶼部特有の高い物流コストといった課題は抱えているものの初期条件に恵まれた国といえるだろう。インドネシアは原油をはじめ天然ガス，錫など豊富な鉱物資源を有している。また，フィリピンは旧宗主国，米国への市場アクセスの容易さに加えて，英語人口は東アジアで群を抜いて多く，高等教育に至るまで高い就学率を有する人的資本は経済発展上，極めて有利と見られてきた。実際，フィリピンはこうした有利な条件の下，1960年時点で1人当たりGDPは479ドルと，韓国（156ドル）やタイ（101ドル）を上回っていた（図10-1）。

　しかし，両国とも，初期アドバンテージを活かし，経済発展を成し遂げたとは言い難い。インドネシアは豊富に有する一次産品の輸出が資本財等の輸入を可能にし，それによって工業化が促進されるはずだった。1970年代の石油価格の大幅な上昇を受けて原油関連収入は公的部門を肥大させるとともに，一次産品の輸出はルピアの為替レートを割高に導いたため，工業化は遅々として進まなかった。また，フィリピンは1980-1990年代に債務危機による経済混乱やマルコス独裁政権による汚職の蔓延，そして政権崩壊後の政治混乱と治安悪化などから低成長が続き，「アジアの病人」と称されたように他の東アジア諸国に大きく後れをとった。

第10章 低位中所得国のインドネシアとフィリピン：非工業化型の発展は持続可能か？　205

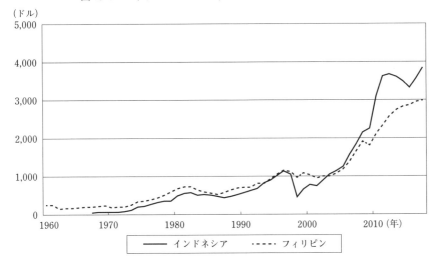

図10-1　フィリピンとインドネシアの1人当たり所得の推移

(資料) World Bank, *World Development Indicators Database*.

　1960年以後の経済成長率を見ると，インドネシアは1960-1980年は年平均5.6％，1980-1996年は同6.1％，フィリピンは同期間でそれぞれ5.4％，2.1％だった(**図10-2**)。しかし，これら成長率は先行して発展したマレーシア(1960-1980年：7.4％，1980-1996年：7.3％)，タイ(1960-1980年：7.5％，1980-1996年：7.8％) と比べて見劣る。タイやマレーシアは高位の中所得段階に到達した一方，インドネシアとフィリピンは低位中所得段階にとどまっている。

　もっとも，両国は2000年代に入ってから，成長を加速させた。この時期，先行したタイやマレーシアが成長率を低下させる一方，インドネシア，フィリピンはともに2000-2017年の年平均成長率が5.3％を記録，ASEAN主要国の中で良好なパフォーマンスを見せている[1]。

　ここで，特徴的なことは両国とも2000年代に入ってからの成長加速が工業化を起点としたものではないことである。インドネシアは2000年代に入って

---

[1] 2000-2017年にかけて，マレーシアの平均成長率は4.9％，タイは同4.0％である。また，インドネシアの2000-2010年の平均成長率は5.2％，2010-2017年は同5.4％，フィリピンは同期間でそれぞれ4.8％，6.2％といったように両国は成長率を加速させた。

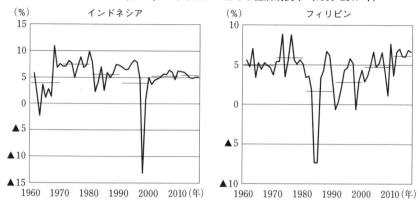

図 10-2 インドネシア, フィリピンにおける経済成長率 (1960-2017 年)

(資料) Asian Productivity Organization, *APO Productivity Database 2017*.

以降世界的な資源ブームの波に乗り，資源セクターが成長を大きくけん引した。また，フィリピンは IT-BPO（Business Process Outsourcing）の興隆に伴うサービス業主導の経済発展を遂げている。

　従来，発展途上国は，タイやマレーシアに象徴されるように工業化を通じて経済を発展させてきた。このため，政策担当者にとって，いかに製造業を育成・発展させていくかが政策課題の中心であった。しかし，2000 年代のインドネシアやフィリピンは製造業を中核としない形で経済成長を遂げている。インドネシアやフィリピンの非工業化型成長パターンは持続可能だろうか。本章では，インドネシアとフィリピンの経済成長の足跡をサーベイしながら，非工業化型発展が可能かどうか検討したい。

10-1　インドネシアとフィリピンにおける経済発展状況：通貨危機まで

　インドネシアとフィリピンはどのような経済発展を遂げてきたのであろうか。まずは，通貨危機までの両国の経済成長の様子を見ることにしよう。

10-1-1　インドネシア

　インドネシアはオランダの植民地時代を経て，1949 年[2]に独立した。独立

後のインドネシアはナショナリズムの高揚のもと，欧米諸国の所有資産を次々と接収，国有化し，経済の「インドネシア化」を図った。しかし，国営企業の経営は順調に進まず，財政悪化とインフレが昂進する中，経済は1960年代半ばまで停滞した。

1965年にスハルト氏が大統領に就任すると，スハルト政権はインフレ抑制などマクロ経済の安定を図りながら，輸入代替工業化を進めた[3]。消費財および基礎産業を輸入代替の対象とし，高率の関税によって，それら産業の育成・発展を促した。第1次中東戦争に端を発する1973年の石油ショック後，原油価格は高騰し，原油収入による外貨収入増もあり，政府は石油精製，パルプ，セメントなど国有企業設立による資源関連産業への投資を増やした。この時期における資源関連収入は公的部門を潤したが，他方で割高な為替レートのもとで，合理性を欠く政策の実施などもあり，結果として輸入品よりも国内品の価格が高いというハイコスト・エコノミーが形成された。

1980年代に入ると，資源ブームの終焉を受けて，原油輸出に依存したインドネシアの経済成長は大きく減速した。危機感を強めたインドネシアは1980年代半ばから，原油依存からの脱却と工業化による経済発展を指向した。折しも，この時期は日本などからASEAN諸国への直接投資が拡大したこととも相まって，インドネシアも1990年代に入ると1994年に大規模な外資規制緩和を行ったこともあり直接投資の流入が増加した。政府も輸出企業に対するローカルコンテント規制の撤廃など規制緩和を行い，外資受け入れの環境を整備した。こうして，家電製品，履物など労働集約的分野を中心に輸出指向型産業が興隆し，工業製品輸出が拡大するようになった。インドネシアの輸出構造を見ると，1970年代後半から1980年代初めまで，総輸出の7～8割を原油（鉱物性燃料）が占めたが（**図10-3**），原油の割合は石油ブームの終焉により1980年代以後，低下した。代わって1980年代初めに1割に満たなかった工業製品の

---

2) インドネシアの独立宣言は1945年8月17日だが，オランダとの独立戦争の結果1949年にインドネシア連邦共和国が成立，1950年8月15日にインドネシア共和国が成立している。

3) 1億人超の人口を擁することは，国内市場の拡大を通じて内需主導の成長を可能にさせるから，輸入代替政策を長く支える条件となった。例えば，戦略的産業に位置づけられた自動車産業は1970年代半ばまでに完成車の輸入禁止など強力な政策により組立段階での輸入代替は完了し，1976年から政府は段階的に国産部品の使用の義務づけなどにより，製品の輸入代替段階に入った。

図 10-3 インドネシアの輸出：品目別内訳

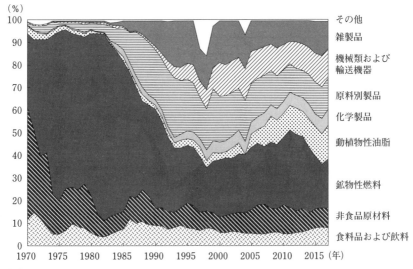

(注) SITC1 桁分類。
(資料) UN, *Comtrade Databasep*.

割合は，1990 年代半ばに約 6 割まで上昇した。

インドネシアはタイやマレーシアに続く工業化による発展の足掛かりをつかんだ矢先にアジア通貨危機が勃発した。通貨危機に直面するまでインドネシアは平均して 7%前後の成長を遂げるなど経済パフォーマンスは良好だったが，危機の影響がアジア全体に伝染すると，その影響は震源地のタイ以上に深刻なものとなった[4]。1997 年 7 月，タイで通貨危機が発生，タイ・バーツが暴落すると，インドネシアは 8 月，通貨ルピアを変動相場制に移行した。この制度変更のもとで，ドル建ての負債を抱えた民間企業によるドル買い需要によってルピア・レートが急落し，8 月には 1 ドル = 2,800 ルピアへ，1998 年 1 月には 1 ドル = 9,662 ルピアまで暴落した[5]。この過程で IMF などに金融支援を求めざるをえなくなった。1998 年 5 月にはジャカルタ市民による大規模な暴動が

---

[4] 1990 年代前半，ルピアの対ドル相場は変動が抑制されていた。固定的な為替相場のもとで，為替リスクが低いと見た海外投資家が資金を流入させた。民間部門が対外債務を増加させる状況を通貨当局は十分に把握，為替管理能力も乏しかったことが，通貨危機を深刻化する要因となった。

発生するなど社会混乱を引き起こし，32年間にわたるスハルト政権が崩壊した。こうした経済・社会混乱によって，1998年の経済は成長率が▲14.1％と大きく落ち込み，その後も停滞を続けた経済が成長軌道を取り戻すのは2004年以降である。

　危機が深刻化した背景には，インドネシアが資本移動の自由化[6]など急進的ともいえる経済自由化政策があったと考えられる。1980年代以後，バークレイ・マフィアと称されるテクノクラートが推進した経済自由化政策は，海外投資家のインドネシア経済に対する信認の上昇となり，自由な資本移動のもとで流入してきた外国資本（含む華僑資本）が国内の資本不足を補ってきた。しかし，結果として，経常収支の赤字および対外債務を膨張させて，対外的なショックに脆弱な構造となっていたのである。

10-1-2　フィリピン

　フィリピンは，スペインによる長い植民地時代を経て，19世紀末に米国の統治下に入った。第2次世界大戦後，米国から独立するが，米軍が長い期間駐留するなど米国の影響を現在に至るまで色濃く受けている。

　フィリピンは東南アジアの中ではかなり早い段階から工業化を開始した国である。そして，各種産業に対する優遇税制，政策金融などの支援によって，消費財分野における輸入代替が順調に進み，フィリピンは1960年初頭まで東南アジア随一の工業国であった。しかし，輸入代替工業化は狭い国内市場が充足されてしまうと，次第に工業化は行き詰まりを見せた。1965年に政権に就いたマルコス大統領は輸出振興による工業化を図ろうと，1967年の投資奨励法をはじめ，1970年には輸出振興法を制定，輸出産業に対して優遇措置を講じた。さらに，1972年に戒厳令を布告し，その後は大統領が強権によって開発を進

---

[5] 通貨危機直前の1997年6月は1ドル＝2,447ルピアだった。1997年10月，IMFから100億ドル，世界銀行から45億ドル，ADB（アジア開発銀行）から35億ドルなど総額230億ドルの支援がなされた。
[6] 資本移動の自由化は1971年に導入された。これは対華僑政策であった。華僑に対し，海外からの自由な資本の移動を保障することによって，華僑によるインドネシアへの投資を呼び込もうとした。このため，経済ファンダメンタルズが悪化し，為替の切り下げが予想されると大量の資本逃避が生じる可能性があった。

める，いわゆる権威主義開発体制を確立した。こうして1970年代は，大統領のリーダーシップによって，衣類や電気製品などの委託加工製品の輸出が拡大し，輸出主導で経済が成長した。

ただし，結果として輸出に占める工業品の比率は上昇したが，資本財や中間財を輸入に依存するという産業構造が残存した。このため，工業化に必要な資本財や原材料の輸入が増大し，貿易赤字と外貨不足の問題も深刻化した。また，マルコス体制では政策が一部の特権階級や取り巻き企業を利するクローニー・キャピタリズムが跋扈したほか，権力の濫用による無秩序な公的部門の肥大化も進んだ。しかも，保護主義的な関税政策によって国内企業の非効率体質も温存された。

こうした腐敗と財政肥大化の弊害は1979年の第2次石油ショックとそれに伴う世界同時不況によって，露見した。1983年のアキノ元上院議員暗殺事件を契機に外国資本の流出など金融危機が発生し，フィリピン経済は危機的状況に陥った。政府は，IMF・世界銀行から支援を余儀なくされた。こうした混乱の中で，マルコス政権は崩壊し，1986年にアキノ政権が誕生した。この時期，IMF・世界銀行からの融資条件（コンディショナリティ）として財政支出削減のほか，輸入規制の廃止，輸入関税の引き下げを実施するなど，それまでの保護政策の是正と産業の効率化に着手した。しかし，7度にわたる国軍将校によるクーデター未遂など政情の不安定な状況が続いたほか，湾岸戦争による石油価格の高騰，ピナツボ火山の噴火など自然災害にも見舞われ，経済は順調に発展を遂げることはできなかった。

1992年のラモス政権発足後はようやく政情が安定し，電力供給不足問題も改善するなど経済は拡大基調になった。しかし，ラモス後の政権を担ったエストラーダ大統領は大統領友人による株式不正取引をめぐるスキャンダル，アブ・サヤフによる外国人観光客誘拐事件，モロ・イスラム解放戦線（MILF）との大規模な武力衝突などの問題に対処できず，任期途中で政権は崩壊した。その後，政権に就いたアロヨ大統領のもとでも政治・社会的混乱は収束されなかった。このような状況下，実質GDP成長率で見ると1980年代は年平均2.0％，1990年代は同3.4％と低成長にとどまった。

世界銀行が1960年代以降の東アジアの高度成長過程を分析した『東アジア

の奇跡』（1993年）において，インドネシアは分析対象とされたが，フィリピンは含まれていない。

　政府部門による基礎的なインフラ（電力，道路，鉄道等）への投資や民間部門による設備投資を通じて，資本蓄積を進めることはそれ自体が経済成長につながるほか，長期的視点に立てば，経済発展の基盤を築くことになる。世界銀行は「高い投資率がまず成長を加速し，成長が貯蓄を増加させ，これが高い投資率を持続させる」という形で，成長，貯蓄，投資の好循環が形成を期待するが，フィリピンでは，この循環を形成できず，資本蓄積が進まなかった。政府部門による基礎的なインフラ投資も低水準にとどまったほか，民間部門による設備投資も低い貯蓄率を反映し，低迷した。その結果，海外からの直接投資も隣国と比べて低調な状況が続いた。

　発展途上国が工業化を進める場合，一般的には，①一次産品の輸出によって外貨を獲得し，その外貨で工業製品を輸入する。②従来は輸入していた工業製品を自国で生産する，③工業製品を国内で生産し，海外へ輸出するという3つのステップを踏んでいく。多くの国では，時間の経過とともに上記の①や②の段階を脱し，開放的な貿易・投資体制を段階的に整備することで，③の輸出振興による工業化の段階に移行する。

　しかし，フィリピンは資本蓄積が遅れたことに加えて，既得権益の影響力が強かったために，輸入代替から輸出振興への移行がうまく図られなかった。こうして，製造業の発展は限定的なものにとどまった。

　東アジアで発展を遂げた国々は，健全なマクロ経済運営のもとで，財政赤字の抑制，インフレの安定，持続可能な対外債務の水準を実現した。対照的にフィリピンは，慢性的な財政赤字，高水準のインフレに長年，悩まされ，1983年には対外債務危機を経験するなど，マクロ経済の安定を実現できなかった。汚職や腐敗が多く，政府のガバナンスがしっかりと働いていないと，それ自体が公平な社会の実現を阻害する。また，汚職や腐敗の存在は健全な競争を妨げ，技術革新を停滞させるリスクがあるほか，海外からの投資を阻害する要因になる。フィリピンは，伝統的に官僚機構が脆弱で，大土地所有者が強固な既得権を有する。こうした状況下，汚職や腐敗が横行したほか，既得権に切り込むような改革もなされなかった。

10-2 2000年代の経済動向

10-2-1 インドネシアにおける資源依存型経済への回帰

アジア通貨危機による経済混乱によって，スハルト大統領の32年間にも及ぶ長期政権が崩壊すると，政治の民主化と安定がインドネシアの大きな課題となった[7]。スハルト後，ハビビ，ワヒド，メガワティといった大統領下で制度的試行錯誤が続いたが，政治の安定はなしえず，経済成長率も2000年代半ばまで一度も6％に届かなかった[8]。

しかし，2004年に選挙によって選出されたユドヨノ大統領のもとで，政治社会情勢は安定に向かった。2期10年間続いたユドヨノ政権の後を受けて，2014年にはジョコ・ウィドド氏（ジャカルタ特別州知事）が大統領に選出され，名門・エリート層出身でない初めての大統領が誕生した。このように，民主化路線は着実に進展する中，経済は成長軌道に乗ることに成功した。1人当たりGDPは1980年の491ドルから通貨危機の影響から2000年は780ドルと20年間かけて倍増させることもできなかったが，2000年代の発展により，2017年に3,847ドルと2000年時の5倍近くまで増加した。

もっとも，この時期の経済成長をけん引したのは農業や資源セクターであった。インドネシアの輸出品目を見ると，工業製品（SITC 5-8合計）の輸出割合は2000年の58.7％から2010年には4割程度になった（2017年は46.0％）（**表10-1**）。代わって，一次産品，鉱物資源の輸出は2010年の40.9％から2017年には53.2％と比率を高めた（ちなみに2010年は58.5％）。特に，鉱物資源と植物性油脂，具体的には石炭とパーム油の輸出が拡大した。現在，石炭はオーストラリアに次ぐ世界第2位の輸出国であり，パーム油では2006年にマレーシアを抜いて世界最大の生産・輸出国となった。このように，インドネシアの輸出は2000年代に資源依存傾向を強め，一次産品価格の動向に大きく左右される

---

[7] アジア通貨危機後，インドネシア・ルピアは変動相場制に移行したが，スハルト政権崩壊後の混乱の中で一時的に危機前の1/7にまで暴落した。その後も不安定な状況が続いたが，2003年以後，ルピア相場は安定化に向かった。

[8] インドネシアにとって，6％成長は新規参入労働力を吸収して雇用を維持するために最低必要な水準とされている。

表 10-1 インドネシアの輸出品目

(単位：%)

SITC	品目	2000	2005	2010	2015	2016	2017
1	食料品，飲料およびたばこ	5.7	5.4	5.3	7.8	8.1	7.7
2	非食品原材料（鉱物性燃料を除く）	7.0	10.5	12.9	8.5	8.5	8.9
3	鉱物性燃料	25.4	27.6	29.7	23.2	19.3	21.7
	うち，原油	12.5	11.8	9.2	5.5	4.2	4.1
	天然ガス	10.7	10.7	8.7	6.9	4.9	5.3
	石炭，石炭製品	2.2	5.1	11.8	10.7	10.2	12.3
4	動植物性油脂	2.9	5.9	10.6	13.1	13.5	15.0
5	化学製品	5.1	5.4	5.3	5.8	6.7	7.0
6	原料別製品	20.0	16.9	14.0	13.9	14.1	13.8
7	機械類および輸送用機器	15.1	14.4	11.2	12.9	13.8	13.1
8	雑製品	18.5	13.6	10.5	14.1	15.1	12.1
9	その他	0.4	0.4	0.5	0.7	0.8	0.8
	合計（％）	100	100	100	100	100	100
	うち，工業製品割合	58.7	50.2	41.0	46.7	49.7	46.0
	輸出総額（10億ドル）	61.7	85.4	156.6	149.0	143.1	166.9

(注) 工業製品はSITC 5類から8類までの合計。
(資料) UN, *Comtrade Database*.

体質を強めた[9]。

　輸出構造において農業や資源セクターが主となった理由の第1は，2000年代に入ってからの資源ブームの影響である。2000年代を通じて，中国を中心としてアジア新興国における資源需要が高まり，インドネシアの資源供給国としての重要性が高まっていった。こういった輸出構造の変化が起きた要因として，地場の大資本が石炭・農園に参入したことがある。これらは投資回収が工業よりも早い。

　第2は，中国が「世界の工場」の役割を増すにつれて，競争力で劣るインドネシアの製品が中国製品に淘汰されたことがある。

　インドネシアの輸出先を見ると，先進国中心からアジア新興国へシフト，特に中国の比重が増している（**表10-2**）。インドネシアの貿易相手国において，1990年代に輸出・輸入ともに最大の相手国だった日本は，輸出が1990年の

---

[9] インドネシアは，かつて原油の純輸出国だったが，現在は純輸入国である。このため，原油価格の上昇は輸入の拡大要因になる。2012年に貿易収支は，内需の拡大に伴い輸入が増加し，1961年以来，51年ぶりに貿易収支が赤字となった。

表 10-2 インドネシアの貿易相手国

(単位：%, 10億ドル)

輸出（シェア）	1990	2000	2010	2015	2017	輸入（シェア）	1990	2000	2010	2015	2017
中国	3.3	4.5	10.0	10.1	13.8	中国	3.0	6.0	15.1	20.7	22.1
米国	13.2	13.7	9.1	10.9	10.7	シンガポール	5.8	11.3	14.9	12.3	10.7
日本	42.7	23.3	16.5	12.1	10.7	日本	24.3	16.1	12.5	9.3	9.0
インド	0.2	1.9	6.3	7.9	8.4	マレーシア	1.5	3.4	6.4	6.0	5.8
シンガポール	7.1	10.2	8.6	7.6	6.7	タイ	0.8	3.3	5.5	5.7	5.8
マレーシア	1.0	3.1	6.0	5.1	5.1	米国	11.5	10.1	6.9	5.3	5.2
韓国	5.3	6.9	8.0	5.1	4.9	韓国	4.5	6.2	5.7	5.9	5.0
フィリピン	0.6	1.3	2.0	2.6	4.0	オーストラリア	5.4	5.1	3.0	3.4	4.5
タイ	0.7	1.6	2.9	3.7	3.9	インド	0.7	1.6	2.4	1.9	2.5
オランダ	2.8	3.0	2.4	2.3	2.4	サウジアラビア	1.7	4.8	3.2	2.4	2.2
合計（％）	100	100	100	100	100	合計（％）	100	100	100	100	100
輸出総額（10億ドル）	25.6	61.7	156.6	149.0	166.9	輸入総額（10億ドル）	21.8	33.5	135.6	142.0	156.5

（資料）UN, *Comtrade Database*.

42.7％から2017年は10.7％に，輸入も同期間に24.3％から9.0％へ大幅に低下した。代わって，中国が輸出では1990年の3.3％から2017年には13.8％，輸入も同期間で3.0％から22.1％へ大幅にシェアを拡大した。

表10-3は，インドネシアの中国貿易の主要品目を挙げたものである。2000年まで大きなシェアを有した原油が低下する一方，石炭，天然ガス，植物性油脂（パーム油）と上位品目はいずれも一次産品である。他方，輸入品目を見ると，電気製品，一般機械が大きな割合を占めるが石炭等を除けば，ほとんどが工業製品である。このように，インドネシアは中国との間で資源など一次産品を輸出し，製品を輸入する垂直貿易関係となっている。

インドネシアにおける工業品の国際競争力指数の推移を見ると，低位，中位，高位のすべてのレベルで競争力の低下が観察される（**図10-4**）。それは，工業製品割合が2000年の58.7％から2017年に46％に低下したことからも見て取れる（**表10-1**）。

特に，低熟練（low-skill）製品の競争力低下はCoxhead［2007］の説明が説得力を持つ。彼は，世界の工場になった中国の急速な台頭がASEANの労働集約型産業に与える影響を分析する中で，インドネシアは中国と競合品目が多く，影響を受けやすいことを明らかにした。また，Aswicahyono and Hill［2016］

表 10-3　インドネシアの対中国主要貿易品目

(単位：％, 100 万ドル)

輸出	1990	2000	2010	2015	2016	増減
原油	31.1	34.7	8.1	4.6	4.8	▲29.9
石炭	0.5	0.2	28.0	18.1	21.6	21.4
天然ガス	0.0	2.2	2.2	7.2	5.2	2.9
植物性油脂	1.6	5.0	14.6	17.6	14.0	9.0
紙・パルプ	0.5	12.3	4.2	7.2	5.8	▲6.5
鉄鋼	0.0	0.3	0.1	2.1	5.5	5.2
化学製品	0.1	7.9	5.8	3.9	4.7	▲3.2
鉄くず・スクラップ	2.5	0.3	9.3	3.4	4.2	3.9
服・繊維製品	0.2	4.6	2.0	4.5	3.7	▲0.8
木材・コルク・家具	48.6	11.3	1.8	5.9	5.1	▲6.2
合計	100	100	100	100	100	
輸出総計 (100 万ドル)	834	2,768	15,693	15,046	16,786	6.1
輸入	1990	2000	2010	2015	2016	増減
電気製品	1.4	8.3	15.6	18.2	16.9	8.7
一般機械	6.8	5.6	16.1	17.4	16.4	10.8
鉄鋼・鋼板	2.3	2.9	2.8	6.4	8.2	5.3
石炭	1.9	0.6	9.8	4.7	5.8	5.2
服・繊維製品	5.9	7.8	5.2	7.2	7.1	▲0.7
化学製品	4.9	7.1	4.6	3.9	3.9	▲3.1
植物性油脂	1.1	2.4	5.1	4.3	3.4	1.0
原油・石油製品	17.2	20.3	4.6	1.9	2.9	▲17.5
輸送機器	3.2	2.0	2.2	2.2	2.4	0.4
金属製品	1.1	1.3	2.0	2.4	2.3	1.1
合計	100	100	100	100	100	
輸入総計 (100 万ドル)	1,732	6,328	46,794	62,294	69,666	11.0

(注)　増減項目において，シェア増減は 2016 年と 2000 年とのポイント差。また，輸出，輸入総計は 2016 年の 2000 年の倍数。
(資料)　UN, *Comtrade Database*.

によれば，2000 年代におけるインドネシアは，賃金上昇に見合う生産性が上昇せず，労働単位コストの増加やインフラ整備の遅れから物流コストが嵩むなど，コスト面から競争力が低下した点が指摘されている。

　インドネシアの産業構造を長期的に見ると，1990 年代までは農業から製造業に付加価値生産がシフトし，就業人口も農業から製造業部門への転換によって低下した。経済全体に占める付加価値割合を見ると，1970 年に 48.6％だった農業部門のシェアは 1980 年に 24.6％，1990 年に 16.3％，2000 年に 8.9％と

216　第3部　中所得国の罠は回避できるか：中国とASEANの発展と展望

図10-4　インドネシアの国際競争力指数（技術レベル別内訳）

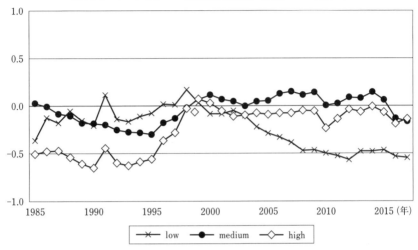

（資料）UN, *Comtrade Database*.

図10-5　インドネシアの産業構造（付加価値割合）

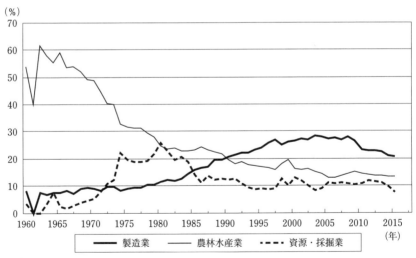

（資料）UN, *National Account Aggregate Database*.

低下していった（図 10-5）。代わりに 1970 年時点で 9.1％だった製造業は，1980 年 11.6％，1990 年 20.1％，2000 年 26.4％とシェアを高めた。しかし，2000 年代に入ってから製造業のシェアは 2003 年（28.3％）をピークに，2010 年以後は下降に転じた。

以上見てきたように，インドネシアは 2000 年代に入って以後，製造業の割合が相対的に地盤沈下する一方，農業と鉱業における競争力の重要性が高まり，特に輸出面からは資源輸出国へと回帰している。

10-2-2　2000 年代におけるフィリピンのサービス業主導型成長：IT-BPO 産業の興隆

フィリピンは 2012 年以降，6％を超す高い成長率を記録しているが，サービス業が成長のけん引役を果たしている（図 10-6）。フィリピンは，人口が年率 2％のペースで増加し，2014 年に 1 億人を突破，平均年齢は 24.2 歳と若い。今後も人口増加が続くと見られ，長期的に消費市場の成長ポテンシャルが高いことから，消費財製造業や消費者向けサービス産業の投資も拡大している。

通常，経済が発展するにつれて，一国の経済活動は農業など第 1 次産業を中心とするものから製造業などの第 2 次産業へ，そしてサービス業を中心とする第 3 次産業に移っていく。フィリピンについて見ると，農林水産業の割合は 2000 年代に入り低下する一方，製造業の割合は 2010 年代まで 25％程度で横ばい推移した後，緩やかに低下している。その一方で，サービス業の割合は 1970 年代半ばを底として一貫して増加基調にある。すなわち，フィリピンの場合，製造業が十分に発展する前にサービス業の割合が高まっている（図 10-7）。

フィリピンにおける工業品の国際競争力の推移を見ると，2000 年代に低熟練（low-skill）技術の製品競争力が低下し，マイナス圏で推移している一方，中熟練（medium-skill）や高熟練（high-skill）技術は変化しなかった（図 10-8）。このことは，この時期，製造業が高度化することがなかったことを示している。つまり，2000 年代の成長は工業化というよりもサービス業主導で成長がなされたのである。

フィリピンにおいて，サービス業主導の成長モデルを可能にした要因として，海外フィリピン人労働者（Overseas Filipino Workers：OFW）送金と IT-BPO 産

図 10-6 フィリピンの経済成長率（産業別寄与度）

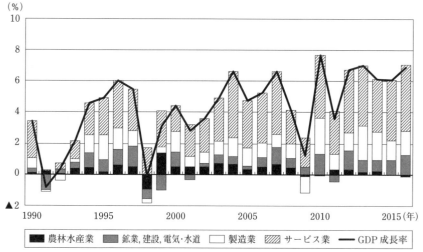

■ 農林水産業　■ 鉱業,建設,電気・水道　□ 製造業　▧ サービス業　— GDP 成長率

（資料）　UN, *Comtrade Database*.

図 10-7 フィリピンの産業構造（付加価値割合）

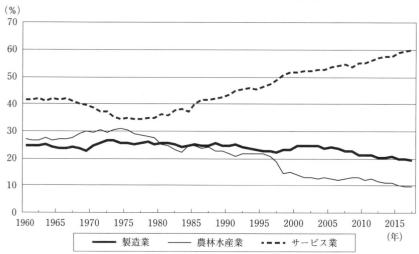

— 製造業　　— 農林水産業　　--- サービス業

（資料）　World Bank, *World Development Indicators Database*.

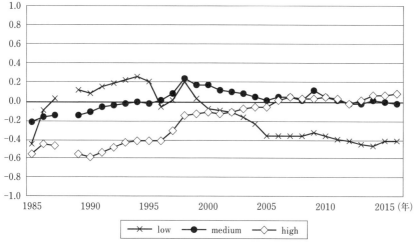

図 10-8　フィリピンの国際競争力指数（技術レベル別内訳）

（資料）UN, *Comtrade Database*.

業が挙げられる。2000 年代に入って以後，OFW 送金，IT-BPO 産業はともに拡大している。2018 年の OFW 送金額は 337 億ドルと 2000 年対比約 5 倍に増加した。また，9 割以上が海外向けとなる BPO 関連の売上額は 2005 年から 2016 年にかけて約 4 倍となった。現在，OFW 送金と BPO 関連輸出の経済全体に占めるシェアは 1 割を超えており，その動向が経済パフォーマンスを左右している。ここでは，IT-BPO について詳しく見ていこう。

IT-BPO (Information Technology and Business Process Outsourcing)[10] は，フィリピンで 2000 年以降に急速に成長した[11]。それは，コールセンター，トランスクリプション（テープ起こし，翻訳），ソフトウェアやコンテンツの開発など多岐にわたるが，売上の大半はコールセンター部門である。もっとも，医療情報管理，アニメーション，ソフトウェア開発といった部門も成長している。

---

10) インドやフィリピンなどでは "outsourcing" がサービス発注側の見地しか反映していないとして，代わりに "management" を用いて IT-BPM と産業名を表記している。

11) フィリピンにおける IT-BPO 産業は，1992 年にアクセンチュア・グループのフランク・ホルツ社（Frank Holz Gmbh）がコンタクト・センターを設立したことに始まる。

IT-BPO産業の部門横断的な業界団体であるフィリピン情報技術ビジネス・プロセス協会（IBPAP）によれば，産業全体での雇用者は前年比20％で増加している。2016年時点で130万人以上をフルタイムで雇用している。その半数がコンタクト・センター部門だが，2010年以降はソフトウェア開発や文書・情報管理部門（特に医療情報管理）での増加が見られる。IT-BPO部門の輸出先を見ると，米国への輸出が全体の7割以上を占める。

アウトソース先としてフィリピンが選好される理由は，流暢な英語を話せる人材を低賃金で雇用できることが挙げられる。フィリピンでは大半の国民が英語を話すことができる。フィリピンでは小学校から英語教育が開始されるほか，多くの科目が英語で授業が実施される。しかも米国の植民地であったことから，アクセントなどが米国英語に近いといわれている。コールセンターでは基本的に音声のみで顧客とやり取りをする必要があるため，聞き取りづらいことは大きな障害となる[12]。その点，フィリピン人の英語は聞き取りやすく，米国企業を中心とする顧客にとってはアウトソーシングしやすい。また，非製造業の月額賃金（一般職）は，欧米の4分の1程度であり，低廉な労働コストも魅力である。こうした魅力を生かすべく，2004年にはフィリピンに進出するBPO関連企業に対し，法人税免除など手厚い投資優遇措置を講じ，企業誘致も行っている。

10-3　非工業化型成長の持続性：インドネシアとフィリピンの発展戦略の方向性

インドネシアやフィリピンは2000年代に製造業が主導しない形の発展パターンで成長を遂げた。しかし，工業化は一般的に規模の経済性の発揮，後方および前方連関で波及効果が大きい，技術進歩が速く生産性向上がもたらされやすいといった点で経済発展を促しやすい部門である。第2章や第3章で提起されたように，経済発展を十分に遂げない段階で工業部門が縮小に向かうと，雇用が生産性・付加価値の低いサービス部門へシフトし，経済全体が停滞する，

---

[12] 旧英国領であったインドやバングラデシュも多くの国民が英語を話せるが，これらの国々の英語はなまりが強いといわれる。

いわゆる未熟な脱工業化が生じてしまう。インドネシアやフィリピンは未熟な脱工業化に陥るのか。あるいは，それを回避するためにはどのような戦略がとられるべきなのか，検討しよう。

10-3-1　インドネシア：資源加工型工業の振興により未熟な脱工業化を回避

　世界第4位の2億人を超える人口を抱え，5％を超える成長を続けるインドネシアは，G20メンバーになるなど存在感を高めている[13]。インドネシアは今後10年のスパンで高位中所得段階を目指すステージにあるが，政府は「インドネシア経済開発拡大・加速マスタープラン2011-2025年」において，「21世紀の先進国」，「2025年に世界の10大経済国」になることを目標に掲げている。インドネシアにとって，人口が大規模なだけでなく，2030年代まで続く「人口ボーナス」がこれから最も大きな効果を発揮するだろう。すなわち，今後20年がインドネシアにとってキャッチアップのチャンスとなる。ただし，ここで留意すべきは2000年代にインドネシア経済を押し上げる原動力となった資源や農産品に依存した成長は持続的とはいえないことである。2014年以後，世界的に資源価格が低迷する中，インドネシアの資源，農産品輸出も増勢の減退を余儀なくされている。原油生産量は減少傾向にあり，すでに国内消費量を下回っている。また，天然ガス生産量も頭打ちである。こうして，インドネシアは新たな戦略構築に迫られているが，特に，2000年代に相対的に競争力が低下した製造業の立て直しは必須といえるだろう。

　インドネシア経済の有力な成長源泉である「資源」を活用する観点からは，資源加工型の関連産業を通じて，資源の付加価値を高めることが重要といえる。この点を考えるうえで，マレーシアは，石油関連製品の輸出総額に占める未加工品の割合が1980年に9割に達していた。しかし，その後，同国は投資環境を整備して精製等の関連産業の振興に成功し，その比率を2015年に2割まで低下させている。対照的に，インドネシアの同比率は1980年から2015年にかけて7割程度で，資源産業の高付加価値化は進んでいない[14]。この違いが，高

---

13)　インドネシアは，国益を重視した独立かつ能動的な全方位外交を理念とし，ASEANからの唯一のG20メンバーとして国際社会で存在感を増しており，わが国を含め，米国，オーストラリア，中国，インドといった戦略的パートナーシップを有する国々との協力関係を強化している。

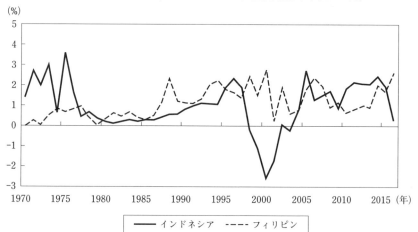

図10-9 インドネシア，フィリピンへの直接投資流入（対GDP比）

（注）3カ年移動平均。マイナスは資産引き上げに伴う投資純減。
（資料）UNCTAD Database.

位中所得国であるマレーシアと低位中所得国にとどまるインドネシアの発展度合いを分ける要因と見ることもできよう。

低位中所得段階にあるインドネシアでは，過剰な労働がまだ存在し，資本投入型成長の余地が大きいといえる。しかしながら，外国企業はこれまでインドネシアを魅力的な投資先と見てこなかった。

インドネシアへの直接投資流入額を見ると，アジア通貨危機に直面した1998年から2002年までは2001年を除き，投資引き上げに伴う純減を記録した（**図10-9**）。政治的安定を取り戻した2004年以後，直接投資は増加基調にあるが，依然として課題は多い。

第1に，制度面の不整備や煩雑さである。企業の事業のしやすさを評価した世界銀行の *Doing Business Survey*（2019年版）によれば，調査対象190カ国中，インドネシアは73位だが，これは所得水準が低いベトナム（69位）を下回る。インドネシアの場合，契約執行（144位）や法人設立手続き（112位）の煩雑

---

14) みずほフィナンシャル・グループ［2017, pp. 9-10］。

さが課題となっている。

　第2に，インフラの供給不足である。現在，首都ジャカルタ市内は交通渋滞が深刻であり，公共交通機関の活用が急務となっている。脆弱なインフラは生産効率を低下させるだけでなく，投資家のマインドの減退要因となる。また，現状，投資がジャワ島に集中している。今後，国土の均衡ある発展という観点からは，スマトラやカリマンタンなといった外島部のインフラ整備を進め，投資誘致を図ることが求められよう。

　2014年に就任したジョコ・ウィドド大統領は海外からの企業誘致を通じた産業振興を図ろうとしている。そのために，投資環境の改善を改革の旗印に掲げてきた。例えば，企業活動を阻害するインフラ不足の問題を改善するため，補助金等の抑制を通じてインフラ整備費に対する予算配分を高めたほか，段階的に発表された政策パッケージの中で投資許認可手続きや輸出入手続きの簡素化を打ち出した。国有石油会社のプルタミナの経営改革や，主要産油国からの投資誘致を推進している。こうした改革にはある程度の時間を要すると同時に，一枚岩でない議会や行政府をまとめるだけの政治力も求められる。また，外島部のインフラ投資として，スマトラやカリマンタンで縦断道路建設を進めている。インフラの供給力不足や法・制度の未整備は，投資先としての魅力を低下させるとともに，有力な成長源泉である資源を加工することで付加価値を高めることもできない。

　以上のような課題を克服できない場合，インドネシアは，工業化による発展がままならず一次産品輸出国のままという状態に置かれてしまう可能性がある。こうした状況は，まさに中所得国の罠に嵌められたと表現すべきだろう。

10-3-2　フィリピン：IT-BPOを成長の核とするも雇用創出の観点からは工業化も重要に

　フィリピン経済はIT-BPO産業をけん引役とした成長モデルを展開してきたが，これは持続可能であろうか。

　現在，世界中でITネットワークが高度に張りめぐらされる中，多くのことが遠隔地で管理・操作できるようになっている。こうした環境下，企業は自らの競争力ある分野へ資金や資源を集中する一方，中核といえない非コア業務を

アウトソーシングすることで，経営の効率化を図る必要に迫られるだろう。そうした中で，非コア業務のアウトソース先としてフィリピンは期待が大きい[15]。しかしながら，現状，フィリピンが受け持つ内容を見ると，半分以上がコールセンター業務である。労働集約的なコールセンター業務は，ベトナム，東欧諸国といった新興諸国が人件費の低さを武器に参入しており，コスト競争力ではいずれ立ち行かなくなるだろう。こうした中，フィリピンが今後も IT-BPO 産業を発展の中核に据えていくためには，受け持つ業務をソフトウェア開発やアニメーションなど，これまでよりも高度な知識やスキルに基づく分野へシフトしていく必要がある。ただし，現状，フィリピンにはそうした高度な専門知識を持つ人材が不足している。フィリピン政府や業界団体も技能訓練の充実など供給力強化に注力しているものの，いまだ十分とはいえない。

また，BPO だけでは国内の雇用を十分に雇用できない。この点で，幅広く雇用を吸収する観点からは製造業の強化が求められよう。しかし，フィリピンの場合，過去の政情や治安上の不安により，製造業投資やこれに伴う産業集積が進んでいない。

フィリピンは，近隣諸国に比べて，海外からの直接投資流入が少ない（**図10-10**）。フィリピンへの直接投資流入額を年代別にみると，1970 年代：年平均 0.9 億ドル，1980 年代：3.6 億ドル，通貨危機前の ASEAN 投資ブーム期（1990-1996 年）でも 11 億ドルにとどまった。タイやマレーシアなどでは 1980 年代から産業振興策を手掛けて，着実に工業化による経済成長を遂げてきたが，フィリピンは，国内産業保護政策がとられたため，財閥や地主などによる経済の寡占化が進み，治安悪化や自然災害などの不運も重なり，外資の流入は極めて限定的だった。国内の産業が育たず，雇用機会もフィリピン国内には創出されなかったことから，英語が得意な点を生かして，海外に職を求めるフィリピン人が増加していき，これによりさらに産業発展の機会が逸失されていく循環に陥った。

---

15) BPO 産業の潜在需要は大きい。今後も市場は拡大していくことが予想される。フィリピン情報技術ビジネス・プロセス協会（IBPAP）は，BPO におけるフィリピンの世界シェアが，2016 年の 11% から 2022 年には 14% まで高まるとの見通しを示した。世界の BPO 市場は年間 4-5% で成長するが，フィリピンは売上高が 9%，雇用者数が 8% と上回ると見込んでいる。

図 10-10 インドネシア，フィリピンへの直接投資流額

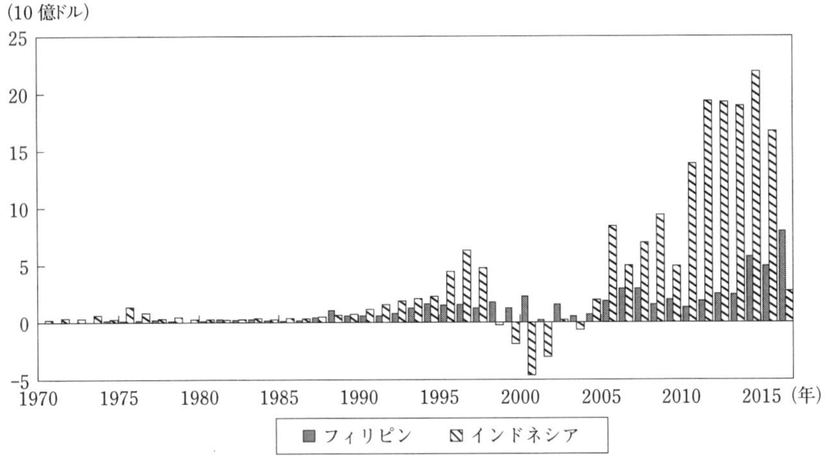

(注) 実行ベース。マイナスは資産引き上げに伴う投資純減。
(資料) UNCTAD Database.

　世界銀行の *Doing Business Survey* (2019年版)によれば，調査対象190カ国中，フィリピンは124位と下位に評価される。特に，法人手続き (166位)の煩雑さ，少数投資家保護度合 (132位)に加えて，信用供与 (184位)などで低い評価となっている。

　もっとも，アキノ政権期 (2010-2016年) に改革の成果で成長率は年平均6.1%に達するなど，経済パフォーマンスは上向いている。アキノ政権では汚職対策の強化や治安の安定化などの取り組みは投資環境の改善につながった[16]。こうして，フィリピンへの直接投資は2010年代に入り拡大傾向にある。

　2016年に就任したドゥテルテ大統領は，フィリピンの潜在力を発揮するため，基本的にアキノ政権の改革路線を継承して汚職対策強化，人材育成，治安対策強化，インフラ整備などに取り組む方針を打ち出している。ドゥテルテ政権はインフラ予算のGDP比を2015年の4%から5-7%に引き上げ，2017-2022年に

---
[16] 2012年の施政方針演説で，アキノ大統領は「かつてアジアの病人といわれたフィリピンは現在，活力に満ちている」と宣言するに至った。

合計8.2兆ペソを支出する計画だ[17]。前政権同様に官民連携（PPP）事業も積極的に推進する方針で，鉄道施設・港湾開発など大型のプロジェクトには，外国企業の事業機会を拡大させたい意向だ。こうした政策が着実に実行されれば，多くの国民が英語を話せるフィリピンの優位性が発揮され，中期的なフィリピン経済の成長に寄与していくであろう。

　フィリピンは今後，高い生産年齢人口の伸びが見込まれ，労働投入面から中期的な成長は下支えされる。1億人を超える人口を有するフィリピンでは，人口増加は生産面だけでなく所得の上昇が続けば消費市場としての魅力を高めることになる。実際，フィリピンの中間所得層は2022年にはタイを上回る見通しである。しかし，所得階層を5段階に分けた際，最も豊かな20％の国民が富の約50％を所有している状況は，アロヨ政権以来変わっていない。こうしたフィリピン国内の経済格差を是正し，中間所得層を育成していかない限り，フィリピンは真の「1億人市場」となれず，国内外の企業がフィリピンの内需を魅力的な市場として認識することはないだろう。

　2000年代におけるフィリピン経済は製造業を起点としなくてもサービス業主導で経済成長ができることを示した。今後もBPO産業の強みを維持・強化していく政策支援や活性化策が欠かせないが，雇用吸収力などの観点からすればIT-BPO分野では経済を持続的に発展に導くことは難しい。外国企業の誘致を図りながら，製造業を育成することはやはり重要である。フィリピンは，グローバル化の時代に人的資本を中核に据えて，工業化とサービス化を両輪とする経済発展モデル[18]を実現することで，高位段階にステップアップすることを目指すべきだろう。

---

17)　フィリピン政府は，製造業再興戦略をとりまとめている。20以上のセクターについて，業界団体を中心にロードマップを策定してきた。ドゥテルテ政権下において，"Philippine ambition: No more poor Filipinos by 2040" や "2017 Investment Priorities Plan" が承認され，"Philippine Development Plan（PDP）2017-22" などの発展計画が策定されている。

18)　生産ラインの自動化を支援する企業や，半導体の論理設計などは既に取り組まれており，これらを発展させるとともに，設計自動化を支援するEDA（Electric Data Automation）など設計開発能力を向上させることで，付加価値を高めることも考えられる。

【コラム】国内消費を支える海外労働者送金

フィリピン経済は，2000年代入り後，消費主導の成長を遂げた。こうした旺盛な消費を可能とする背景には，海外からの送金が堅調に拡大していることがある。海外で雇用契約を結んだ海外フィリピン人労働者（Oversea Filipino Workers：OFW）からの送金額は，2000年に70億ドルだったが，2018年は337億ドルと5倍近く増加した（**図10-11**）。GDP比で約10%の規模に達するOFW送金は，フィリピン経済において外貨獲得源だけでなく，消費の拡大という点でも重要な役割を果たしている。

OFWは1975年の3.6万人から2016年には228.1万人と60倍以上になった。OFWのうち約2割が海上雇用者である（野村［2014］）。船員の供給国としてフィリピンは世界の海運業界を支える存在となっている。また，陸上における雇用者を見ると，国別上位はUAE，カタール，クウェートなどの中東諸国や，シンガポールやマレーシアといったアジアの中で所得水準が高い国となっている。このうち，男性の多くは建設業や製造業に従事する一方，女性は家事労働者や看護師として働く比率が高い。

このように，多くのフィリピン人が海外で労働力となる背景として，英語に堪能なことが挙げられる。また，政府も1982年にフィリピン海外雇用庁を設立して，海外在住者に対してさまざまな便宜を供与するなど，労働力の輸出を推進してきた。

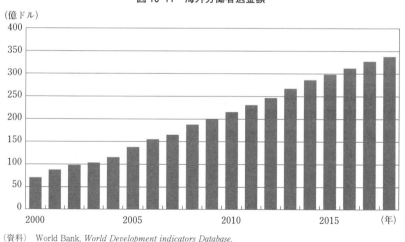

図10-11　海外労働者送金額

（資料）World Bank, *World Development indicators Database*.

しかし，多くの国民が出稼ぎ労働者として，海外に就業機会を求めたのは，フィリピン国内に十分な産業基盤がなく，雇用の受け皿がないためであることを忘れてはならない。2018年の失業率は5.3％と依然，高水準にある。特に，15-24歳が失業者全体の44.6％と大きな割合を占めている。また，就業していても生活のために追加的な仕事を求める「不完全就業者」割合は16.4％と高い。1億人を超えるフィリピンでは雇用問題は重要な課題だが，その解決のためには，結局のところ途上国の経済政策の基本に戻ることだろう。それは，脆弱なインフラを整備し，外資にとって魅力ある投資環境とすることで，外資誘致を図るとともに国内産業の発展に努めることである。実際，ドゥテルテ政権は，「ビルド・ビルド・ビルド」と呼ばれる大規模なインフラ整備を進めることで，投資環境を強化し，雇用の創出，国民所得の向上に結びつけたい考えである。これらの施策を通じて，国内に十分な雇用機会を生み出し，安定的な経済成長へとつなげることができれば，出稼ぎ労働者や海外送金といったフィリピン独自の経済的特徴は薄れていくことになろう。

第11章 ベトナム経済：要素市場と持続的発展の展望

ベトナムは，1986年に開始したドイモイ（刷新）政策により，社会主義経済体制から市場経済へ移行し，対外開放を実現した結果，2000年代末に貧困からの脱却，低位中所得段階への発展を果たしてきた。それはドイモイのフェーズ I である。しかし，2000年代末からのドイモイのフェーズ II においてマクロ経済の不安定，経済成長の減速，投資の非効率性などの問題が表面化した[1]。近年，外国直接（FDI）の着実な増加と現政権の行政改革などで成長率を7%前後で維持している。しかし，資本や土地などの要素市場が十分に整備されていない。今後，そのような制度改革をはじめとする新たなドイモイを実現し，低位中所得国の罠を回避し，高位中所得国へと持続的に成長しなければならない。もっと長期的に展望すると，人的資源の開発，生産性の向上などで2020年代に現在より高度成長を実現し，2030年代に高所得国への発展を目指すことができよう。

本章はこれまでのベトナムの市場経済への移行と発展過程を分析し，現段階の特徴を明らかにしたうえで，今後の展望を試みる。本章の論点は2つある。1つは，ベトナムの市場経済への移行戦略は「ベトナム型漸進主義」として特徴づけられるが，その戦略は現段階では問題の原因となっており，今後の改革の焦点として「ベトナム型漸進主義」を改めなければならないことである。もう1つは中所得国の罠の問題がベトナムの場合にどう適用されるべきかという論点である。

この2つの論点はそれぞれ「移行」と「開発」の問題であるが，両方とも相互に密接に関連し，ベトナムの経済発展にとって重要な視点である。

---

1) 筆者（トラン［2010］）において新たなドイモイとしてこの段階のベトナム経済の改革課題を論じている。

以下，11-1 節は，ベトナムの移行戦略は貧困の罠からの脱却に成功したドイモイのフェーズ I をレビューし，評価する。11-2 節は，2000 年代末以降のマクロ経済の不安定，経済成長の非効率化などの問題が表面化し，新たなドイモイ（フェーズ II）の課題として要素市場の低発達の実態を示し，今後，低位中所得国の「罠」を避けるために資本市場，土地市場と労働市場の改革が不可欠であることを論じる。11-3 節は，制度改革と適切な発展戦略で工業化と FDI の新しい関係のもとで今後のベトナム経済の高度成長の可能性を示す。最後に本章の分析結果をまとめる。

11-1　ドイモイのフェーズ I とその成果：1986-2006 年

ベトナム戦争が 1975 年に終結し，翌年に南北ベトナムが再統一した後，1955 年から推進してきた北ベトナムでの社会主義経済システムが全国に適用されるようになった。その後，ベトナムをめぐる国際環境の悪化に加えて，欠陥の多い社会主義システムが経済に混乱や停滞をもたらした[2]。

危機に直面した共産党の指導者は経済システムの転換の必要性を認識し，1986 年 12 月にドイモイ（刷新）政策を決定した。農業の集団的生産を改め，土地の請負制という家族単位ベースの生産システムを導入し，工業・サービスにおいて民間企業の活動を認め，外資導入政策も採択した。

しかし，ドイモイの最初の 5-6 年間はマクロ経済の不安定とその克服の努力過程であった。特に国営企業の赤字を補填するために中央銀行が貨幣増刷を継続したので，ハイパーインフレが生じた。1986 年から 1988 年までのインフレは年率 400％ も記録した。経済成長も 1986-1987 年に年率 3％ 前後と低く，1988-1991 年にやっと年平均 5％ であった。1989 年に実施した急進的経済安定化政策でインフラが沈静化し，1992 年に一桁に低下した[3]。経済成長率も 1992

---

[2] 社会主義経済システムの欠陥について例えばトラン［2010，第 1 章と第 2 章］を参照。1976 年以降のベトナム経済の状況と問題について同書の第 4 章を参照。

[3] 経済安定化政策は財政赤字の大幅な縮小，貨幣供給の削減，正の実質金利などの内容であった。ベトナムの市場経済への移行戦略は漸進主義的であったが，1989 年の安定化政策はショック療法で急進主義的であったといえる。漸進主義と急進主義的市場以降戦略についてトラン［2010，第 2 章］を参照。

年に8％台へ上昇した。

ベトナムは市場経済に一歩進んで安定化に成功した1990年代初頭に国際環境も大きく好転し，その後の発展に有利になった。1993年に世界銀行や国際通貨基金（IMF）との関係が正常化し，日本などの先進国の政府開発援助（ODA）も導入できるようになったので，インフラの整備が本格化した。1995年に米国との国交正常化，ASEAN加盟も実現した[4]。この追い風でベトナム経済はマクロ安定を維持しながら1997年まで8-9％成長を実現した。アジア通貨危機の影響もあって成長が1998-1999年に5-6％に減速したが，2000年から2007年まで7-8％へと回復した。

このように約15年間にわたって比較的に高い成長が実現できた。現行の為替レートでベトナムの1人当たりGDPが1993年に250ドルしかなかったが[5]，2008年に1,000ドルを突破した。これでベトナムは世界銀行の分類による低所得国から（低位の）中所得国に仲間入りすることができたのである。ベトナムでの貧困削減も1990年代から着実に進展してきた。世界銀行の基準に基づく貧困人口比率（貧困線の下にある人口の比率）が1990年の50％強から着実に低下し，2004年から10％を下回るようになった（World Bank [2006, p. 20]）。

この良好なパフォーマンスとドイモイとの関係を次のように説明できる。

第1に，何よりもまず経済システムの転換に伴って制度的に縛られた生産要素が開放され，潜在生産力が顕在化したことである。特に農業部門での改革の成果が大きかった。共産党政治局の「10号決議」（1988年）以降，農民の生産意欲が高まり，米を中心とする農業生産が急速に増加し，食糧生産量が1988年から拡大した。1989年には米の輸出が再開され，しかも一気に131万トンを記録した。それ以降1991年を除いて年間輸出量が200万トン前後を続けた後，400万トン台に達した。農業生産の停滞・食糧不足の状態が続いてきた1987年までの期間と比べれば画期的な成果であった。

---

4) 詳しくはトラン［2010，第3・4章］を参照。
5) 1988年末に首相の決定（QĐ 271/CTHĐBT）で市場の実勢を反映した形で為替レートが調整された（米ドル当たり900ドンであった1988年から翌年に4,500ドンになった大幅な切り下げ）。このため，1986年の1人当たりGDPは422ドルであったが，1989年のそれは94ドルしかなかった。実質ベースでは世界銀行の世界開発指標によると，2005年価格の1人当たりGDPはドイモイ開始年（1986年）に240ドル，1993年に317ドル，2008年に776ドル，2013年に931ドルであった。

工業部門においては外資系企業を含む民間企業の発展促進が工業生産の拡大をもたらした。民間企業の活動を承認した企業法が1988年に制定された結果，私営のレストランや商店が大量に生まれた。民間企業の活動の諸規制が1999年の新しい企業法の制定で大幅に緩和され，新しい生産企業が設立された。貿易の国家独占も1988年に廃止し，輸入の数量規制も関税に変わった。外資導入法が1987年に制定され，数次にわたる改正を図って外国企業が活動しやすい環境を整備してきた。

　これらの改革で労働力の多くが農業からより生産性が高い工業とサービス業へと移動した結果，雇用に占める非農業のシェアは1985年の25％から2010年の55％まで上昇した。工業化の進展に伴って経済構造が変化し，農業の割合が急速に低下し，工業・サービスのそれが着実に上昇した。1990年代初頭において20％程度であった輸出の工業化率（総輸出に占める工業品のシェア）が2010年頃に60％を上回るレベルまで上昇した。

　第2に，ドイモイのもう1つの柱である対外開放政策もさまざまな面において経済安定化と経済発展を促進した。開放政策では，経済管理・運営に関する新しい知識，アイデアが導入され，マクロ経済政策の改善に役立ったし，海外市場に関する情報も入り，輸出が拡大し，国内資源を有効に活用できた。1985年に5％しかなかった輸出依存度（GDPに対する輸出の割合）は1995年に26％，2008年に64％，2013年に77％へと急速に上昇した。また，国内貯蓄が乏しかったベトナムにとって外国資本の導入が大きな役割を演じた。実際に国内の総投資に占める外国直接投資（FDI）の割合は平均して20％前後に達し，工業生産に占める外資系企業のシェアは2000年頃から40％以上上昇した（**表11-1**）。

　ちなみに，その国内の総投資自体が1990年代初頭から急速に拡大し，投資率（GDPに対する投資の割合）が1991年の15％から2001年の31％へと上昇した。その背景に制度改革による国内民間企業の投資，対外開放（外資導入法の制定など）による外国企業の投資があったが，上述のODAが開始された1993年から持続的に増加してきたことも，総投資の拡大に貢献したのである。投資の拡大が資本蓄積を促進し，労働生産性の向上，工業化の進展をもたらしたことはいうまでもない[6]。

表 11-1　所有形態別 GDP と工業生産シェア　（単位：％）

	1995	2000	2005	2010	2013	2015	2017
A. GDP							
国有企業	40.2	38.5	38.4	33.7	32.2	–	–
	–	–	–	(29.3)	(29.0)	(28.7)	(28.6)
非国有企業	53.5	48.2	45.6	47.5	48.2	–	–
	–	–	–	(43.0)	(43.5)	(43.2)	(41.7)
集団所有	10.1	8.6	6.8	5.4	5.0	–	–
	–	–	–	(4.0)	(4.0)	(4.0)	(3.8)
民間企業	7.4	7.3	8.9	11.3	10.9	–	–
	–	–	–	(6.9)	(7.8)	(7.9)	(8.6)
自営業	36.0	32.3	29.9	30.9	32.2	–	–
	–	–	–	(32.1)	(31.7)	(31.3)	(29.3)
FDI	6.3	13.3	16.0	18.7	19.5	–	–
	–	–	–	(15.2)	(17.4)	(18.1)	(19.6)
税と補助金の差	–	–	–	(12.6)	(10.1)	(10.0)	(10.0)
B. 工業生産							
国有企業	50.3	34.2	25.1	19.1	16.3		
非国有企業	24.6	24.5	31.2	38.9	33.6		
集団所有	0.6	0.6	0.4	0.4	na		
民間企業	6.4	14.2	22.7	32.5	na		
自営業	17.6	9.7	8.1	6.0	na		
FDI	25.1	41.3	43.7	42.0	50.1		

（注）　2010年以降はデータのとり方を変更し，生産物課税から補助金を引いた（税と補助金の差）項目を設けたため，構成比が変化した。新しい構成比は（　）に示している。
（資料）　ベトナム統計総局『経済統計年鑑』より作成。

11-2　2007年以降のドイモイフェーズⅡとその課題：要素市場の低発達

　さて，ドイモイフェーズⅠは以上のような成果をもたらした。産業構造・輸出構造の高度化，貧困の悪循環からの脱出，低位中所得への発展などの点で高く評価できよう。しかし，2007年以降のベトナム経済が不適切な経済運営に加えて初期段階の改革が限界に達し，マクロ経済の不安定と低成長に転じた[7]。

---

6)　ただし，2007年から2010年まで企業集団の放漫な拡張投資などで投資率が40％前後まで上昇し，インフレの高進，非効率な成長などをもたらした（後出の図 11-1 を参照）。
7)　ドイモイフェーズⅠとフェーズⅡの境は何年であったか。2007年前後に重要な政治・経済出来事が生じ，マクロ経済も大きく変化したのでこの年を境にした。まず，2006年6月に首相が改革派のファン・ヴァン・カイ（Phan Van Khai）から，国有経済集団優遇，規律にかけた放漫な金融・財政政策を志向したグエン・タン・ズン（Nguyen Tan Dung）に変わった。WTO 加盟（決定 2006

新たなドイモイ，つまりドイモイフェーズ II の課題が浮かび上がってきた。

11-2-1　マクロ経済不安定と成長鈍化[8]

2000 年代後半から 2010 年代初頭までのベトナム経済はマクロ不安定（2007 年から）と成長鈍化（2008 年から）として特徴づけられる。成長率が鈍化しても年間 5-6％を維持したので深刻な状態ではなかった。しかし，主要なマクロ指標の変動・悪化などファンダメンタルズが弱体化されたし，成長自体が非効率であった。例えば，2007 年から経常収支赤字や財政赤字がともに拡大し，インフレも大きく上昇した（**表 11-2**）。

一方，**表 11-2** が示しているように経済成長は 2008 年から 5-6％台に低下してきた。しかも概ね非効率で，特に 2000 年前後以降の期間はそうであった。事実，限界資本産出係数（ICOR）[9]は上昇傾向にあり，特に 2000 年代後半から急速に増加した。**図 11-1** は 3 カ年移動平均を描いた経済成長率と ICOR が示されたものである。1990 年代前半に 2 または 3 の値をとった ICOR は 2000 年代前半に 4 程度であったが，2007 年以降 5 または 6 まで増大した。生産要素と技術進歩（全要素生産性）の貢献を分解する成長会計（growth accounting）の考察も同様な結果を示している。例えば，Nguyen et. al [2012] によると，1991-1995 年の期間と比べて 2006-2010 年の期間における資本投入の貢献が増加し，逆に全要素生産性（TFP）のそれがかなり小さくなった。第 2 章で詳論されたように，発展段階の低い国の場合，資本投入の貢献が大きく，TFP のそれは小さいと考えられるが，その変化の方向が問題である。TFP が小さくなったことは非効率化を示すのである。

11-2-2　マクロ経済不安定と成長鈍化の要因

非効率な成長，しかも中成長しか実現できなかった要因は何か。この段階の

年，実効 2007 年）に伴って間接資本・短期資金の流入拡大でマクロが不安定になった。なお，象徴的出来事として既述のように低位中所得レベルに達したのは 2008 年であった。また，本文で述べたが，経済成長率や物価水準も 2008 年から変化した。

8) 詳細は Tran [2013a] を参照。
9) 一定の生産量を増加させるために必要な資本の追加量を示す概念で，この指標が大きいほど非効率である。

第 11 章　ベトナム経済：要素市場と持続的発展の展望

表 11-2　ベトナム主要経済指標：2006-2018 年

	2006	2007	2008	2009	2010	2011	2012	2013	2014	2015	2016	2017	2018
GDP 成長率（%）	8.2	8.5	6.3	5.3	6.8	5.9	5.2	5.4	6	6.7	6.2	6.8	7.1
インフレ（CPI）伸び率（年末）	6.6	12.6	19.9	6.5	11.8	18.1	6.8	6	1.8	0.6	4.7	2.6	3.5
投資/GDP（%）	36.8	43.1	39.7	38.1	38.9	32.6	26.7	26.8	27.6	26.6	26.6	27.5	28.4
貯蓄/GDP（%）	36.5	33.3	27.8	31.6	34.9	32.8	31.2	31.7	27.5	29.5	29.0	29.6	30.3
貿易収支/GDP（%）	-4.56	-15.85	-15.21	-10.35	-10.28	-4.22	5.6	5.1	6.5	3.9	5.5	5.3	
経常収支/GDP（%）	-0.3	-9.8	-11.9	-6.6	-4.0	0.2	6	4.5	4.9	-0.1	2.9	2.5	
財政赤字/GDP（%）	0.3	-2.2	-0.5	-7.2	-5.2	-2.7	-6.9	-7.4	-6.3	-5.5	-4.8	-4.5	-4.6
対外債務（10 億米ドル）	15.6	19.3	21.8	27.9	32.5	—	58.3	63.3	70.6	78.2	89.4	104.4	
（政府）	14.6	17.3	18.9	23.9	27.9	—	34.9	36.3	38.1	39.6	42.9	46.3	
（政府保証）	1.0	2.0	2.9	4.0	4.6	—	7.2	9.0	9.9	11.3	11.6	11.2	
総外貨準備（10 億米ドル）	13.38	23.48	23.89	16.45	12.47	17.65	25.4	26.1	34.5	28.5	36.8	49.4	
（輸入月数）	3.57	4.49	3.55	2.82	1.79	2.04	2.2	2.1	2.4	19	2	2.3	
対内直接投資（ネット, 10 億米ドル）	2.3	6.5	9.3	6.9	7.1	6.5	8.4	8.9	9.2	11.8	12.6	14.1	
期末の為替レート（ドン/米ドル）	16,054	16,114	16,977	17,941	18,932	20,490	20,825	21,105	21,385	22,485	22,761	22,698	

（資料）ベトナム統計総局・財務省・工商省・計画投資省・国家銀行のデータと World Economic Outlook Database（IMF）。

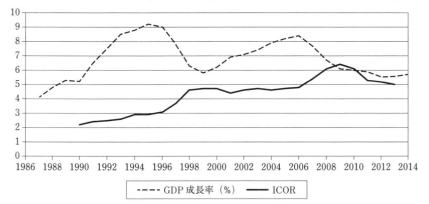

図 11-1　ベトナムの経済成長率と限界資本係数（ICOR）の推移（3 カ年移動平均）

(資料)　ベトナム統計局のデータより作成。

開始が偶然に 2008 年 9 月のリーマンショックがもたらした世界的恐慌に重なったが，ベトナムの問題がその前年に始まったのである。しかもリーマンショックはベトナムへの直接なインパクトは輸出の減少（2009 年に 13％減）のみであった。むしろ，次の 3 つの要因が重要である。

第 1 はベトナム型漸進主義的移行戦略に関する問題点である。社会主義経済から市場経済への移行戦略は大別して急進主義と漸進主義がある[10]。本来の漸進主義は 3 つの段階がある。第 1 段階は政治的・社会的に敏感な国有企業の改革を棚上げするとともに非国有部門（国内民間企業と外資系企業）の発展を促進する。第 2 段階に国有企業の改革を進め，具体的には国有企業の市場での競争促進（市場にさらすこと），コーポレートガバナンスの導入などで国有企業の効率性を高めることである。第 3 段階は国有企業を本格的に民営化し，市場失敗などで存在意義が正当化できる分野に限る国有企業の存続・発展をすることである。

しかし，ベトナムの漸進主義は 2・3 番目の段階の改革が遅れることが特徴的であるので，ベトナム型漸進主義と名づけることができる。そのような特徴は，国有企業の保護・優遇を特に 2007 年以降維持・強化した結果，経済成長

---

10)　詳しくはトラン［2010，第 2 章］を参照。

の減速・マクロ経済の不安定をもたらしたのである。優遇された国有企業が企業集団を形成し，土地・信用への有利なアクセスを背景に放漫な投資行動を行い，経済全体の非効率・弱体化をもたらした[11]。

　2000年頃からベトナムをめぐる国際環境・地域環境が急速に変化し，貿易・投資の自由化が一層進展したため産業や企業の国際競争力の問題がクローズアップされた。そういう背景で，2001年に共産党が国有企業の改革に関する決議を出し，その中で初めて企業集団の形成の必要性が提起された。ほとんどの国有企業の規模が小さいため，競争力強化に限界があるとの見方が支配的であったからである。

　この決定のもとで最初（2006年）に，石炭等鉱物資源開発企業集団が設立され，その後郵政テレコミュニケーション集団，石油・ガス集団，船舶郵船集団（VINASIN），繊維・衣類集団，ゴム集団の設立が続いた。2012年5月時点で，国有企業は企業集団が11グループ，大規模総公司10社，小規模総公司80社と国有商業銀行2行で構成されている。これらの企業集団と総公司は共産党の方針のもとで優遇され，さらに共産党幹部や国有銀行とのコネクションにより土地や信用への優先的アクセスができるほか，政府の保証で外債発行もできる。コーポレートガバナンスが確立されていない状況におけるそのような優遇政策が，企業の放漫な投資をもたらしたのである。特に，企業集団は本業の競争力強化への努力を怠って，短期的利益を追求するため，不動産，金融業などへの多角化を積極的に行った。多額の債務を抱えて経営破たんする企業集団が出てきたのはその結果である。ちなみに，経済全体のICOR（**図11-1**）より国有企業を中心とする国家経済部門のそれがかなり大きい。中央経済管理研究所（CIEM）の推計によると，2006-2010年の平均で経済全体のICORは5.7で2011-2015年平均は5.4であったのに対して国家経済部門のICORはそれぞれ8.8と8.7であった。このデータは国有企業の投資活動がいかに非効率であったかを示している。

　なお，国有企業の改革が棚上げされ，非国有企業の発展が促進されるべきであったドイモイフェーズⅠにおいても民間企業や外資系企業の活動に対する規

11）　この点の詳細について例えばTran［2013a］を参照。

制が多く，規制緩和・発展促進への改革が遅れた。例えば，民間企業の活動がドイモイ決定時（1986年）に認められたが，企業法が制定されたのは1990年で，また，本格的な規制緩和は新しい企業法が導入された1999年まで待たなければならなかった。1987年にできた外資導入法も規制が多く，少しずつしか緩和しなかったため，頻繁に修正しなければならなかった[12]。投資環境が不安定で不確実性が高かった。このため，ベトナム経済の潜在力が十分に発揮されなかった。

第2の問題は，国際経済への統合が急速に進む中で，依然として財政・金融の規律が欠如し，産業の国際競争力の強化政策も遅れたことである。特に急速に台頭する中国との競争の中でこの問題は深刻だった。2007年のWTO加盟をきっかけに間接投資を中心とする外資の流入が急速に増加したが，適切な金融管理システムが欠如したベトナムに大量の短期資金の流入が貨幣供給の拡大とそれによるインフレが増進した。また，導入資本を有効に使用するのでなく，上記の企業集団を中心とする国有企業に流れてきた。これに加えて，企業集団などへの支援のため金融緩和政策を講じていたため，インフレ高進を強めた。リーマンショックを受けて積極的財政出動を行ったことに加え，企業集団と地方政府の働きかけで，公共投資のばらまかれてきた結果，財政赤字が拡大した。非効率な投資が拡大し産業の国際競争力が弱体化した。また，インフレ高進の下，ベトナム通貨ドン資産を金やドルに移す動きが活発化し，ドンの対ドルレートが下落圧力にさらされ，2008年以降ドンの切り下げが何回も行われた（本書235ページの**表11-2**）。

第3の問題は，政治・行政改革が遅れ，一党独裁体制のもとで，責任所在の不明確，政策決定の不透明などにより，汚職・浪費が経済の非効率をもたらしたことである。特に公共投資の決定過程と実施に透明性が欠けているので無駄な投資や不明瞭な支出などが深刻化したのである。投資の決定が大規模な投資プロジェクトを除いて地方へと分権化が進んできたことも重複投資を招いた。多くの省に国際空港，港などを建設したが，あまり使用されていない。

これらの点は市場経済への移行過程における要素市場の未発達と非効率な資

[12) 後述のように，外資導入政策はWTOに加盟した2007年以降，逆に開放的過ぎて，生産・輸出における外資系企業の存在が大きくなってきた。

源配分に密接な関係がある。第2章で論じられた低位中所得国から高位中所得国への移行過程の課題であり，ベトナムのドイモイフェーズⅡの課題でもある。以下，少し詳細に見てみよう。

11-2-3　要素市場と資源配分の歪み

さて，今後のベトナム経済を展望するとき，1つのキーワードは「中所得国の罠」であろう。ベトナムでもこの問題についての議論が盛んになっているが，説得力のある見解が見られない。ベトナムの発展段階を特定し，その理論的特徴を明確にしなければ適切な判断ができないと思われる。第2章で分析したような枠組みで考えれば，ベトナムに適用されるのは低位中所得国の罠の可能性であり，その罠を回避して高位中所得国への発展ができるかどうかは，要素市場のあり方に関わることである。現在盛んに議論されている中所得国の罠はわれわれの分析枠組みでは高位中所得段階であり，資本投入型成長が限界に達し，労働の無制限供給も終焉した経済である。それに対して低位中所得国の場合，資本や労働の要素投入型成長がまだ成長への主要な貢献を続けられるのである。このため，低位の罠に陥らず，上位中所得国への持続的発展のためには資本や労働の市場が発達し，資源配分の歪みが少ないことが肝要である。この観点からベトナムのドイモイフェーズⅡの課題を見てみよう。

(1) 資本市場の現状と問題点

ベトナムの市場経済への移行から30年以上が経過したが，要素市場の発展が依然として遅れている。特に資本市場と土地市場はそうである。資本市場は法律などの制定により名目上段階的に整備されてきたが，運用の面は恣意的で国有企業や企業集団にとって有利に働いている。

2018年末現在，ベトナムの資本市場は間接金融に加え，直接金融も機能しつつあり，銀行制度において国有，民間所有，外国所有も出揃っている。貸出金利の上限設定など市場への政府の介入も緩和してきている。

現在，4大国有商業銀行のほか，非国有銀行も増加した。株式商業銀行が1991年の4行から2013年末に34行へと増加し，外資100%の外銀もその期間に1行から5行に増えた。参入の自由化に伴って信用市場が競争的になり，そ

れは預金金利と貸出金利の差（スプレッド）を，1993年の10％も高かった水準から近年の3-4％まで低下させてきたのである。貸出金利や預金金利への規制も緩和してきている。また，証券市場が2000年にホーチミン市で，2005年にハノイでそれぞれ開設され，両市場での上場企業は2006年の193社から2014年の674社に増加した。

このように，ドイモイの過程で資本市場が発達してきている。しかし，4大国有商業銀行は，全国の信用残高のシェアを2000年の70％から2013年に55％へ低下させたが，依然として市場の支配力が強い。民間銀行などと比べて，国有商業銀行が国家（中央）銀行から資金供給において優遇されている。その4大銀行の融資先はほとんど国有企業であるので，結果として国有企業が資本市場において有利な立場にある。民間企業，特に中小企業は信用へのアクセスが依然として難しい。全企業数の約95％を占めている中小企業（非国有企業）の約30％しか信用を供給されていないのが現状である[13]。実際に非国有企業がGDPでの貢献は国有企業のそれよりもかなり大きい（**表11-1**）。

現段階の金融市場は，規制緩和により金融サービスを提供する主体が多様化しつつあるが，市場の分散化現象が見られる。すなわち，国有資本系，民間資本系，外国資本系銀行・信用機関は，別々の領域（国有企業，民間企業と外資系企業）でサービスを提供する傾向があり，市場全体の整合性及び競争性が欠けている。このような状況で，それぞれの企業部門に対して資本市場へのアクセス条件も異なったのである。

(2) 土地市場

土地市場について工業・建設用土地へのアクセスは資本と同様，民間企業が困難な状況に直面し，国有企業・企業集団が優遇されている。ベトナム共産党経済部会が2014年6月に開催したシンポジウムで報告された資料によると，国有企業が生産・経営用地全体の70％も占めている（Dinh va Pham eds. [2015]）。データがやや古いが，その後もあまり改善していない。また，公共投資などの開発計画に絡む情報の非対称性が強いので汚職が発生しやすい。

---

13) この状況についてDinh va Pham eds. [2015, pp. 412-414] が詳しい。

一方，農地について土地の所有権が国家にある（公有制）という原則が堅持され，農民には使用権しか与えられない。しかも，農民や農戸が使用できる農地の最大面積（3ヘクタール）が規定されているので，農業経営者が原則として大規模農場を作ることができない。ただ，法律的に認められなくても，農村では土地の集中が少しずつ「もぐり」で実施された。多くの地方政府が農地の売買を黙認しているので，1990年代後半から大規模農園が形成されてきた[14]。

しかし，そのようなインフォーマルな取引は土地市場の不安定と非効率をもたらすことだけでなく，法律やルールを無視する形になったので，農村の法的尊重，契約の履行の精神が根づかないという弊害が生じている。2015年7月にベトナムの著名な農学者であるVo Tong Xuan博士から聞いた話では，メコンデルタの農民と農産物流通業者との契約があまり履行されていない。契約が簡単に破棄されることは，農村での市場の発展にとって障害要因になる。土地の所有権を認めて，土地の売買が正式にできることが肝要である。土地の保有・使用権に関する一層の制度改革が求められている。

(3) 労働市場

市場経済への移行（ドイモイ）に伴って，労働者が自由に職業を選択し，職場間の移動も自由にできるようになった。労働の完全自由移動の場合を100とする労働自由度指数は，2014年にベトナムが70で，中国やインドネシアより高い[15]。しかし，その評価は近代部門に関するものであり，インフォーマルセクターが大きいベトナムでは労働市場に参加していない労働者が多い。全労働者に占める個人業主・家庭業主の割合は2000年の87％から2013年に78％に低下してきたが，まだ圧倒的である。この期間に，国家部門（国有企業と行政事業）の割合は9％から10％へ，民間企業は2％から8％，FDI部門は1％から3％へとそれぞれ上昇した。このため，賃金労働者が全労働者の約35％に過ぎない（2013年）[16]。もちろんこの事情は発展段階を反映しているので，今後

---

14) 大規模農場はベトナムで農園（trang trai）といわれる。トラン［2010, 第8章］を参照。なお，この問題について最近の詳細な分析として高橋［2013］がある。
15) シンガポールの指数は100に近い。Dinh va Pham eds.［2015, p. 330］。
16) この比率がフォーマル各部門の労働者合計の割合より高いのは，家庭業主も一部賃金労働者を雇っているためであると考えられる。

改善していくであろう。

なお，大学卒労働者層，管理職，政府の職員などのレベルでの労働配分は効率的でない。縁故のほか，賄賂や仲介料などで取引コストが高い。また，共産党員かどうかによっても就職・昇進の機会が違う。これらの点が改善しなければ労働市場が発展しない。

要するに，資本，土地と労働の要素市場が発展しなければ資源配分が有効でなく，要素の生産性が改善されない。ベトナムの新たなドイモイの方向はそのような要素市場の発展を促進することである。

(4) ガバナンスと資源配分

要素市場の問題のほか，政府サービスの質，許認可行政のあり方も企業の投資，資源配分に影響を与える。国際透明性事務局（Transparency International Secretariat）が毎年発表する汚職認識指数（Corruption Perception Index）を見ると，「透明性ランキング」ではベトナムは依然として下位に位置づけられている。例えば2017年の透明性ランキングでは，ベトナムは調査183カ国中107位であり，175カ国中119位の2014年と比べ改善したが，まだ下位である。世界銀行が各国の経営環境に関する状況を調査し，毎年発表する*Doing Business Survey*を見ると，ベトナムは中国などと比べて劣悪で，しかも改善速度が遅いことがわかる。例えば企業が納めなければならない各種課税が32件に上り，2005年から2012年まで減少していない（中国は同じ期間に35件から7件への減少）。企業の納税に関する準備と実施は平均して872時間（2012年）に上った。2005年の1,050時間と比べて改善したが，変化速度が遅かった。ちなみに，中国は同期間に832時間から338時間に改善した。

このように見てくると，要素市場に合わせて，ベトナムのガバナンスも問題が多く，資源配分の歪みをもたらしていると考えられる。

11-3　ベトナム経済の現段階と長期展望

11-3-1　現段階の経済

2016年5月に首相に就任したグエン・スウン・フック（Nguyen Xuan Phuc）

は経済成長志向が強く，民間企業の役割を重要視した。就任後，すぐ民間企業との直接対話を実現し，ビジネス環境を改善するための諸政策手段を講じた。具体的には「建造と発展の政府」というスローガンを掲げて行政改革を積極的に推進してきた。その結果，ベトナムの投資環境が好転している。世界銀行が各国の経営環境に関する状況を調査し，毎年発表している *Doing Business Survey* を見ると，2015 年から 2017 年まで調査対象約 190 カ国の中で，ベトナムの順位は 90 位，82 位，68 位と着実に好転してきている。また，世界経済フォーラムが毎年発表している国際競争力リポートを見ると，ベトナムの競争力の順位は 2017-2018 年に 137 カ国中第 55 位で，前年の 138 カ国中第 60 位と比べてかなり改善した。ちなみに，フック首相は経済諮問委員会を設立し，内外の専門家を動員して発展戦略・政策に助言を得ようとした[17]。経済諮問委員会はマクロ安定を維持するための財政赤字の改善，累積債務の返済のための国有企業の民営化など，成長を促進する制度改革，企業発展，外国直接投資の導入の新方向などを提言した。

実際に，2010 年頃から既述した資源配分の非効率性，要素市場の歪みを特徴づけられた諸問題が表面化したので，ベトナム共産党は，2011 年に「成長モデルのドイモイ（刷新）・経済の再構築」の必要性を主張し，再構築の対象となる 3 つの領域（国有企業，金融セクターと公共投資）を定めた。これら 3 つの領域の抜本的改革の目的は，市場の健全な発展を通じて経済の効率的・持続的成長を可能にすることである。2012 年にこれらの具体的な方針が発表されたが，なかなか始動しなかった。そして既述のように 2016 年 4 月に就任したフック新首相が経済成長を重視し，積極的な取り組みをすすめてきた。その結果，**表 11-2** が示しているように，各種マクロ経済指標が改善し，成長率も 2017-2018 年に 7％前後へと高められた。

---

17) この経済諮問委員会は首相就任の 2016 年半ばから準備し，2017 年 7 月に正式に発足した。メンバーは 15 人，うち在外ベトナム人が 4 人含まれている（在日の筆者のほか，米国，フランス，シンガポール在住の 3 人が参加している）。なお，このような首相経済諮問会議は 1993 年に当時のヴォ・ヴァン・キエット（Vo Van Kiet）首相も設立している。これについてトラン［2010, pp. 97-98］を参照。キエット首相の後任であったファン・ヴァン・カイ（Phan Van Khai）首相も同様な諮問会議を創ったが，グエン・タン・ズン（Nguyen Tan Dung）前首相が廃止した。フック首相がそれを復活したのである。

11-3-2　中所得国の罠を回避するための成長戦略

1990年代以降，内外環境の好転，東アジアのダイナミックな分業の中の技術・資本の導入による急速なキャッチアップの可能性を背景に低いレベルから出発したベトナムは10％前後の高度成長ではなく，6～7％の中成長しか実現できなかった。第5章の**表5-1**を見ると，ベトナムの1人当たり実質GDPの年平均成長率は4-5％で，1955-1973年の日本，1990年代までの韓国・台湾，1980年代後半以降の中国と比べてかなり低い。現在，2021年の初めに開催される予定の共産党全国大会が決定する2020年代の社会経済発展計画の策定を準備しているが，首相経済諮問委員会をはじめ，共産党や政府の経済研究機関が今後経済の長期展望を議論し始めている。

筆者は，既述の要素市場の発展を促進する制度改革を重視すれば，2020年代にベトナム経済が年率9-10％の高度成長を実現できると考える。工業化がまだ低い水準，農村・農業部門にまだ存在している過剰労働力，良い立地条件と外国企業の高い関心，世界市場との高い統合度などで，適切な発展戦略・政策が高度成長をもたらせると考えられるからである。以下，いくつかのポイントを述べよう。

(1) 工業化の深化と広がり

ドイモイ以降のベトナムの工業化は進展してきたが，人口ボーナスが活用できる期間において十分には進展していなかった。ベトナムの人口ボーナス期間は1970年代半ばから2020年代半ばまでであるが，**図11-2**が示しているように，人口ボーナス期間の日本や韓国などの経験と比べて，ベトナムの工業化がまだ低水準にある。また，近年，生産の工業化率（GDPに占める製造業の付加価値の比率）が低下に転じ，経済のサービス化が進行している。いまだ低位中所得段階にある国として第3次産業と比べて生産性が高い工業部門の地位が相対的に低下することは，経済成長の鈍化をもたらしかねない（本書はこの現象を早期脱工業化または未熟な脱工業化という）。経済成長率の長期的鈍化が中所得国の罠をもたらす可能性があるのである。この早期脱工業化を回避するために，ベトナムは一層工業化の深化と広範囲化を進める必要がある。工業化を深める政策として質の高い裾野産業（中間財・部品）の発展，農業のインプットなど

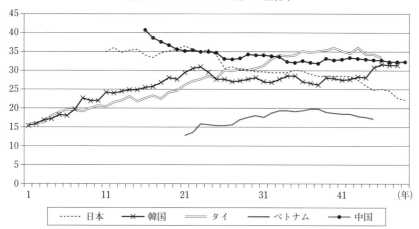

図 11-2 人口ボーナス期の工業化率

(注) 日本：1960-1992年，韓国：1965-2013年，タイ：1968-2013年，ベトナム：1985-2014年，中国：1980-2010年。
(資料) World Bank, *World Development Indicators*.

の輸入代替促進である。後述のように米中貿易摩擦の影響を軽減するためにも中間財などの輸入代替を促進しなければならない。工業化の広範囲化政策として例えば食品加工など，潜在力のある産業の発展促進を図らなければならない。ベトナムは一次産品としての農産物の貿易は大幅な黒字であるが，食料加工品の貿易は大きな赤字を記録している。また，食料・農産物を含めた食品関連品目の輸入額はベトナムが東アジアの5番目の規模に達している[18]。ベトナムは農業をベースする工業化，農村工業化の余地が大きいのである。そのほか，質の高いインフラの整備で内外企業が他の分野への投資も増加するであろう。

理論的に考察した第2章が示したように，低位中所得国は労働過剰が特徴的である。ベトナムも**表11-3**に表されるように，農業部門が雇用全体に占める割合が40％以上と高い。また，**表11-1**が示しているように，自営業・個人事業を中心とするインフォーマルセクターがGDPの30％以上も占めているので

---

[18] ベトナムのその輸入額は2016年に156億ドルに達し，中国，日本，香港と韓国に次ぐ5番目にランクしている。人口がベトナムの2.5倍，GDPが4.5倍のインドネシアの食品関連品目の輸入額がベトナムより少なかったことが印象的である。UNCTAD STATのデータによる。

ある。このため、工業化の深化・広範囲化に伴ってそれらの生産性が低い労働を生産性の高い近代セクターへ移動させることによって、経済が急速に成長することが期待できる。ちなみに日本の高度成長期（1955-1973年）が開始した頃、経済構造も現段階のベトナムのそれに似通っていたのである（第6章）。

表11-3 ベトナムの雇用労働の構成

(単位：％)

	2005	2010	2016
合計	100.0	100.0	100.0
農林水産	55.1	49.5	41.9
製造業	11.8	13.5	16.6
電力・建設など	5.2	6.8	7.7
科学・教育・芸術	3.5	4.3	4.7
行政など	4.2	3.6	3.7
生産関連サービス	14.5	15.2	16.9
個人サービス	4.9	6.4	8.1

(出典) ベトナム統計総局のデータより作成。

(2) FDI主導型成長の課題

早期脱工業化の克服とともに現段階のもう1つの課題は、外資系部門と国内企業部門との二重構造を是正することである。

図11-3にあるように、ドイモイ後のベトナムは積極的に外資を導入し、2013年から新しいブームが現れている[19]。ベトナムの経済発展過程におけるFDIの役割が大きい。GDPに占めるFDI企業のシェアは20％に近い（表11-1）。特に近年の工業生産の約半分、輸出の約70％も外資系企業が占めており、ベトナム経済は非常に高い外資依存である。しかも、外資系企業のほとんどは100％外国所有で、現地企業との合弁が非常に少ない。これまでのベトナム経済の発展は文字通りFDI主導型成長であったといえよう。問題は、FDI主導型成長が持続的であるかどうか、つまり、FDI依存度の高い経済が中所得国の罠を回避し、高所得への発展を実現できるかどうかである（ベトナムの場合、低位中所得国から高位中所得国への発展ができるかどうかの問題）。

---

19) FDIは大規模投資案件があるかどうかによってその年の認可額が大きく変動するので、実行額も合わせて考察しなければならない。図11-3で実行額を見ると、WTO加盟直後（2007年）から増加趨勢を示し、2013年から新しいブームを示した認可額も同じ傾向を示しているが、変化が激しい。

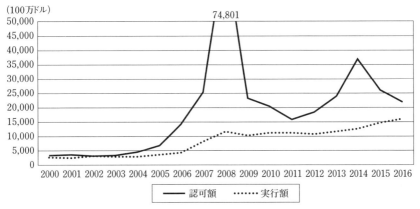

図 11-3　ベトナムの FDI 導入額

(資料)　ベトナム計画投資省。

　第4章で論じたように，FDI 主導型成長自体は問題があるのではない。FDI への高い依存と持続的発展を両立するために次のような条件を満たさなければならない。すなわち，第1に，FDI を国民経済の中に組み入れ，飛び地のような隔離的存在にしないことである。例えば輸出加工区や工業団地に FDI だけでなく，国内企業の投資を促進していくことである。第2に，FDI 導入を促進するだけでなく，同時に国内企業という民族資本も育成し，FDI との前方・後方連関効果を受けやすいようにしなければならない。第3に産業ごとの FDI を自国の経営資源で代替していく努力（筆者のいう「経営資源でのキャッチアップ」）が重要である。これらの条件が満たされれば FDI を通じた技術の水平的企業間移転，垂直的企業間移転が促進され，技術・経営ノウハウが経済全体に波及（スピルオーバー）して，経済が発展するのである（第4章参照）。また，FDI が絶えず新しい産業への導入を図り，経済全体の構造・比較優位構造を高度化していけば国際競争力を維持し，経済成長が持続し，罠を回避できると考えられる。

　以上の点から見て現在のベトナムは改善しなければならない課題が多く存在する。つまり，外資系企業の活動に対して現地企業の部品・中間財の供給が少なく，両者のリンケージが弱い。この状況を改善するために，国有企業の改革，民間企業の育成・発展を強化するとともに，外資系企業と国内企業との連携を

促進しなければならない。また，高度な技術を有する質の高い外資を優先し，その他の分野を国内企業に任せ，さらに外資100％よりも合弁形態を奨励するなど，外資導入政策を工夫して，不必要な外資依存を減らし，必要な外資の導入を促進するという戦略が望ましい[20]。

ところで，2018年に始まった米中経済摩擦で中国での生産工場はASEAN諸国をはじめとする新興国に移動する傾向が強まっている。特にそのFDIの新しい波がベトナムを目指している。ベトナムはこの機会を利用して工業化の深化と広まりを促進できるのである。

(3) 貿易依存度と国際環境の変化

第8章で中国の技能別労働集約産業の国際競争力指数を分析した。同様な手法でベトナムのそれを考察してみよう。

図11-4によると，ベトナムにおいて低熟練（low-skill）品目の競争力が維持される一方，中熟練（medium-skill）と高熟練（high-skill）品目でも競争力の改善が見られる。特に，中熟練品目では競争力指数がプラス（貿易収支黒字）に転じている。これは，外資がベトナムに継続的に進出している結果といえよう。ただし，上述のように，外資主導で生産力を高めているものの，国内部門とのリンケージが弱いとされる。今後，国内部門の強化を通じて，工業生産力を高めていくことが求められている。これからは，この点を改善して中熟練と高熟練集約的産業の一層の発展を推進する必要である。なお，図11-4において2016年の中熟練集約的産業の国際競争力指数が低下した理由は不明であるが，上述のFDIの新しい波が2017年以降のそれを逆転し，上昇させていると思う。長期的には高熟練集約的産業の国際競争力指数もゼロに向かって上昇していくことが望ましい。

ところで，現在の国際環境が激変し，対外依存度の高いベトナム経済を安定化させるために特定市場への集中を避けなければならない。

ベトナムが積極的開放政策を推進してきたので，貿易依存度（輸出・輸入・

---

[20] 2017年に外資導入法が制定されてから丁度30周年を迎えた機会にベトナム政府はFDIの導入を再検討した結果，産業構造の高度化への促進，環境にやさしい技術，国内企業とのリンケージ効果の強いことなど質の高い案件を重視する戦略を打ち出した。この方針が正しい。

第 11 章　ベトナム経済：要素市場と持続的発展の展望　　249

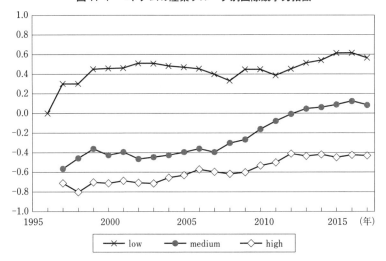

図 11-4　ベトナムの産業グループ別国際競争力指数

貿易の対 GDP の割合）が急速に上昇してきた。貿易依存度（輸出入合計の対 GDP の割合）は 1990 年の 83％から 2018 年に 190％近くまで上昇した。輸出だけの依存度を見ると，その期間に 44％から 95％へと変化した。ベトナム経済がかなり高い対外依存になったのである。特に貿易相手国別への依存度をみると（**表 11-4**），輸出は米国と中国，輸入は中国と韓国といったように特定の市場への依存が高い。今後，日本や ASEAN 市場などへの分散を進めていくことが望ましい[21]。

(4) ベトナム経済の中長期展望

ベトナム経済の中長期成長をどう展望するか。世界銀行とベトナム政府が共同研究し，筆者も部分的に参加した 2035 年までのベトナム経済の長期展望を試みた研究プロジェクトが 2016 年の初めに発表された（Vietnam Government and the World Bank［2016］）。ベトナムの長期展望について同報告書（p. 15, p. 102）は 1 人当たり実質所得が 4％，5％，6％と 7％という 4 つのシナリオを提

21）　トラン・大木編著［2018］はベトナムの貿易をより詳細に分析している。

表 11-4　ベトナムの貿易相手国と GDP 依存度

A. 輸出依存度（対 GDP）　　　　　　　　（単位：％）

	1990	2000	2010	2016
日本	5.3	8.3	6.9	7.6
中国	0.1	4.9	6.5	13.1
韓国	0.4	1.1	2.7	5.7
米国	0.0	2.4	12.6	18.6
ASEAN-10	5.4	8.4	9.2	10.8
EU	3.7	9.6	10.1	16.7

B. 輸入依存度（対 GDP）

	1990	2000	2010	2016
日本	2.6	7.4	8.0	7.3
中国	0.1	4.5	17.8	23.1
韓国	0.8	5.6	8.7	16.1
米国	0.0	1.2	3.3	5.5
ASEAN-10	8.3	14.3	14.5	12.8
EU	5.4	4.4	5.6	5.9

（資料）　ベトナム貿易統計ほか。

示している。ちなみに，1990-2013 年の実績は 5.5％であった。同報告書はベトナムが 2035 年まで近代工業国家になるために 6％のシナリオの実現が必要であると分析している。また，5％のシナリオはその直前の 10 年間（2004-2013 年）の実績と同程度でより実現可能な目標であるとみている。5％のシナリオにおいて経済成長率は約 6％である。

　ベトナムの長期展望を研究した上記のプロジェクトが 2014 年末から実施されたので，そのときの経済状況に影響され，将来の成長をやや低めに見たようである。同プロジェクトに協力した筆者が発展戦略や改革の内容を中心に見解をまとめ，経済予測には参加しなかったが，筆者の見方としてベトナムの潜在成長力がもっと高いと考えている（理由は後述）。

　2019 年に入ってから共産党や政府の研究機関が再びベトナム経済の長期展望を盛んに議論するようになった。2021 年初めに 5 年に 1 回の共産党全国大会が開催され，2020 年代の社会経済発展計画を決定するので，それに向けての準備を始めたのである。今回は共産党創立 100 周年を迎える 2030 年と独立宣言の発表および新生ベトナムの誕生 100 周年を迎える 2045 年までの発展目標を設定する。その関連で 2019 年 3 月 20 日にハノイでベトナム経済の長期展

第11章 ベトナム経済：要素市場と持続的発展の展望　　251

望についてのシンポジウムが開催された。首相経済諮問委員会，ベトナム社会科学アカデミーと世界銀行が共催し，経済担当副首相が出席した。

　この会議に首相の経済諮問委員長が報告した長期展望によると，生産性向上をベースに2021-2030年の平均成長率を7-7.5％にする。この線でベトナムは2030年に高位中所得国，2045年に高所得国になることを期待できる。筆者は諮問委員会のメンバーであるが，要素市場の発展，人材養成，外国の資本・技術の賢明な利用，生産性向上でもう少し高めの成長を目指すべきであると考えている。既述のような現段階の産業構造，工業化の水準，外国資本・技術の利用などの要因を考えると，2020年代の平均成長率は9-10％という高度成長を実現できるように努力すべきである。第6章のコラムで紹介された金森久雄（1924-2018年）は経済予測の神様といわれたが，氏の言葉を思い出している。「経済予測は政府の賢明な政策を前提にすべきである」。ベトナムの一層の改革に努力すれば2020年代に高度成長の時代を迎えることができよう。

11-4　おわりに

　以上の分析から今後適切な発展戦略を推進することにより，一層の工業化と資本・労働・土地市場の発展に伴い，ベトナムは8-9％以上の高度成長期を迎える可能性が高いと思う。ベトナム経済が持続的に高めの成長を実現することで，低位中所得国の罠を回避できるのである。世界銀行やベトナム政府の研究機関はそれより低めの成長を展望しているが，本章で論じた要素市場の改革，工業化の深化・広範囲化と海外市場の分散などの適切な発展戦略を進めていけばもう少し高めの成長が実現できるだろう。

【コラム】　北朝鮮がベトナムの経済改革に学ぶ話について
　2019年2月27-28日にハノイで2回目の米朝首脳会談が開催された。会談が不調に終わったが，その関連の出来事も注目され，大いに議論された。その1つは，北朝鮮がベトナムの市場経済への移行戦略に学ぶことについて盛んに議論されたことである。北朝鮮の金正恩朝鮮労働党委員長は，一党独裁の政治制度を維持しながら経済改革・対外政策に成功したベトナムの経験に学びたいといわれて

いた。一方，米国のトランプ大統領は，米国との国交正常化により経済改革・発展が促進できたベトナムの経験を北朝鮮に見せつけ，今回の交渉において譲歩をしてもらうとの見方があった。両方の思惑が一致し，首脳会談の開催地としてベトナムの首都ハノイが選ばれたのである。

　実際に世界銀行をはじめとする国際機関が1990年代初頭にベトナムのインフラ整備や行政・政策能力の形成（capacity building）を積極的に支援した。そしてベトナムが経済の安定と発展に成功したので，その経験をミャンマーや北朝鮮にも適用しようと考えたようである（Riedel［2015］）。今回のハノイでの首脳会談の機会にドイモイの初期段階に世界銀行のスタッフとしてベトナムを担当した専門家が積極的に発言し，ベトナムの経験が北朝鮮にとって有意義であると力説している。例えば，Bradley Babsonは世界銀行の駐ベトナム初代ダイレクターとしてその任期満了後，世銀の特派員として北朝鮮の経済を調査・分析し，北朝鮮と世銀との連絡を担ってきている。Babson［2019］によると，北朝鮮とベトナムは資源の賦存状況，経済構造と人口構成が異なるが，ドイモイの初期段階にベトナムが持っていたいくつかの特徴が北朝鮮と共通であるのでその経験が北朝鮮にとって有用であると見ている。例えば，第1に，ハイレベルの指導者が経済状況を改善しなければならないとの認識が強かった（金正恩氏が2012年からそのような認識が強まってきたという）。第2に，経済改革が試験的に進められた（北朝鮮もまずラソン経済特区で試験的に改革し，段階的に市場経済への移行を進めたとのこと）。第3に，外部の意見・諮問を求めた（北朝鮮は総じて外国人とのハイレベルの政策対話を好んでいないが，下級官僚や学者の外国専門家との対話を勧めている）。第4に，国家安全保障政策と発展のための国際環境の改善との調整が重要であった（北朝鮮はベトナムの経験よりも難しい選択で，米朝会談の成果が重要な意味を持っていた）。第5に，経済における南部の役割を活用した（北朝鮮の経済担当副首相が韓国の財閥首脳との積極的接触をしてきた）。

　世銀のもう一人の専門家はDavid Dollarで，彼はベトナム駐在ではなかったが，1989-1995年の約6年間に世銀本部ワシントンからハノイなどベトナムへの出張が25回に上って，対ベトナム政策支援プロジェクトを担当した。Dollar［2019］は，ドイモイの初期段階にベトナムが3つの改革を進め，成果を収めたが，北朝鮮も参考すべきであるという。3つの改革は，民間企業の活動を認めたこと，外国貿易と外国直接投資の導入を重視したこと，物価と為替レートを安定化させたことである。それらの改革は，ベトナムがまだアメリカの制裁を受けていたので，世界からの資金援助を受けられなかった。改革は外部資金の援助が必要でないという見解はRiedel［2012］も同様で重要な指摘であると思う。

参考文献

青木健［1990］,『マレーシア経済入門：90 年代に NICs 入りか』日本評論社。
穴沢眞［1996］,「マレーシアの工業化と外資系企業」『商学討究』No. 45, 小樽商科大学。
穴沢眞［2005］,「マレーシア製造業における外資系企業」『商学討究』No. 56(1), pp. 35-56, 小樽商科大学。
穴沢眞［2010］,『発展途上国の工業化と多国籍企業：マレーシアにおけるリンケージ』文眞堂。
アレン, ロバート・C.（グローバル経済誌研究会訳）［2012］,『なぜ豊かな国と貧しい国が生まれたのか』NTT 出版。(Robert C. Allen, *Global Economic History: A Very Short Introduction*, Oxford University Press, 2011)
池部亮［2015］,「ベトナム, カンボジア, ラオスの電気機械貿易構造の現状分析—中国およびタイとの間の国際分業構造の考察から」『アジア研究』Vol. 61, No. 3, pp. 53-67。
石川滋［1990］,『開発経済学の基本問題』岩波書店。
石田正美［2015］,「メコン地域における物流事情：インフラ整備の経済効果」MTMU Global Business Insight: Asia & Oceania。
石田正美［2016］,「メコン河流域諸国の開発と ASEAN」トラン［2016b］, 第 11 章。
石田正美［2017］,「タイと CLMV 諸国の投資環境」石田・梅崎・山田編著［2017］, 第 2 章。
石田正美・山田康博［2017］,「タイ・プラス・ワン企業戦略：本書の概要」石田・梅崎・山田編著［2017］, 第 1 章。
石田正美・梅崎創・山田康博編著［2017］,『タイ・プラス・ワンの企業戦略』勁草書房。
猪熊康夫・三谷卓［1986］,「アジア発展途上国の残差と社会的能力に関する一考察（上・下）」『世界経済評論』6 月号および 7 月号。
牛島利明［2009］,「高度成長から平成不況まで」浜野潔他『日本経済史 1600-2000—歴史に読む現代』慶應義塾大学出版会。
梅村又次・南亮進・赤坂敬子・新居玄武・伊藤繁・高松信清［1998］,『長期経済統計—推計と分析』東洋経済新報社。
浦田秀次郎［1999］,「東アジアにおける直接投資主導型経済成長の実態と課題」浦田・木下編『21 世紀のアジア経済』東洋経済新報社。
浦田秀次郎［2001］,「貿易・直接投資依存型成長のメカニズム」渡辺利夫編『アジアの経済的達成』東洋経済新報社, 第 1 章, pp. 25-48。
浦田秀次郎・牛山隆一編著［2017］,『躍動・陸の ASEAN, 南部経済回廊の潜在力』文眞堂。
ウルフ, マーティン［2019］,「中国, 高所得国になれるか」『日本経済新聞』4 月 26 日。
江見康一・塩野谷祐一編［1973］,『日本経済論：経済成長 100 年の分析』有斐閣。

大泉啓一郎［2007］,『老いているアジア』中公新書。
大川一司・小浜裕久［1993］,『経済発展論―日本の経験と発展途上国』東洋経済新報社。
大川一司・ヘンリー＝ロソフスキー［1973］,『日本の経済成長：20世紀における趨勢加速』東洋経済新報社。
大川一司［1976］,『経済発展と日本の経験』大明堂。
大来洋一［2010］,『戦後日本経済論―成長経済から成熟経済への転換』東洋経済新報社。
大野健一［2013］,『産業政策のつくり方―アジアのベストプラクテイスに学ぶ』有斐閣。
大野健一［2014］,「アジアと中所得の罠　産業政策質的向上欠かせず」『日本経済新聞』2014年8月26日朝刊「経済教室」。
大野健一・桜井宏二郎［1997］,『東アジアの開発経済学』有斐閣アルマ。
岡崎哲二［1997］,『工業化の軌跡：経済大国前史』読売新聞社。
岡崎哲二［2016］,『コア・テキスト経済史　増補版』新世社。
岡崎哲二［2017］,『経済史から考える―発展と停滞の論理』日本経済新聞出版社。
小川英次［1976］,「日系繊維企業における技術移転―タイ・韓国現地調査をもとに」『アジア経済』Vol. 17, No. 11, 11月。
梶谷懐［2018］,『中国経済講義―統計の信頼性から成長のゆくえまで』中公新書。
加藤弘之［2013a］,『「曖昧な制度」としての中国型資本主義』NTT出版。
加藤弘之［2013b］,「包括的制度, 収奪的制度と経済発展―アセモグルとロビンソンの『国家はなぜ衰退するのか』を読む―」『経済経営研究』63号。
加藤弘之［2013c］,「国家資本主義はどこに向かうか」加藤・渡邊・大橋［2013］, 第7章。
加藤弘之・渡邊真理子・大橋英夫［2013］,『21世紀の中国　経済編―国家資本主義の光と影』朝日新聞出版。
加藤弘之［2016a］,「中国における格差問題を考える：トマ・ピケティの『21世紀の資本』を読む」『地域と社会』18号。
加藤弘之［2016b］,『中国経済学入門』名古屋大学出版会。
加藤弘之［2016c］,「農村はいかに変化したか」南・牧野編著, 第5章。
金森久雄［1995］,『わたしの戦後経済史』東洋経済新報社。
苅込俊二［2014］,「中所得国の特徴に関する一考察」『社学研論集』Vol. 23, pp. 30-42。
苅込俊二［2017］,『中所得国における持続的成長のための基盤・要件に関する研究』早稲田大学博士学位申請論文, 2017年2月。
関志雄［2013］,『中国2つの罠：待ち受ける歴史的転換』日本経済新聞社。
関志雄［2015］,『中国「新常態」の経済』日本経済新聞出版社。
木村福成・安藤光代［2017］,「国際的生産ネットワーク」三重野・深川編著［2017］, 第4章。
木村福成・大久保敏弘・安藤光代・松浦寿幸・早川和伸［2016］,『東アジア生産ネットワークと経済統合』慶應義塾大学出版会。
金泳鎬［1988］,『東アジア工業化と世界資本主義』東洋経済新報社。
クズネッツ, サイモン（塩野谷祐一訳）［1968］,『近代経済成長の分析（上）』東洋経済新報社, 1968年（Simon Kuznets, *Modern Economic Growth: Rate, Structure, and Spread,*

Yale University Press, 1966）。

熊谷章太郎［2019］，「急速な高齢化への対応を進めるタイ―中所得国型高齢化対応の成功事例となれるか」『RIM 環太平洋ビジネス情報』Vol. 19，No. 72。

熊谷聡・黒岩郁雄［2017］，「東アジアにおける産業集積」三重野・深川編著［2017］，第 5 章。

黒岩郁雄［2017］，「タイ・プラス・ワンと GVC 主導型開発戦略：カンボジアの事例」石田・梅崎・山田編著［2017］，第 6 章。

経済企画庁［1990］，『年次経済報告』（平成 2 年度）。

経済企画庁［1997］，『戦後日本経済の軌跡：経済企画庁 50 年史』大蔵省印刷局。

経済産業省［2010］，『日本の産業を巡る現状と課題』。

香西泰［1981］，『高度成長の時代』日本評論社。

黄志鋼・劉霞輝［2014］，「中国経済中長期増長的趨勢与前景」『経済学動態』8 期，44 頁。

高野久紀［2015］，「実践開発経済学 8 豊かな国と貧しい国を分けるもの」『経済セミナー』8・9 月号，pp. 71-82。

小浜裕久・渡辺真知子［1996］，『戦後日本経済の 50 年：途上国から先進国へ』日本評論社。

小浜裕久［2001］，『戦後日本の産業発展』日本評論社。

小宮隆太郎・奥野正寛・鈴村興太郎編［1991］，『日本の産業政策』東京大学出版会。

斎藤修［2008］，『比較経済発展論―歴史的アプローチ』岩波書店。

沢井実・谷本雅之［2016］，『日本経済史：近世から現代まで』有斐閣。

篠原三代平・西ヶ谷ともみ［1996］，「東アジアにおける『直接投資主導型成長』と貿易構造の変貌」Occasional Papers No. 25（財団法人統計研究会），10 月，pp. 1-66。

下村治［2009］，『日本経済成長論』中央公論新社。

ジョーンズ，R.（香西泰監訳［1999］），『経済成長理論入門』日本経済新聞社。

末廣昭［2000］，『キャッチアップ型工業課論：アジア経済の軌跡と展望』名古屋大学出版会。

末廣昭［2014］，『新興アジア経済論』岩波書店。

末廣昭・安田靖編［1987］，『タイの工業化：NAIC への挑戦』アジア経済研究所。

鈴木基義［2016］，「ラオス経済－ランドロックからランドリンクへ」トラン［2016b］，第 8 章。

関権［2016］，「外資は何をもたらしたか？―外資の役割と評価」南・牧野編［2016］，第 9 章。

薛進軍［2016］，「外需依存型成長からの転換が可能か」南・牧野編著［2016］，第 8 章。

総務省［2010］，『情報通信白書』（平成 22 年版）。

園田茂人［2014］，「中国の台頭はアジアに何をもたらしたか―アジア学生調査第 2 波調査・概要報告」『アジア時報』4 月，pp. 36-57。

高橋塁［2013］，「現代ベトナム農業における経営規模の拡大とその雇用吸収力」坂田正三編『高度経済成長下のベトナムの農業・農村の発展』アジア経済研究所，第 1 章。

竹内順子［2003］，「中国における貿易・投資の自由化と産業構造調整」『環太平洋ビジネス情報　RIM』Vol. 3, No. 8。

塚田雄太［2017］，「フィリピンの成長モデルは持続可能か―アウトソーシング人材の育成強化がカギ―」Research Focus（No. 2017-028），日本総合研究所。

辻康吾［2016］,「中国を脅かす道徳崩壊　最大の危機？」『アジア時報』7・8月号。
寺西重郎［1991］,『工業化と金融システム』東洋経済新報社。
寺西重郎［2003］,『日本の経済システム』岩波書店。
トラン・ヴァン・トウ［1986］,「途上国の技術導入政策：韓国の経験」『日本経済研究』No. 16, pp. 65-79。
トラン・ヴァン・トウ［1992］,『産業発展と多国籍企業：アジア太平洋ダイナミズムの実証研究』東洋経済新報社。
トラン・ヴァン・トウ［1999］,「アジアの産業発展と多国籍企業」『海外投資研究所報』3/4月, pp. 27-56。
トラン・ヴァン・トウ, 原田泰・関志雄［2001］,『最新　アジア経済と日本』日本評論社。
トラン・ヴァン・トウ［2001a］,「アジア経済の現在：グローバル化とファンダメンタルズ」トラン・原田・関［2001］, 第1章。
トラン・ヴァン・トウ［2001b］,「アジアの発展と多国籍企業：工業化と技術の波及メカニズム」トラン・原田・関［2001］, 第5章。
トラン・ヴァン・トウ［2010］,『ベトナム経済発展論―中所得国の罠と新たなドイモイ』勁草書房。
トラン・ヴァン・トウ［2013］,「環太平洋パートナーシップ（TPP）とベトナム」『東亞』No. 554（8月）。
トラン・ヴァン・トウ, 松本邦愛, ド・マン・ホーン編著［2015］,『東アジア経済と労働移動』文眞堂。
トラン・ヴァン・トウ［2016a］,「アジアダイナミズムの中のアジア経済」トラン編著［2016b］, 序章。
トラン・ヴァン・トウ編著［2016b］,『ASEAN経済新時代と日本』文眞堂。
トラン・ヴァン・トウ［2016c］,「アジア新興国と中所得国の罠」『国際経済』第67巻, pp. 69-102。
トラン・ヴァン・トウ, 大木博巳編著［2018］,『ASEANの新輸出大国ベトナム』文眞堂。
トラン・ヴァン・トウ［2019］,「アジアダイナミズムとメコン河流域諸国の発展」トラン・苅込［2019］, 序章。
トラン・ヴァン・トゥ, 苅込俊二編著［2019］,『メコン地域開発とアジアダイナミズム』文眞堂。
中兼和津次［2012］,『開発経済学と現代中国』名古屋大学出版会。
中兼和津次［2013］,「『中国モデル』再考：それは新しい開発・移行モデルなのか？」『比較経済研究』第50巻第1号, 1月, 53-65頁。
中村静治［1968］,『戦後日本経済と技術発展』日本評論社。
中村隆英［1995］,『日本経済：その成長と構造』（第3版）東京大学出版会。
中村隆英［2001］,「池田勇人―『経済の時代』を創った男」渡邊昭夫編『戦後日本の宰相たち』中公文庫。
中村正志・熊谷聡編［2018］,『ポスト・マハティール時代のマレーシア―政治と経済はどう

変わったか─』アジア経済研究所.
西川俊作・阿部武司編［1990］,『産業化の時代　上』日本経済史4,岩波書店.
日本銀行北京事務所［2014］,「中国のシャドーバンキング」『にちぎん』38号.
日本経済研究センター［1990］,『世界の中のアジア─アジア経済の展望─』「21世紀のアジア像」プロジェクト.
野口悠紀雄［2002］,『1940年体制：さらば戦時経済』東洋経済新報社.
野村摂雄［2014］,「フィリピンの船員教育をめぐる動向」『海運』No.1037,日本海運集会所.
初鹿野直美［2016］,「カンボジア経済─持続的成長を目指して」トラン［2016b］,第7章.
速水佑次郎［2000］,『開発経済学』(新版),創文社.
原洋之介［2015］,『「開発の罠」をどう捉えるか─アジア・ダイナミズム再考』(研究報告)政策研究大学院大学原研究室.
原田泰［1988］,『タイ経済入門：5番目のNIESを目指す国』日本評論社.
藤田哲雄［2014］,「韓国のイノベーション政策と戦略の方向性」『JRIレビュー』Vol. 6, No. 16, 日本総合研究所.
堀江正人［2017］,「インドネシア経済の現状と今後の展望～堅調な経済成長を続ける世界第四位の人口大国～」『経済レポート』6月13日号,三菱UFJリサーチ＆コンサルティング.
牧野文夫［2016］,「「安定成長」への円滑な移行は可能か？」南・牧野編［2016］,第1章.
松本邦愛［2015］,「タイの二重経済構造と近隣諸国からの労働流入」トラン他編著［2015］,第1章.
丸川知雄［2013］,『現代中国経済』有斐閣.
丸川知雄［2015］,「国家資本主義から混合所有制経済へ向かう中国」『比較経済研究』52巻1号.
丸川知雄［2018］,「中国企業の革新力」(上)『日本経済新聞』(経済教室)7月6日.
丸川知雄・梶谷懐［2015］,『超大国・中国のゆくえ』東京大学出版会.
三浦有史［2012］,「中国の社会安定化と発展モデル転換を阻むインフォーマル・セクターの拡大」,*Business & Economic Review*（日本総合研究所）第22巻3号,3月.
三重野文晴［2016］,「ミャンマー経済─始動する経済のこれまでとこれから」トラン［2016b］,第9章.
三重野文晴・深川由紀子編著［2017］,『現代東アジア経済論』ミネルヴァ書房.
みずほフィナンシャルグループ［2017］,「成長市場ASEANをいかに攻略するか─多様性と変化がもたらす事業機会を探る─」『MIZUHO Research & Analysis』No. 12, みずほフィナンシャルグループ.
南亮進［1970］,『経済発展の転換点─日本の経験─』創文社.
南亮進［1992］『日本の経済発展　第2版』東洋経済新報社.
南亮進・牧野文夫・カク仁平編著［2013］,『中国経済の転換点』東洋経済新報社.
南亮進・牧野文夫編［2016］,『中国経済入門　第4版』(高度成長の終焉と安定成長への途)日本評論社.

宮崎勇［2005］,『証言戦後日本経済：政策形成の現場から』岩波書店.
宮崎勇［2009］,「先見性のある理論と警告」下村治『日本経済成長論』中央公論新社に所収（巻頭言）.
ミント,H.（小島清監訳）［1971］,『70年代の東南アジア経済』日本経済新聞社.
毛里和子［2011］,「世紀の実験」『ワセダアジアレビュー』第10号.
文部科学省［2015］,『科学技術指標2015』.
八代尚宏［1980］,『日本経済の病理解明』東洋経済新報社.
八代尚光・伊藤禹里［2011］,「グローバル化と中国の経済成長」藤田昌久・若杉隆平編著『グローバル化と国際経済戦略』日本評論社.
安場保吉・猪木武徳編［1989］,『高度成長』日本経済史8,岩波書店.
山澤逸平［1984］,『日本の経済発展と国際分業』東洋経済新報社.
吉川洋［1997］,『高度成長』読売新聞社.
李燦雨［2001］,「韓国の1960〜70年代の経済開発と外国資本の役割」ERINA Report Vol. 42.
渡辺利夫［1979］,『アジア中進国の挑戦―「追い上げ」の実態と日本の課題』日本経済新聞社.
渡辺利夫［1986］,『開発経済学―経済学と現代アジア』日本評論社.
渡辺利夫［1989］,『西太平洋の時代』文藝春秋.

Abramovitz, Moses [1989], *Thinking about Growth, and Other Essays on Economic Growth & Welfare*, Cambridge University Press.
Acemoglu, D. and Robinson, J. [2012], *Why Nations Fail: The Origins of Power, Prosperity and Poverty*, New York: Crown.（鬼澤忍訳『国家はなぜ衰退するのか』上・下,早川書房,2013年）
ADB and ADBI [2014], *ASEAN 30: Toward a Borderless Economic Community*, Asian Development Bank (ADB) and ADB Institute.
Aiyar, S., Duval, R., Puy, D., Wu, Y., and Zhang, L. [2013], "Growth Slowdowns and the Middle-Income Trap", *IMF Working Paper*, No. 13/71, Washington D.C.: IMF.
Amsden, Alice H. [1989], *Asia's Next Giant: South Korea and Late Industrialization*, Oxford University Press.
Asian Development Bank (ADB) [2011], *ASIA 2050 - Realizing the Asian Century*, August.
Aswicahyono, Haryo and Hill, Hal [2015], "Is Indonesia trapped in the Middle?", in Hutchinson and Das eds. [2016], Ch. 5, pp. 101-125.
Athukorala, Prema-chandra, ed. [2010], *The Rise of Asia: Trade and investment in global perspective*, Routledge. p. 39: FDI inflows as % of gross domestic fixed K.
Babson, Bradley [2019], "How Vietnam's Transition Experience May be Helpful for North Korea Today", 38 North: Informed Analysis of Events in and around North Korea, February 7.
Baldwin, Richard [2016], *The Great Convergence: Information Technology and the New Glo-*

参考文献

balization, The Belknap Press of Harvard University Press.
Bark, Taeho and Ywy-Chang Moon [2006], "The Role of Inward FDI: The Case Study of Foreign Firms in the Republic of Korea", in Urata, Chia, and Kimura, eds. [2006], Ch. 5.
Baumol, W. J., and Bowen, W. G. [1965], "On the Performing Arts: the Anatomy of Their Economic Problems", *American Economic Review*.
Bell, Daniel [1973], *The Coming of Post-Industrial Society: A Venture in Social Forecasting*, Basic Books.
Brooks, Stephen G. and Wohlforth, William C. [2016], "The Once and Future Superpower: Why China Won't Overtake the United States", *Foreign Affairs*, May/June.
Chen, Edward K. Y. [1997], "The Total Factor Productivity Debate: Determinants of Economic Growth in East Asia", *Asian-Pacific Economic Literature*, Vol. 11 No. 1, pp. 18–38.
Chen, Edward [2010], "The Grand Debate: Would Beijing Consensus be an Economic Development Model for the 21st Century?", 2010 Asia Economic Community Forum, *Post Crisis New World Order: Asia and G20*, Incheon, Korea, 2010.
Chen, V., Cheng, B., Levanon, G., Ozyildirim, A., and Ark, B. V. [2012], "Projecting Global Growth", The Conference Board, Economics Working Papers, EPWP No. 12–02, November.
Chow, Gregory C. [2015], *China's Economic Transformation*, Third edition, Wiley Blackwell.
Chow, Gregory C. [2018], "China Economic Transformation", Ch. 6 in Garnaut, Song, and Fang, eds. [2018], pp. 93–115
Chung, Sung-Chul [2011], "Innovation, Competitive-ness, and Growth: Korean Experiences", in Justin Yifu Lin, and Boris Pleskovic eds., *Lessons from East Asia and the Global Financial Crisis*, World Bank.
Clark, C. [1940], *The Conditions of Economic Progress*, London: Macmillan.
Cohen, Daniel and Marcelo Soto [2001], "Growth and Human Capital: Good Data, Good Results", Technical Paper 179, OECD Development Centre.
Coxhead, I. [2007], "A New Resource Curse? Impacts of China's Boom on Comparative Advantage and Resource Dependence in Southeast Asia", *World Development*, 35(7), pp. 1099–1119.
Crafts, Nicholas [1999], "East Asian Growth Before and After the Crisis", *IMF Staff Papers*, Vol. 46 No. 2, June, pp. 139–166.
Dinh Tuan Minh va Pham The Anh, eds. [2015], *Bao cao phat trien nen kinh te thi truong Viet Nam 2014* (ベトナム市場経済の発展報告2014年), Hanoi: Nha xuat ban Tri thuc.
Dollar, D. [2016], "Institutional Quality and Growth Traps", in Hutchinson and Das, eds. [2016], Ch. 7, pp. 159–178.
Dollar, David [2019], "The Hanoi summit shines a light on the "Vietnam model" of development", Brookings, Feb. 27.
Eichengreen, B., D. Park, and K. Shin [2011], "When Fast Growing Economies Slow Down:

International Evidence and Implications for [the People's Republic of] China", The National Bureau of Economic Research (NBER) Working Paper, No.16919.

ESCAP [1984], *Costs and Conditions of Technology Transfer through Transnational Corporations*, ESCAP/UNCTAD Publication Series B No. 3, Bangkok.

Fang, Cai, Garnaut, Ross, and Song, Ligang [2018], "40 years of China's reforms and development: How reform captured China's demographic dividend", Ch. 1 in Garnaut, Song, and Fang, eds. [2018], pp. 5–25.

Felipe, J., Kumar, U., and Galloped, R. [2014], "Middle-Income Transitions: Trap or Myth?" *ADB Economics Working Paper Series*, No. 421.

Freedom House [2015], *Freedom in the World 2015* (https://freedomhouse.org/report/freedom-world/freedom-world-2016)

Garnaut, Ross [2018], "40 years of Chinese economic reform and development and the challenge of 50", Ch. 2 in Garnaut, Song, and Fang, eds. [2018], pp. 29–51.

Garnaut, Ross, Song, Ligang, and Fang, Cai, eds. [2018], *China's 40 Years of Reform and Development 1978–2018*, Australian National University.

General Statistic Office [2010], *Thuc trang Doanh nghiep qua Ket qua Điêu tra tu nam 2000 den 2009* (2000–2009年のベトナム企業の現状についての調査) GSO編集 (www.gso.gov.vn)

Gerschenkron, Alexander [1962], *Economic Backwardness in Historical Perspective: A Book of Essays*, The Belknap Press of Harvard University Press.

Gill, I. and Kharas, H. [2007], *An East Asian Renaissance: Ideas for Economic Growth*, Washington, DC : World Bank.

Gill, I. and Kharas, H. [2016], "The Middle Income Trap turns 10", in Hutchinson and Das, eds. [2016], Ch. 2, pp. 23–46.

Goto, Akira [1993], "Technology Importation: Japan's Postwar Experience", in Teranishi Juro and Yutaka Kosai [1993], Ch. 11.

Han, Xuehui and Wei, Shang-Jin [2017], "Re-examining the middle-income trap hypothesis (MITH): What to reject and what to revive?", *Journal of International Money and Finance*, Vol. 73, pp. 41–61.

Helleiner, G. K. [1989], "Transnational Corporations and Foreign Direct Investment", in Chenery H. and T. N. Srinivasan, eds., *Handbook of Development Economics*, Vol. 2, North Holland, Ch. 27.

Hess, Steve [2016], "The Flight of the Affluent in Contemporary China: Exit, Voice, Loyalty and the Problem of Wealth Drain", *Asian Survey*, Vol. 26, No. 4, pp. 629–650.

Hirschman, Albert O. [1970], *Exit, Voice and Loyalty: Response to Decline in Firms, Organization and States*, Harvard University Press.

Hsu, S. Philip et al. [2011], *In Search of China's Development Model: Beyond the Beijing Consensus*, Routledge.

Huang, Yiping [2016], "Can China rise to high income?", Ch. 4 in Hutchinson and Das [2016], pp. 81-100.
Hutchinson, Francis E. and Das, Sanchita Basu, eds. [2016], *Asia and the Middle Income Trap*, London and New York: Routledge.
International Labor Organization (ILO) [2016], *ILO STAT Database*, Geneva: ILO
International Monetary Fund (IMF) [2013], *Regional Economic Outlook: Asia and Pacific, Shifting Risks, New Foundations for Growth*, Washington, D.C.: IMF, April
Jones, Charles I. [2015], *The Facts of Economic growth*, NEBR Working paper series, May 2015.
Kelley, A. C. and Williamson, J. G. [1974], *Lessons from Japanese Development: An analytical economic history*, University of Chicago Press.
Kirchbach, F. V. [1983], *Economic Policies Towards Transnational Corporations*, Baden-Baden: Nomos Verlagsgesellshaft.
KISTEP [2015], *Survey of Research and Development in Korea*, December.
Kosai, Yutaka and Tran Van Tho [1994], "Japan and Industrialization in Asia: An Essay in Memory of Dr. Saburo Okita", *Journal of Asian Economics*, Vol. 5 No. 2, pp. 155-176.
Krugman, Paul [1994], "The Myth of Asia's Miracle", *Foreign Affairs*, Vol. 73, No. 6 (November/December), pp. 62-78.
Kuznets, Simon [1968], "Note on Japan's Economic Growth", in Klein, L., and K. Ohkawa, eds., *Economic Growth: the Japanese Experience since the Meiji Era*, Richard D. Irwin.
Lin, Justin and Yao, Yang [2001], "Chinese Rural Industrialization in the Context of East Asian Miracle", Chapter 4 in Stiglitz and Yusuf, eds. [2001].
Maddison, Angus [1989], *The World Economy in the 20th Century*, Paris: OECD.
MOF [1978], *The Financial History of Japan: The Occupation Period 1945-52*, vol. 19, p. 94.
Nakakita, Toru [1993], "Trade and capital Liberalization Policies in Postwar Japan", in Teranishi and Kosai, eds. [1993], Ch. 13.
Naughton, Barry [2007], *The Chinese Economy: Transitions and Growth*, The MIT Press.
Naughton, Barry [2017], "Is China Socialist?", *The Journal of Economic Perspectives*, Vol. 31, No. 1, pp. 3-24.
Nguyen, T., Nguyen, T. T. H., and Nguyen, C. D. [2012], *Kinh te Vietnam Giai doan 2006-2010 va Trien vong 2011-2020* (ベトナム経済：2006-2010 年の分析と 2011-2020 の展望), Trung tam phan tich va du bao, Vien khoa hoc xa hoi, Hanoi.
North, Douglas C. [1990], *Institutions, Institutional Change and Economic Performance*, New York: Cambridge University Press.（竹下公視訳『制度・制度変化・経済成果』晃洋書房，1996 年）
Nurkse, R. [1953], *Problems of Capital Formation in Underdeveloped Countries*, Oxford: Oxford University Press.
Nye, Joseph [2018], "Asia After Trump", *Project Syndicate*, April 9.

OECD [2005], *Oslo Manual: The Measurement of Scientific and Technological Activities*, OECD Publishing.
OECD [2014], *OECD Reviews of Innovation Policy: Korea 2014*, OECD Publishing.
OECD [2015], *OECD Main Science and Technology Indicators*.
Ohno, Kenichi [2009a], *The Middle Income Trap: Implications for Industrialization Strategies in East Asia and Africa*, Tokyo: GRIPS Development Forum, GRIPS.
Ohno, Kenichi [2009b], "Avoiding the Middle-Income Trap: Renovating Industrial Policy Formulation in Vietnam", *ASEAN Economic Bulletin*, Vol. 26, No. 1, pp. 25-43.
Oman, Charles [1984], *New Forms of International Investment in Developing Countries*, Paris: OECD Development Center Studies.
Oshima, Harry T. [1987], *Economic Growth in Monsoon Asia: A Comparative Survey*, University of Tokyo Press.（渡辺利夫・小浜裕久監訳『モンスーンアジアの経済発展』勁草書房, 1989年）
Ozawa, Terutomo [1980], "Government control over technology acquisition and firm's entry into new sectors: the experience of Japan's synthetic fibre industry", *Cambridge Journal of Economics*, 4, pp. 133-146.
Palma, J. G. [2005], "Four Sources of "De-Industrialization" and a New Concept of the "Dutch Disease" in Ocampo., J. A., ed., *Beyond Reforms: Structural Dynamics and Macroeconomic Vulnerability*, Stanford University Press and World Bank, Chapter 3.
Palma, J. G. [2008], "De-industrialization, 'premature' de-industrialization and the Dutch Disease", in Durlauf, S. N. and Lawrence, E. B., eds., *The New Palgrave Dictionary of Economics*, Second Edition.
Patrick, Hugh and Henry Rosovsky, eds. [1976], *Asia's New Giant: How the Japanese Economy Works*, The Brooking Institution.
Peck, Merton J. and Shuji Tamura [1976], "Technology", in Patrick and Rosovsky, eds., [1976], Ch. 8, pp. 525-585.
Pei, M. [2016], *China's Crony Capitalism : The Dynamics of Regime Decay*, Harvard University Press.
Perkins, Dwight H. [1988], "Reforming China's Economic System", *Journal of Economic Literature*, Vol. 26, No. 2, pp. 601-645.
Perkins, Dwight H. [2013a], "China's Growth Slowdown and Its Implications", *NBR Economic Brief*, Nov. 4.
Perkins, Dwight H. [2013b], *East Asian Development: Foundations and Strategies*, Harvard University Press.
Perkins, Dwight H. [2015], *The Economic Transformation of China*, World Scientific Publishing Co.
Perkins, Dwight H. [2018], "The complex task of evaluating China's economic reforms", Ch. 8 in Garnaut, Song, and Fang, eds. [2018], pp. 135-154.

Pincus, J., Vu, T. T. A., Pham, D. N, Wilkinson, B., and Nguyen, X. T. [2012], "Structural Reform for Growth, Equity, and National Sovereignty", Policy discussion paper prepared for the Vietnam Executive Leadership, Program, Harvard Kennedy Scholl (Asia Programs).

Ramo, Joshua [2004], *The Beijing Consensus*, London: The Foreign Policy Centre.

Riedel, James [2015], "Lessons for Last Comers from Vietnam's Transition", *Journal of Southeast Asian Economies*, Vol. 32, No. 1, pp. 125-139.

Rodrik, Dani [2007], *One Economics Many Recipes*, Princeton University Press.

Rowthorn, R. E. and Wells, J. R. [1987], *Deindustrialization and Foreign Trade*, Cambridge: Cambridge University Press.

Sachs J. [2012], "Government, Geography, and Growth: The True Drivers of Economic Development", *Foreign Affairs*, Vol. 91, No. 5, September/October 2012, pp. 142-150.

Schumpeter, Joseph. A. [1926] *Theorie der Wirtschaftlichen Entwicklung, Verlag Wirtschaft und Finanzen*. (塩野谷祐一・中山伊知郎・東畑精一訳『経済発展の理論：企業者利潤・資本・信用・利子および景気の回転に関する一研究』岩波文庫（上・下），1977年）

Sean, Connell [2013], "Building a Creative Economy in South Korea: Analyzing the plans and possibilities for new economic growth", Korea Economic Institute of America Academic Paper Series, December 10.

Shinohara, Miyohei [1982], *Industrial Growth, Trade, and Dynamic Patterns in the Japanese Economy*, University of Tokyo Press.

Solow, Robert M. [1956], "A Contribution to the Theory of Economic Growth", *Quarterly Journal of Economics*, Vol. 70, No. 1 (Feb.), pp. 65-94.

Solow, Robert M. [1957], "Technical Change and the Aggregate Production Function", *Review of Economics and Statistics*, Vol. 39, No. 3 (Aug.), pp. 312-320.

Spence, Michael [2011], *The Next Convergence: The Future of Economic Growth in a Multispeed World*, New York, Farrar, Straus and Giroux.

Stewart, Devin [2016], "Japan Gets Schooled: Why the Country's Universities are Falling", *Foreign Affairs*, October 31.

Stiglitz, Joseph E., and Yusuf, Shahid, eds. [2001], *Rethinking the East Asian Miracle*, Oxford University Press.

Teranishi, Juro and Yutaka Kosai [1993], *The Japanese Experience of Economic Reforms*, St. Martin's Press, Inc.

Tran Van Tho [1988], "Foreign Capital and Technology in the Process of Catching-up by the Developing Countries: The Experience of the Synthetic Fiber Industry in the Republic of Korea", *The Developing Economies* XXVI (4), pp. 386-402.

Tran Van Tho [1997], *Cong nghiep hoa Vietnam trong thoi dai chau A Thai binh duong (Vietnamese Industrialization in the Asian-Pacific Era)*, Ho Chi Minh Publisher, Thoi bao kinh te Saigon and VAPEC (in Vietnamese).

Tran Van Tho [2007], *Bien dong Kinh te Dong A và Con duong Cong nghiep hoa Viet Nam* (アジアの経済の変動とベトナムの工業化), Young Publisher.

Tran Van Tho [2013a], "Vietnamese Economy at the Crossroads: New Doi Moi for Sustained Growth", *Asian Economic Policy Review*, 8, pp. 122-143.

Tran Van Tho [2013b], "The Middle-Income Trap: Issues for Members of the Association of Southeast Asian Nations", *ADBI Working Paper* No. 421 (May).

Tran Van Tho [2013c], "The Problem of Vietnamese Gradualism in Economic Reforms", *East Asia Forum*, April 12th.

Tregenna, Fiona [2009], "Characterising deindustrialization: An analysis of changes in manufacturing employment and output internationally", *Cambridge Journal of Economics*, 33, pp. 433-466.

Tregenna, Fiona [2011], "Manufacturing Productivity, Deindustrialization, and Reindustrialization", *Working Paper* No.2011/57, United Nations University.

United Nations [2016], *National Accounts Main Aggregates Database*, (http://unstats.un.org/unsd/snaama/selbasicFast.asp).

University of Groningen [2018], *Maddison Historical Statistics*, (https://www.rug.nl/ggdc/historicaldevelopment/maddison/releases/maddison-project-database-2018).

University of Pennsylvania [2016], *Penn World Table (7.1)*, (http://www.rug.nl/research/ggdc/data/pwt/pwt-7.1).

Urata S., Chia, S. Y., and Kimura, F., eds. [2006], *Multinationals and Economic Growth in East Asia: Foreign direct investment, corporate strategies and national economic development*, London: Routledge.

Vietnam Government and the World Bank [2016], *Vietnam 2035: Toward Prosperity, Creativity, Equity, and Democracy*, Hanoi.

Vu Minh Khuong [2013], *The Dynamics of Economic Growth: Policy Insights from Comparative Analyses in Asia*, Edward Elgar Publishing, Inc.

Wei, Shang-Jin et al. [2017], "From "Made in China" to "Innovated in China": Necessity, Prospect, and Challenges", *The Journal of Economic Perspectives*, Vol. 31, No. 1, pp. 49-70.

Westphal, L. E., Kim, L., and Dahlman, C. J. [1985], "Refections on the Republic of Korea's Acquisition of Technology Capability", in Rosenberg N., and C. Friskchtak, eds., *International Technology Transfer; Concepts, Measures, and Comparisons*, Praeger Publishers.

World Bank [1993], *The East Asian Miracle: Economic Growth and Public Policies*, New York: Oxford University Press. (白鳥正喜監訳, 海外経済協力基金開発問題研究会訳『東アジアの奇跡：経済成長と政府の役割』東洋経済新報社, 1994年)

World Bank [2002], *World Development Report 2002: Building Institutions for Markets*, New York: Oxford University Press.

World Bank [2006], *Taking Stock: An Update on Vietnam's Economic Developments by the*

World Bank in Vietnam, Consultative Group Meeting for Vietnam, Hanoi, December.
World Bank [2013a], *Worldwide Governance Indicators*, World Bank.
World Bank [2013b], *Doing Business Survey*, World Bank.
World Bank [2016], *Transforming the Vietnamese Agriculture: Gain more from Less（Vietnam Development Report 2016）*, World Bank.
World Bank [2018], *World Bank Country and Lending Groups*（https://datahelpdesk.worldbank.org/knowledgebase/articles/906519-world-bank-country-and-lending-groups）.
World Bank and Development Research Center of the State Council, the People's Republic of China（World Bank and DRC）[2012], *China 2030: Building a Modern, Harmonious, and Creative High-Income Society*, The World Bank and Development Research Center of the State Council, the People's Republic of China.
World Economic Forum [2014], *Global Competitiveness Report*, Geneva: World Economic Forum.
Xu, Chenggang [2011], "The Fundamental Institutions of China's Reforms and Development", *Journal of Economic Literature*, Vol. 49, No. 4, pp. 1076-1151.
Yao, Shujie [2013], "Challenges in China's next stage of development", *East Asia Forum*, Dec. 3.
Yu Yongding [2006], "The Experience of FDI Recipients: The Case of China", Chapter 13 in Shujiro Urata, Chia Siow Yue, and Fukunari Kimura, eds. [2006], *Multinational and Economic Growth in East Asia, Foreign Direct Investment, Corporate Strategies and National Economic Development*, Routledge.
Zhang, Xiaobo et al. [2011], "China has reached the Lewis turning point", *China Economic Review*, Vol. 22, No. 4, pp. 542-554.

人名索引（ABC 順）

アブラモヴィッツ（M. Abramovits）　57, 66
Acemoglu, D.　29, 30, 172
Aiyar, S.　10
アレン，ロバート　115
アキノ，ベニグノ　210, 225
アロヨ，グロリア　210, 226
Babson, Bradley　252
ボールドウィン（Richard Baldwin）　64, 83, 87
Bark, T.　63
ボーモル（W. J. Baumol）　56
ベル，ダニエル　52
Brooks, S. G.　172
Chen, E.　23
Chow, G. C.　152, 154
Chung, S-C.　127, 143
Clark, Colin　49
Cohen, D.　143
Coxhead, I.　214
Crafts, N.　122
ドッジ，ジョセフ（J. Dodge）　109
Dollar, David　30, 252
ドゥテルテ，ロドリゴ　225, 228
アイケングリーン（B. Eichengreen）　9, 10, 125
Fang, C.　152, 156
Felipe, J.　9, 11, 12
Garnaut, R.　152
Gerschenkron, A.　58
Gill, Indermit　5, 7, 8, 12, 33, 146
原洋之介　84
速水佑次郎　22
Helleiner, G. K.　66
Hess, S.　167

Hirschman, A. O.　167
Hsu, S. P.　161
Huang, Y.　164
池部亮　98, 100
池田勇人　111-114
石田正美　86, 91, 97
石川滋　106
ジョコ・ウィドド　212, 223
Jones, C. I.　23
ジョーンズ（R. Jones）　16
梶谷懐　161, 165, 166, 169
金森久雄　113, 114, 251
関志雄　164
加藤弘之　153, 154, 161, 162, 166, 172
Kelley, A. C.　116
木村福成　87, 88
Kharas, Homi　5, 7, 8
Khuong, Vu M.　24
金泳鎬　61
Kirchbach, F. V.　64
小浜裕久　110
高野久紀　16
香西泰　110-112, 118
クルーグマン（P. Krugman）　22, 23
熊谷聡　88
黒岩郁雄　88
クズネッツ（S. Kuznets）　31, 65, 107, 115, 116
李明博　130
マディソン（A. Maddison）　114
マハティール・モハマド　181, 187
毛沢東　81, 152
マルコス，フェルディナンド　204, 209, 210
丸川知雄　80, 169

三重野文晴　94
南亮進　20, 61, 66, 107, 116
宮崎勇　113
Moon, Y.-C.　63
ミント（H. Myint）　89
ナジブ・ラザク　5
Naughton, B.　152-154, 168
North, D. C.　28
Nurkse, R.　6
ナイ（J. Nye）　174
小川英次　69
岡崎哲二　117
大泉啓一郎　152
大来佐武郎　118
大野健一　11, 13, 31, 73, 125
オーシマ（H. Oshima）　89
Ozawa, Terutomo　68
中兼和津次　152, 158, 162, 164, 175
Nakakita, Toru　62
中村隆英　106, 108, 111, 141
グエン・タン・ズン（Nguyen Tan Dung）　233
グエン・スウン・フック（Nguyen Xuan Phuc）　242, 243
Palma, J. G.　27
朴正熙　127
朴槿恵　131
Peck, M. J.　61
Perkins, D. H.　23, 24, 161, 165
Petty, William　49
ファン・ヴァン・カイ（Phan Van Khai）　233
ラモ（J. Ramo）　161, 162
ラモス, フィデル　210
Riedel, J.　253
Robinson, J.　29, 30, 172
ロドリック（D. Rodrik）　29
盧武鉉　130

Rowthorn, R. E.　27
Sachs, J.　30
斎藤修　114
サリット・タナラット　188
下村治　111-113
篠原三代平　64, 123
習近平　175
ソロー（R. M. Solow）　16, 17
Spence, M.　8, 12
スハルト, ハジムハンマド　207, 209, 212
末廣昭　79, 90
鈴木基義　93
高橋塁　241
竹内順子　65
タクシン・シナワトラ　180, 195, 196
Tamura, Shuji　61
テイン・セイン　94
寺西重郎　117
トラン・ヴァン・トゥ（Tran Van Tho）　22, 25, 60, 63, 66, 79, 81, 84, 85, 118, 142
Tregenna, F.　27
浦田秀次郎　64
Vo Tong Xuan　241
ヴォ・ヴァン・キエット（Vo Van Kiet）　243
渡辺利夫　57, 65, 110
Wei, S. -J.　164
Wells, J. R.　27
Westphal, L. E.　68
Williamson, J. G.　116
Wohlforth, W. O.　172
ウルフ（Martin Wolf）　175
山澤逸平　107, 108
八代尚宏　121
インラック・シナワトラ　196
吉川洋　112, 114, 119
ヤング, J.　129
ユドヨノ, スシロバンバン　212

事項索引（五十音順）

アルファベット

AFTA（ASEAN 自由貿易地域）　191
ASEAN 後発国　76
ASEAN 自由貿易地域（AFTA）　90
BRICs　77
CLM　90, 92, 99
CLMV　90, 98, 200
DAEs（Dynamic Asian Economies）　77
EEC　200
FDI 主導型成長　31, 57, 58, 64, 67, 73, 75, 246, 247
HPAEs（High Performing Asian Economies）　77, 178
Industry 4.0　194, 202
IT-BPO（Business Process Outsourcing）　206, 217, 219, 223, 224
NAIC（Newly Agro-Industrializing Country）　90
NICs（Newly Industrializing Countries）　7
NIEs（Newly Industrializing Economies）　77
OEM　60
OFW　→　海外フィリピン人労働者
POSCO（Pohan Steel Corporation）　68
positive deindustrialization　27
TFP　→　全要素生産性
Thailand 4.0　199, 200

ア 行

アウトソーシング　88, 219, 224
アジアインフラ投資銀行（AIIB）　175
アジア・サプライチェーン　95
アジアダイナミズム　84, 85, 88, 101
アジア通貨危機　3, 40, 64, 180, 189, 195, 208, 212, 230
アジアのデトロイト　178
アジアの病人　204, 225
アルゼンチン　44, 46, 55
一帯一路（One Belt One Road）構想　175
イノベーション　14, 120, 125, 131, 139, 147, 148, 199
インフォーマル金融　117
失われた 20 年　38
エンゲルの法則　51
オランダ病　7

カ 行

海外フィリピン人労働者（Overseas Filipino Workers：OFW）　217, 219, 227
改革開放　48, 79, 151, 159
外国技術の導入　31
外資依存度　155
外資系企業と地場企業とのリンケージ　193
外資主導型発展　178, 184
外資導入　62, 201
開発独裁　30, 162
科学技術の早期離陸　168
科学技術力　131, 133, 141, 174
華僑　64, 155, 209
ガバナンスと資源配分　242
雁行型工業化過程　25
雁行型発展　24, 169, 192
雁行形態的（産業）発展　84
雁行形態論　76, 83, 84, 88
企業間垂直（技術）移転　69, 71, 75
企業間水平（技術）移転　69, 71, 75
企業内技術移転　59
技術移転　69, 72

企業内——　69, 70
技術吸収能力（absorptive capacity）　65
技術導入　61, 112
技術貿易収支　61, 138, 145, 146
技術力強化　126, 142, 146
技能別労働集約産業　248
キャッチアップ　9, 57, 68, 105, 114, 126, 140, 145, 146, 157, 221, 244
　　経営資源での——　60, 74, 247
　　重層的——　24, 25, 83, 85
キャッチアップ型工業化　24, 31
吸収能力（absorptive capacity）　57
急進主義　230, 236
近代経済成長（modern economic growth）　107
近代工業国　105
クズネッツ逆U字型仮説　32
クローニー・キャピタリズム　210
経済回廊　92
　　東西——　98
　　東部——　206
　　南部——　99, 200
経済的離陸　3, 46
経済特区（SEZ）　93, 155
権威主義開発体制　210
顕示比較優位指数　170
建造と発展の政府　243
原油関連収入　204
高位中所得　18, 147, 151, 179, 201
高位中所得国（upper middle income）　13, 15, 35, 38, 42, 77, 116, 142, 164, 166, 199, 229, 247
高位中所得国の罠　21, 26, 105
工業化社会　52
工業化の域内波及　78
工業マスタープラン　187
工業化の深化と広がり　244
合計特殊出生率　198
郷鎮企業　153, 154, 159
郷鎮政府　154
工程間分業　26, 86, 91, 98

高度成長期　105, 111, 119
後発性の利益　57, 62, 63, 124, 152
後発性の利益と社会能力　67
高品質の（経済）制度（high quality institutions）　29, 172
後方・前方連関効果　27, 75, 220
国際競争力指数　25, 169, 214, 248
国際的生産ネットワーク　86
国民所得倍増計画　113
国家資本主義　162
コーポレートガバナンス　236

サ　行

サービス化　51, 54, 55
サービス産業へのシフト　27, 49
サプライチェーン　56, 88, 98
資源加工型工業　221, 223
資源の呪い　7
資源配分の歪み　239
資源ブーム　3, 44, 47, 205, 207
市場経済への移行　63
自然資本　173
資本移動の自由化　209
資本純輸出国　158
資本蓄積　13, 16, 18, 20, 85, 131, 152, 211, 232
資本投入型成長　30, 222
資本に体化された（embodied）技術　23
社会資本　173
社会能力（social capability）　57, 65
シャドーバンキング　165
収奪的な政治制度（extractive institutions）　29, 172
少子高齢化　196
情報通信技術　130, 137
首相経済諮問委員会　243, 244, 251
情報の非対称性　240
初期アドバンテージ　11, 204
所得倍増計画　111
人口ボーナス　197, 244
新自由主義政策　46
新常態　151

裾野産業　71
　——の育成　74
生産性主導型　142
生産年齢人口　196, 197
製造業の高度化　53, 54
製造業の就業者割合　51
製造業比率　50
成長会計　21, 122, 125, 234
制度（institution）　28
　——の質　31
世界銀行（World Bank）　3
　——の基準　231
　——の所得分類　9, 15, 18, 33, 35
世界金融危機　48
世界の工場　56, 79, 170, 213
石油ショック　111
漸進主義　230, 236
全要素生産性（TFP）　20, 22-24, 122, 125, 159, 189, 234
ソロー成長モデル　15, 16, 20, 125

タ　行
第3世代工業国　61, 66
第4世代工業国　61
第5世代工業国　61
対外開放　63
タイ・プラス・ワン　91, 92, 95-97, 99, 203
大メコン圏（Greater Mekong Subregion, GMS）　90
脱工業化　24, 52, 78
　自然な——　27
　早期——　27, 33, 244, 246
　未熟な——（premature deindustrialization）　27, 49, 82, 221
脱工業化過程　33, 48, 53
足るを知る経済（Sufficiency Economy Philosophy）　203
ターンキー　60, 127
知識経済　130
知識集約経済（K-economy）　191
チャイナ・プラス・ワン　91, 95-98

中国製造2025　169
中国版マーシャル・プラン　176
中所得国　40
中所得国の罠　4, 6, 8, 12, 18, 31-33, 49, 57, 75, 82, 101, 105, 146, 163, 172, 179, 199, 203, 223
　FDI依存度と——　73
　発展段階と——　17
　要素賦存状況の変化と——　21
中所得段階の経済的特徴　13
朝鮮戦争　131
チンタナカーンマイ　93
低位中所得　18, 151, 229
低位中所得国（lower middle income）　13, 15, 35, 36, 40, 77, 116, 158, 239, 245, 247
低位中所得国の罠　26, 30, 105, 230
低位中所得段階　205, 222
定常状態　17, 21
デュアル・トラック政策　196
転換点　22
転換能力（transformation）　122
ドイモイ（刷新）　85, 229, 238, 241
　成長モデルの——　243
投資移民　167
投資が投資を呼ぶ　66, 112, 120
投入型成長　14
投入型発展　20
ドッジライン　109
取引費用（transaction cost）　28, 59

ナ　行
農業経営請負制　153
農業余剰　158
農民工　166

ハ　行
パイオニアステータス企業　184
ハイテク製品貿易　138
バークレイ・マフィア　209
パテントファミリー　137
バブル＆バースト　48
パーム油　212, 214

バリューチェーン　87
ハロッド・ドーマーモデル　159
漢江の奇跡　127
半導体　131, 184, 185, 193
東アジアの奇跡　7, 22, 77, 178, 210
東アジアのルネッサンス　4
貧困の悪循環　3, 6, 18, 22
ファストフォロワー（Fast Follower）　146
付加価値連鎖　27
ブミプトラ　64, 183, 187
フラグメンテーション理論　76, 83, 86, 87
プラザ合意　64, 89, 182, 188
ブラジル　3, 44, 62
プリブミ　64
プロセスイノベーション　112, 119
プロダクトイノベーション　112, 119, 127
プロトン　190
北京コンセンサス　161
ペティ・クラークの法則　49
ベトナム型漸進主義　229
ベトナム戦争　132, 230
ベトナム・プラス・ワン　99
ベネズエラ　44
包括的な経済制度　30
包括的な政治制度（inclusive institutions）　29, 172
ボーモルのコスト病　52, 56

マ　行

マルチメディア・スーパー・コリドー　187, 191

民間ダイナミズム　202
明治維新　105, 114
メコン河流域諸国　96
モジュール　141, 145
モノカルチャー経済　178, 183

ヤ　行

輸出加工区　75, 155
輸出構造の高度化　27
輸出指向工業化　133, 144, 183, 184
輸入代替工業化　58, 188, 207
要素市場　166, 229, 239, 251
要素投入型成長　21-23, 163

ラ　行

ライセンシング契約（licensing agreement: LA）　59
ランドロック　92
リバースエンジニアリング　129
リンケージ　72, 248
ルイス転換点　24, 116, 121, 159, 161, 163, 164, 168
累積債務問題　3, 7, 38, 45
ルックイースト政策　187, 189
レントシーキング　23
労働の無制限供給　239
ローカルコンテント規制　207

ワ　行

ワシントンコンセンサス　161

著者略歴

トラン・ヴァン・トウ（Tran Van Tho）
ベトナム生まれ。高校卒業後，国費留学生として来日。一橋大学経済学博士。
日本経済研究センターや桜美林大学を経て，
現在，早稲田大学社会科学総合学術院教授，ベトナム首相経済諮問委員，瑞宝小綬章受章。
著書：
『産業発展と多国籍企業』（東洋経済新報社，1992 年，アジア太平洋賞受賞）
『東アジア経済変動とベトナムの工業化』（ベトナム語，Chinh tri Quoc gia 出版社，2005 年，優良図書賞受賞）
『ベトナム経済の新展開』（日本経済新聞社，1996 年）
『ベトナム経済発展論』（勁草書房，2010 年）
『時間ショックとベトナム経済』（ベトナム語，Tri thuc 出版社，2015 年，優良図書賞受賞）
『最新アジア経済と日本』（共著，日本評論社，2001 年）
『ASEAN 経済新時代と日本』（編著，文眞堂，2016 年）
『東アジア経済と労働移動』（共編著，文眞堂，2015 年）
ほか。

苅込　俊二（かりこみ　しゅんじ）
千葉県生まれ。早稲田大学商学研究科修了後，富士総合研究所入社。アジア経済研究所，財務省財務総合政策研究所，みずほ総合研究所，早稲田大学などを経て，現在，帝京大学経済学部准教授。早稲田大学博士（社会科学）。
著書：
『巨大経済圏アジアと日本』（共著，毎日新聞社，2010 年）
『全解説ミャンマー経済』（共著，日本経済新聞社出版，2013 年）
『図解 ASEAN の実力を読み解く』（共著，東洋経済新報社，2014 年）
『メコン地域開発とアジアダイナミズム』（共編著，文眞堂，2019 年）

中所得国の罠と中国・ASEAN

2019年7月20日　第1版第1刷発行

著者　トラン・ヴァン・トウ
　　　苅込　俊二

発行者　井　村　寿　人

発行所　株式会社　勁　草　書　房
112-0005 東京都文京区水道2-1-1　振替　00150-2-175253
（編集）電話 03-3815-5277／FAX 03-3814-6968
（営業）電話 03-3814-6861／FAX 03-3814-6854
本文組版 プログレス・港北出版印刷・松岳社

©TRAN VAN THO, KARIKOMI Shunji 2019

ISBN978-4-326-50458-9　Printed in Japan

〈出版者著作権管理機構 委託出版物〉
本書の無断複製は著作権法上での例外を除き禁じられています。
複製される場合は、そのつど事前に、出版者著作権管理機構
（電話 03-5244-5088、FAX 03-5244-5089、e-mail: info@jcopy.or.jp）
の許諾を得てください。

＊落丁本・乱丁本はお取替いたします。
http://www.keisoshobo.co.jp

トラン・ヴァン・トウ
ベトナム経済発展論
中所得国の罠と新たなドイモイ

A5判　3,200円
50339-1

P. マッコーリー／浅沼信爾・小浜裕久 監訳
アジアはいかに発展したか
アジア開発銀行がともに歩んだ50年

A5判　4,000円
50451-0

浅沼信爾・小浜裕久
ODAの終焉
機能主義的開発援助の勧め

A5判　3,200円
50440-4

西村英俊 編
アセアンライジング
ERIA=TCER アジア経済統合叢書　第1巻

A5判　5,800円
50449-7

石田正美・梅﨑創・山田康博 編
タイ・プラス・ワンの企業戦略
ERIA=TCER アジア経済統合叢書　第6巻

A5判　4,500円
50438-1

西村英俊・小林英夫 編
ASEANの自動車産業
ERIA=TCER アジア経済統合叢書　第7巻

A5判　4,500円
50423-7

―――――――――――――――――――――― 勁草書房刊

＊表示価格は2019年7月現在。消費税は含まれておりません。